RICHARD WAGNER,
L'ECCLÉSIASTE ANTISÉMITE

ÊTRE WAGNÉRIEN EN 2013 ?

5-7, rue de l'Ecole polytechnique ; 75005 Paris

http://www.librairieharmattan.com
diffusion.harmattan@wanadoo.fr
harmattan1@wanadoo.fr

ISBN : 978-2-296-56504-3
EAN : 9782296565043

Philippe GODEFROID

RICHARD WAGNER,
L'ECCLÉSIASTE ANTISÉMITE

ÊTRE WAGNÉRIEN EN 2013 ?

L'Harmattan

INTRODUCTION

Quelques semaines après la publication de mon livre *Richard Wagner, 1813-2013. Quelle Allemagne désirons-nous ?** [1] , la question de l'antisémitisme wagnérien a regagné, suite à des évènements nombreux quoique d'importance inégale, le devant de la scène. Elle a donné lieu au jeu habituel d'accusations et de dénégations aussi stériles que, et c'est pire, stérilisantes. Mal informées en tout cas.

Mis à contribution, j'ai réalisé n'avoir sans doute pas assez, dans *Richard Wagner*, tiré les conséquences de mes démonstrations et de mes convictions. Pas assez dit comment, oui, l'antisémitisme est inscrit de manière fondatrice dans le wagnérisme et comment cet antisémitisme va de pair avec un christianisme réinventé, présenté par Wagner comme authentiquement germanique. J'ai donc mis en chantier ce petit livre, une *summula* qui tient évidemment pour acquis les savoirs et les conclusions du précédent, auquel elle renvoie souvent.

J'ai exclusivement utilisé en cette entreprise la parole de Wagner lui-même et procédé à une relecture exigeante de textes théoriques et biographiques que l'on ne lit généralement pas, ou pas bien, chez les wagnériens. Je montre que ces textes constituent clairement et consciemment pour Wagner la dramaturgie officielle de ses opéras. Que le vocabulaire qu'ils emploient éclaire celui des livrets alors que nous prenons celui-ci, souvent, comme allant de soi et identiquement signifiant à son époque et à la nôtre. Que la musique est bien l'ultime réceptacle de cette pensée et non un univers « en soi » protégé de tout miasme qu'il serait possible d'admirer sans scrupule. Enfin que le débat tel qu'il est aujourd'hui tenu sur la mise en scène contemporaine sert souvent à remplacer commodément par une dispute excessive et sans fin sur l'accessoire l'affrontement qui serait nécessaire avec un fait indéniable et dérangeant. Je rappelle en effet que, selon la théorie esthétique wagnérienne elle-même, le savoir que nous allons collecter ne peut prendre valeur qu'appliqué à la scène et n'a d'ailleurs d'intérêt universel et constant que parce qu'existe une scène : un espace où l'on articule la parole et le corps. Wagner l'a très bien compris : la scène relève du sexe.

---

[1] Les * renvoient à la bibliographie en fin de volume. Sauf mention contraire, les traductions sont de ma plume.

Qu'est-ce que l'œuvre ? Rien que Wagner, mais tout Wagner.

Il est frappant de constater combien Wagner a mobilisé les philosophes, plus fortement et plus durablement que les musiciens et la plupart du temps à charge, quel que soit par ailleurs leur rapport à la germanité ou plus tard au nazisme : comme s'il était une épistémologie de leur propre quête, ce en quoi se vérifierait l'hypothèse de Jean-Claude Piguet* sur le rôle de la musique vis-à-vis de la philosophie. La question posée, celle une fois de plus de la fidélité à la volonté de l'auteur Wagner, est comme le dit Alain Badiou* celle des fonctions contemporaines de Wagner dans les rapports généraux entre la musique, l'opéra, la théâtralité et l'idéologie.

J'ai forgé, tout au long de mes publications*, un outil ambitionnant d'apporter une réponse globale et cohérente à la question wagnérienne. Une sorte de passe. Compte tenu de la quantité d'études auxquelles Wagner a donné lieu, parfois totalement contradictoires, l'existence d'une telle clef peut sembler relever de la magie, de l'illusionnisme, voire de l'idée fixe : le genre de reproche que l'on adresserait à un ethnologue idéologue bardé de présupposés, *a priori* convaincu de ce qu'il faut trouver et démontrer, décidé à faire entrer le sauvage dans la cage préparée pour lui. Or c'est exactement l'attitude que je pense avoir combattue depuis que j'étudie. Je n'ai jamais eu de « perspectives » à imposer à Wagner : il m'a plutôt fallu nettoyer le site des couches, souvent épaisses, déposées par le temps, par des regards insuffisamment documentés — que les sources aient manqué ou aient été sciemment ignorées — par l'histoire enfin. Les techniques que j'ai employées à cet effet sont celles utilisées par tous ceux qui observent des systèmes et mes deux maîtres en la matière, vis-à-vis desquels je n'ai cessé de revendiquer une dette, sont d'ailleurs deux anthropologues autoproclamés. Les travaux de René Girard* et Pierre Legendre* permettent de fait, appliqués à Wagner, une précision descriptive dans la vision de près comme de loin, une mise en cohérence et en mouvement du système, que les équations traditionnelles n'autorisent pas. J'ai développé mes analyses. Le mot dit bien ce qu'il veut dire : elles ont évolué, au prix selon les cas de vraies remises en question, elles se sont enrichies, elles ont raffiné leurs outils, un peu comme les progrès techniques ont permis aux instruments d'optique de voir de plus en plus loin dans l'infiniment petit ou l'infiniment grand.

J'ai d'abord utilisé les prismes de René Girard : le mensonge, la violence et le sacré, le bouc émissaire, le tiers désirant, le désir mimétique, le paradoxe de la croix. J'ai par la suite introduit les *Leçons* de Pierre Legendre : les montages institutionnels occidentaux, la mise en scène de scènes référentielles, les problématiques de la représentation, la textualisation — le tissage — des sociétés, les questions de filiation et de généalogie, les rapports du Droit et de la Religion. Pour monter cette « mayonnaise », j'ai progressivement incorporé les livrets, la biographie et les correspondances, les esquisses, projets et textes théoriques, l'interprétation et la réception, toujours selon des perspectives croisant histoire, analyse littéraire et musicale, philosophie, psychanalyse, sociologie, théologie, sémiotique.

On m'a cependant régulièrement et tout à la fois prié, d'une part de prouver à l'extrême la cohérence de mes analyses avec les éléments biographiques ou avec les textes écrits par Wagner comme indications dramaturgiques — tels *Une Communication à mes amis** — et d'autre part de me contenter, une fois, un jour, d'écrire une étude cantonnée aux informations que l'on trouve « dans les œuvres ». La contradiction inscrite au sein de cette double requête n'échappera à personne. Elle révèle une certaine ignorance des sources, l'illusion ou l'espoir que celles-ci empêcheront toute révélation gênante et, donc, serviront à condamner ce que l'on appelle « les mises en scène contemporaines » : parallèlement, dès que la production et la contextualisation de textes enfouis commence à bousculer, on voit les tenants de la « vérité fidèle » opérer des choix au sein des documents disponibles et finir par se rabattre sur l'exigence d'une étude limitée aux partitions — livrets, musique, didascalies. J'ai souvent mis en garde les wagnériens contre la tentation de pratiquer une anthropologie qui se limiterait à la rencontre entre un sauvage énigmatique avec lequel on doit seulement trouver les moyens de cohabiter au quotidien pour la seule satisfaction des besoins de base — Wagner — et un navigateur — eux — qui se rêverait vierge et pur : de telle sorte que l'île aux plaisirs wagnérienne demeure un petit paradis écologique protégé de pollutions exogènes, intellectuelles, scéniques et historiques. Les wagnériens ont envie d'assister aux rituels. Ils les trouvent parfois compliqués et n'en comprennent pas tout, mais cela leur suffit généralement parce que la prise en charge du mystère par la communauté les délivre apparemment du besoin de savoir vraiment ce qui se joue. Ils veulent prononcer les formules du missel sans affronter les débats théologiques les ayant codifiées et les soutenant. Ils ne désirent pas davantage, souvent, que les homélies du servant dépassent la paraphrase. À la limite, on leur ferait manger de la chair humaine sans le leur dire, et ils apprécieraient, qu'ils n'iraient jamais visiter les cuisines pour voir quel animal on sacrifie ce jour-là. Ils désirent pouvoir fonder leur wagnérisme sur une sorte d'illumination permanente et indiscutable, un peu à la manière dont les conquistadors concevaient les conversions. Est-il possible cependant de comprendre les sacrements sans le recours à une *Weltanschauung* mobilisant toutes les sources disponibles ?

C'est au fond, bien sûr, la définition du mot « œuvre » qui est ici en cause. On ne peut pas la limiter aux livrets et aux notes de musique et, en même temps, vouloir s'appuyer sur certains textes et pas d'autres, textes que, par ailleurs, il faut lire et traduire scientifiquement. Pourquoi les commentaires de Wagner sur certains ouvrages ou certaines représentations auraient-ils plus de poids, d'éternité, que ses commentaires sur les Français, les Juifs, les Allemands ? C'est la postérité qui, pour des raisons tenant à sa propre histoire, a opéré de telles hiérarchies. L'œuvre est en réalité *l'ensemble* de la production wagnérienne et Wagner lui-même raisonnait ainsi. Sous le mot *wagnérisme*, on entendra donc la fusion, par le biais de la représentation, des partitions, des autres écrits, de la biographie et des spectateurs — et ce, depuis les origines du phénomène.

Cette position, qui empêche toute réconciliation commode ou hypocrite, n'est facile à tenir pour personne. Elle est cependant, de mon point de vue, la seule à même d'offrir à Wagner une reconnaissance, une admiration, qui ne nous soumettent pas aveuglément à sa tentation. Il faut savoir combattre ce qu'on veut aimer.

Être enfant de Wagner.

Décortiquer Wagner et montrer ou prétendre montrer en lui des choses dont d'autres commentateurs pensent qu'il n'en soupçonnait pas l'existence et ne les a peut-être jamais voulues, m'a souvent valu la question : « Vous croyez-vous plus intelligent que Wagner ? » Un anthropologue se croit-il plus intelligent que les peuples qu'il étudie ? Les ruines sont-elles un témoignage désactivé du passé ou le socle actif de notre présent ? J'étudie Wagner. Le savoir que je mobilise autour du wagnérisme est conséquent, mais je n'interdis à personne de préférer vivre son wagnérisme sans tout cela. Je ne dis pas davantage comment il faudrait mettre en scène mais ce qu'il y a, de mon point de vue, à mettre en scène.

Je ne sélectionne pas, pour ce qui me concerne, « ce qui m'arrange ». Qu'est-ce que cela signifierait ? Je ne suis pas appointé par quelque groupuscule antiwagnérien me donnant pour mission de repeindre l'homme et son œuvre en noir et en sale avec une taloche ironique : que l'on ne m'attribue pas ce que j'analyse, demandait en substance Philippe Lacoue-Labarthe*, et cette revendication pourrait servir de drapeau à tous les dramaturges qui extraient de la gangue des conventions des minerais dérangeants peut-être, mais bien réellement présents dans les œuvres ou les comportements des personnages. Je suis tombé dans la marmite wagnérienne voici bientôt cinquante ans : par le biais de disques de Préludes et Ouvertures. Je ne connaissais, des œuvres, que les titres — quelques mots qui ouvraient à l'infini l'imaginaire. J'ignorais à l'époque ce qu'était un opéra, je ne savais rien de l'antisémitisme, du nazisme, de la philosophie. On ne devient pas wagnérien, j'imagine, à cause des écrits théoriques ni même de commandements suprêmes tels que « renoncement » ou « rédemption par l'amour ». Quoique : à certaines époques, certainement, ce fut le cas ou bien ce fut obligatoire. Tout ceci ne saute cependant pas aux oreilles. Est audible, en revanche, le sentiment d'une apothéose de l'échec, d'une gloire des perdants, d'un martyre sublime — aucun wagnérien ne peut faire l'économie d'une interrogation intime à cet égard. Découvrir qu'existaient, liés à la musique, des mots et, surtout, des images, provoqua dans mon cas un séisme d'enthousiasme et de reconnaissance envers le destin qui m'avait mis en présence d'un tel horizon. Or le théâtre wagnérien, tel que je l'ai découvert, m'a déçu : rien ne ressemblait à ce que je rêvais, rien n'allait aussi loin que les sentiments levés en moi par la musique, et les moyens de cette incarnation eux-mêmes — corps, technique — me paraissaient très triviaux, très banals, très prosaïques, pas du tout magiques. Surtout : absolument superficiels.

J'ai donc commencé à fouiller et me suis trouvé confronté à une très problématique absence de consensus comme je n'en avais rencontré aucune s'agissant de Bach, Mozart ou Beethoven, indiscutables. D'une certaine manière, on se réveille un jour wagnérien, on découvre que cela signifie pratiquement « enfant de Wagner », on met au point l'image floue de ce père, on prend conscience d'une fratrie alors qu'on se croyait fils unique et, en toute logique wagnérienne, on finit par comprendre que les fils doivent endosser le destin de leur père bien plus qu'aimer leur géniteur.

Cette croix généalogique est couverte d'échardes. Nous devons aménager notre wagnérisme : trouver le lien qui nous unit au pangermanisme, à l'antisémitisme, au racisme, à la religion de l'auteur, trouver aussi la fonction moderne du théâtre permettant de dire ce que Wagner voulait dire et en même temps de prendre position à cet égard. Nous devrons réfléchir aux politiques de l'autruche qui se sont succédées : à tous ces Juifs qui furent capables de préférer Wagner à leur judaïté ; à ces intellectuels libéraux qui ne virent pas, ou négligèrent, le danger d'abandonner Wagner à l'extrême droite ; mais aussi à ces metteurs en scène qui, s'ils croient sincèrement que Wagner n'est qu'un prophète du nazisme, doivent nous expliquer pourquoi ils bâtissent largement leur carrière sur lui au lieu de passer leur chemin comme devant une immonde charogne.

Sources.

Nul ne peut négliger la biographie. Elle est indissociable du *Gesamtkunstwerk*, tant Wagner lie sa vie et son œuvre. Le travail de mémoire effectué par lui, par ses témoins et ses biographes, aboutit par ailleurs à une conservation du souvenir absolument inédite et fascinante — on sait ce qu'il fait, pense ou dit au jour près, parfois à l'heure près — qui renvoie au procédé, systématique en ses drames, de la récitation du passé à plusieurs voix. Nous devons cependant regarder *Ma Vie** comme un texte incomplet et arrangé pour ne déplaire ni à Louis II, auquel il est destiné, ni à Cosima, qui en prend la dictée. Les correspondances, les journaux et carnets de notes de Wagner paraîtront ainsi souvent plus fiables par bien des aspects, tout comme le *Journal** tenu par Cosima, même si la mémoire de celle-ci, sélective, reste constamment orientée par le souci du destinataire unique envisagé pour ces pages — l'héritier Siegfried — et même si de nombreux indices laissent penser que Wagner a régulièrement lu, conseillé et, au moins au début, annoté les cahiers de son épouse qui ne sont pas un journal secret.

Quant aux textes très volumineux par lesquels Wagner expose tout à la fois des indications d'interprétation et ses théories d'esthétique, ils sont évidemment essentiels. Wagner est un système cohérent, il s'est toujours voulu tel. Dès les premières pages d'*Une Communication*, consacrées à tailler des croupières aux critiques qui chercheraient à le prendre en défaut sur ce point, Wagner revendique que l'on sache l'accompagner. La *Communication*, écrite en 1851, contient non seulement un témoignage capital sur l'évolution de Wagner, un résumé de ses convictions en tous domaines, mais aussi le programme de tout ce qui lui reste à écrire et accomplir — qui sera écrit et accompli une trentaine d'années plus tard. Autant on peut s'agacer parfois d'une conservation biographique tenant du reliquaire, autant ce récit prophétique montre à quel point Wagner se veut Wagner. Nous relirons ce texte pour souligner la conscience aiguë qu'avait Wagner de l'interaction entre une œuvre et les époques successives de sa réception, son exigence d'un renouvellement intelligent des perspectives, son refus de la mode et de ce qu'il appelle le *monumental* — la conservation à l'identique des œuvres.

Cela ne signifie pas que ce système s'est figé, immuable, dès son big-bang. Il a amalgamé quantité d'expériences vitales, de lectures, de découvertes, de contextes. Wagner a toujours posé les mêmes questions et toujours su intégrer ses réponses à une vision et un développement logiques de lui-même. L'affaire de la harangue nationaliste de Sachs au *finale* des *Meistersinger*, notée en 1845 dans un certain contexte puis recyclée vingt ans plus tard dans un autre, en est un bon exemple. Les modifications de perspective avant et après Schopenhauer, avant et après Louis de Bavière, avant et après le Reich, avant et après Bayreuth, je passe d'autres étapes, nous contraignent à comparer les versions, à distinguer ce qui relève du marketing, de l'emballement momentané, de l'analyse définitive. Mais je viens de le dire : nous trouverons surtout une pensée qui s'affine progressivement sans rien renier d'elle-même, qui ose de plus en plus se découvrir et s'affirmer. Prudemment toutefois : s'il est une leçon que Wagner a retenue de son engagement durant le *Vormärz*, puis des années munichoises, c'est la nécessité stratégique de faire profil bas et de se ménager tous les soutiens, y compris ceux des milieux qu'il vomissait — Juifs et Français notamment.

Fidélité.

Les affaires de fidélité et de légitimité de l'interprète constituent l'un des débats préférés des wagnériens. Nous ne sommes pourtant pas capables de comprendre immédiatement, c'est-à-dire sans le reconstituer, ce que Wagner expliquait, ni même de ressentir la nouveauté de sa production, avec l'intelligence et la sensibilité, la culture et les références dominantes d'un spectateur de 1850, 1876, 1900, 1913, 1919, 1924... : où faut-il s'arrêter ? En quelle année est né le spectateur type auquel nous devons nous conformer, dans quel pays ?

Wagner parle selon son temps et pour son temps. Il n'emploie pas les mots comme nous mais en référence à un contexte culturel ambiant ou à ce qu'il en a compris, retenu, rejeté. Dans l'introduction à sa traduction de la *Communication* et de la *Lettre sur la musique**, Jean Launay souligne la difficulté de trouver un équivalent convenable à certains mots manifestement choisis par Wagner chez Hegel, Feuerbach, Schopenhauer et d'autres que nous ne lisons plus, dont la transposition fidèle en français d'aujourd'hui oblige(rait) à expliquer ce qu'ils signifiaient chez les auteurs cités et ce qu'ils signifiaient pour Wagner. J'ai relevé, dans *Richard Wagner*, combien Wagner citait peu Hegel au nombre de ses inspirateurs, alors qu'il est très marqué par sa pensée — même s'il a eu, dit-il, du mal à le lire, même ou surtout s'il le balaie, tardivement, d'une pichenette arrogante : Hegel est malgré tout le penseur dominant à l'époque. Eh bien : pour ne rien dire des livrets (le « penser contre soi-même » wotanien, le *Alles was ist, endet* de Erda...), *Une Communication, Opéra et Drame*,* regorgent de formules hégéliennes qui ne sont, d'ailleurs, pas employées à mauvais escient et trahissent la dette. Qui lira ces textes sans le soutien d'un traducteur-commentateur n'a aucune chance, sauf s'il est germaniste et plutôt cultivé, de repérer ces filiations. Elles n'en sont pas moins capitales : si l'on n'est pas en mesure de les décrypter, on commet immanquablement ce que j'appelle des « sens communs », variante des « faux sens ». Que lisons-nous, dans ces conditions, réellement ?

Les analyses dramaturgiques que nous possédons de la part de Wagner sont ainsi partie prenante de l'œuvre mais aussi une interprétation forcément datée et orientée par des préoccupations elles-mêmes datables, adressées à des publics contemporains de l'auteur. J'observe que ces commentaires n'ont pas eu de conséquence visible — par nous, qui ne voyons plus dans ces images pionnières qu'une tradition — sur les mises en scène signées Wagner, ni sur celles de ses héritiers immédiats, ni sur celles de leurs contemporains, entre autres raisons parce que, à ces époques, les outils théâtraux eux-mêmes n'obéissaient pas aux mêmes exigences et permettaient moins de montrer qu'aujourd'hui. Les publics ne considéraient pas non plus la représentation comme le lieu d'un discours, c'est un apport considérable de Wagner dont il fallait inventer les instruments. Ce que Wagner voulait faire n'est donc pas ce que Wagner a fait, mais une partie seulement et réciproquement. Il est cependant manifeste que les publics de Wagner, baignant dans le même contexte que lui, repéraient plus vite que nous les sous-textes : la réception des *Meistersinger* en est un bon exemple, les débats que l'œuvre suscita tournant immédiatement à l'affrontement entre Juifs et nationalistes allemands. Rien ne nous autorise pourtant à déclasser certaines de ces données. Pour ce qui concerne l'antisémitisme, il est en outre particulièrement inepte de vouloir le circonscrire à une certaine époque historique comme si notre époque avait définitivement rompu avec ce poison et, surtout, comme si cette idéologie avait été plaquée sur le wagnérisme par le contexte ambiant alors qu'elle est au cœur de la pensée politique et esthétique du maître.

Je le dirai autant de fois que nécessaire : il est impossible d'étudier ou mettre en scène Wagner sans références constantes à d'autres textes que ceux du livret et de la musique, mais aussi à d'autres textes que ceux de Wagner. La fidélité à Wagner ne peut être que la prise en compte de *tout* Wagner : ses partitions, ses textes théoriques, ses commentaires, sa biographie, son héritage. Nous ne pouvons cependant *qu'interpréter* les traces laissées. Toute interprétation est une traduction de données parmi lesquelles on peut opérer des choix hiérarchiques mais dont on ne peut rien éliminer pour autant : elle est légitime tant qu'elle reste discutable, elle cesse de l'être lorsque, pour éliminer des propositions concurrentes, elle évacue des faits indubitables. On ne pourra pour autant hiérarchiser en dépit du bon sens, tenter de faire passer pour négligeables des données fondatrices : or c'est, je vais le démontrer, ce qui s'est produit depuis 1945 — beaucoup moins avant — avec l'antisémitisme.

Manipulations.

Elles sont nombreuses. J'en donnerai quelques exemples.

En 2009, Berlin commémora d'une même cérémonie la chute du mur de Berlin, les pogroms de la Nuit de Cristal et les idéaux libéraux du *Vormärz*. L'ensemble fut rassemblé sous le générique « fête de la liberté », dénomination déjà peu heureuse parce que les nazis avaient, eux aussi, la leur. On interpréta pour l'occasion du Schönberg et du Wagner. La présence au programme de Wagner pour célébrer les victimes de l'antisémitisme aurait pu surprendre : officiellement, on le joua en raison de son engagement révolutionnaire de 1848, sans dire quoi que ce soit de ses écrits, de sa postérité, sans noter non plus que dès cette date il manifestait un racisme virulent. Cette manipulation de la biographie et des traces laissées se retrouvera dans le manuel d'histoire franco-allemand publié conjointement en 2008 par Klett et Nathan : Wagner y est, associé à Beethoven et décrit uniquement comme l'auteur du *Vaisseau Fantôme*, présenté comme un musicien ayant fait reculer les limites du rêve romantique. Pas un mot n'est dit du reste, alors que Verdi, lui, aura droit à la mention de ses convictions politiques. J'ai, dans *Richard Wagner*, étudié les conséquences implicites de cette assimilation des Juifs persécutés avant que d'être exterminés aux Allemands de l'Est enfermés derrière un mur qui, pour être une invention douloureuse, n'atteignit jamais à l'horreur des camps : les voici, Allemands comme d'autres, les héritiers des révolutionnaires de 1848, de simples amoureux de la liberté. Je ne puis m'empêcher de mettre une telle position intellectuelle sur le même plan que celle de Heidegger comparant l'industrialisation de l'agriculture à « la fabrication des cadavres dans les camps d'extermination ». Cette phrase, prononcée en 1949 au détour d'une conférence, est la seule fois où Heidegger mentionne les chambres à gaz, dont il ne dit pas qu'elles furent, sinon inventées pour eux, du moins essentiellement réservées aux Juifs victimes de la solution finale. Certes, les Juifs furent industriellement traités comme des déchets, et en cela la comparaison touche au juste. Mais la décision de les traiter ainsi ne correspondit à rien d'autre qu'une dégradation de la spiritualité, je cite Lacoue-Labarthe de mémoire. C'est l'Occident qui se révéla à Auschwitz, tel qu'il était devenu, ayant fondamentalement rompu avec son Dieu gréco-chrétien, ayant entrepris de liquider une autre origine de ce même Dieu. Cela n'est pas rien, cela ne concerne pas que les nazis. C'est en même temps un thème central de la dramaturgie wagnérienne, même s'il s'agit du thème, précisément, que chacun néglige. Que Daniel Barenboïm, aujourd'hui proposé au Prix Nobel de la paix en raison de son combat pour le respect entre Arabes et Juifs, ait cautionné une telle manifestation sans explicitation reste pour moi consternant.

Autre exemple : l'usage de concepts philosophiques comme « rédemption », « amour », « renoncement », « chrétien », « allemand », « liberté », sans la moindre définition, acoquiné au catalogue usuel des *Grundmotive*, ne peut déboucher que sur de factices débats et une pensée *a minima*.

Autres exemples : les efforts déployés pour circonscrire l'antisémitisme à la Shoah, le « mauvais nationalisme » à celui du Troisième Reich, le wagnérisme « coupable » à celui de Winifred, l'antisémitisme de Wagner à sa rancœur contre quelques jaloux ou ennemis malveillants, vont de pair avec l'affirmation de la neutralité idéologique des images scéniques pionnières, une neutralité présentée comme l'un des fondements intangibles du « vrai » wagnérisme, renvoyant à la neutralité des partitions, c'est-à-dire de l'œuvre prétendu *stricto sensu*. Le chef de file actuel de ce mouvement où se retrouvent de grands noms de la musicologie allemande, pour la plupart affiliés au Nouveau Bayreuth, est Dieter David Scholz*. Que « l'édition du jubilée » des *Œuvres Complètes*, dirigée par Borchmeyer, ait expurgé ou supprimé comme négligeables ou non-wagnériens les textes antisémites, parmi lesquels *Le Judaïsme dans la musique*, laisse aussi pantois que l'organisation à Bayreuth d'un colloque sur le sujet truffé d'approximations, fort peu scientifique et manifestement programmé pour enterrer la question. Au même chapitre on versera les arguments relatifs aux « amis Juifs » de Wagner, ou plus exactement aux amitiés de Wagner avec certains Juifs, tout comme les arrangements biographiques concernant la réalité des engagements politiques de Richard au cours du *Vormärz* puis lors de la fondation du Reich.

On ne peut rien dire du wagnérisme, rien en comprendre, sans mener de front une histoire du théâtre et une histoire de l'Allemagne — ou *des* Allemagnes : le sous-titre de mon livre — *Quelle Allemagne désirons-nous ?* — était explicite. Mais autant je souhaite que le public soit confronté à la réalité du message idéologique wagnérien, autant je pense qu'une bonne part des *réhistoricisations* auxquelles nous assistons reste insuffisante. Il ne suffit pas de costumer les personnages en bourgeois de 1870 ou 1924 pour *dire* quelque chose. Le théâtre n'a jamais eu, de ce point de vue, la rigueur des *Rougon-Macquart* ou des *Buddenbrook*. Nous ne savons plus grand-chose de l'histoire des religions, des Lumières, et notre vision du XIXème siècle devient de plus en plus décorative, courte de perspectives et gorgée de clichés décontaminés qui nous donnent l'impression d'illustrer l'Histoire alors que nous nous comportons de plus en plus comme des touristes dans notre propre passé. L'impasse systématique faite au théâtre sur la Grande Guerre est ainsi très problématique. On saute directement à Weimar et au-delà, alors que, par exemple, *Walküre* pourrait fort bien se dérouler dans les tranchées, *Siegfried* dans cette république née de la capitulation, cernée par l'étranger et désireuse d'un homme providentiel, *Götterdämmerung* enfin sous le Troisième Reich. Nous nous sommes d'ailleurs *habitués* aux nazis, comme à une sorte de tribut obligatoire, répétitif et lassant, mais trop allusif : le nazisme, ce ne sont pas des méchants vêtus de noir, c'est un système d'extermination, de corruption de toutes les valeurs, de confusion, de violence absolue, d'antéchrist, qui eut ses propres Gibich et ne naquit pas en 1933.

Je viens de voir *Parsifal* mis en scène par Claus Guth à Barcelone : pour la première fois, peut-être, le premier conflit mondial acquiert droit de cité sur un plateau. C'est un progrès, même si l'histoire ainsi racontée reste problématique en raison de l'élimination, par le metteur en scène, de toute interrogation religieuse et d'une assimilation de Parsifal à Hitler-le-sauveur-attendu perdue au milieu d'images banales. Il est vraisemblable que la confrérie du Graal, qui ne comprend pas la promesse, attend un Führer pour anéantir le sémite Klingsor. La dramaturgie de l'œuvre expliquée par Hitler dans ses propos de table, selon laquelle Parsifal nettoie le sang corrompu par les sémites, est absolument limpide et peut servir de base. Cependant, il est une chose de montrer l'antisémitisme de l'ouvrage, il en est une autre de réduire cette lecture au nazisme. L'assimilation finale du sauveur à Hitler, de Hitler à Dieu, sont une lecture historique allemande de l'œuvre, pas forcément l'œuvre dans tous ses possibles racistes. Sans doute Wagner espérait-il un sauveur allemand auquel Hitler a emprunté certains traits ou dont Hitler a pu, propagande aidant, se prétendre l'héritier. Peut-être même crut-il qu'en cet homme Dieu s'incarnerait. Guth peut nous montrer la voie suivie par une Allemagne, dans ce cas il doit trouver le moyen de nous faire assister à cette récupération historique sans nous absoudre pour autant en laissant croire que le nazisme fut la seule incarnation raciste de l'ouvrage. Je veux dire par là que nous n'avons pas besoin de silhouettes nazies pour opposer en scène ce que Wagner appelait la race blanche et la race sémite. Bien au contraire, de mon point de vue, la présence de costumes nazis — je ne parle pas de comportements — tient plutôt les choses à distance. Il y a là une vision de « l'Histoire achevée » qui me gêne.

Pour faire bonne mesure, j'ajouterai être navré que personne ne s'occupe d'interroger, en scène, le Wagner anarchiste et libertaire. C'est une autre généalogie possible, depuis le *Vormärz* jusqu'aux *sixties* en passant par les spartakistes, dont l'exposition croit-on contrebalancerait la vision droitière. Je n'en suis pas certain.

Wagner n'était pas socialiste, pas du tout, pas au sens moderne du terme, pas au sens marxiste. Wagner prônait sans doute un homme collectif, pestait contre la confiscation de la production par quelques fortunes (juives), rêvait d'un ordre nouveau et selon lui plus juste : on peut chercher par ce biais une analyse des dérives du « socialisme » et du « communisme » historiques, on ne peut pas prétendre que Wagner a inventé l'alter-mondialisme. Dans le *Journal* de Cosima, année 1878 et particulièrement au 3 juin, nous trouverons des condamnations définitives de la social-démocratie, l'espoir que l'on se débarrassera *« purement et simplement des socialistes »* et que l'on cessera de vouloir construire une démocratie, *« une absurdité »*. Cosima écrit ces lignes au moment de l'attentat perpétré contre le Kaiser par le Dr. Nobiling, le troisième en son genre, dont Bismarck fera porter la responsabilité aux socio-démocrates du SAP.

L'année 1878 est d'ailleurs particulièrement importante en Allemagne. C'est celle du Congrès des nations de Berlin, tenu sur l'insistance du premier ministre anglais Disraeli, soucieux réformer le traité de San Stefano vieux de quelques mois, qui mettait un terme au conflit russo-turc. Le traité de Berlin qui le remplaça adoucit les conditions faites par le Tsar aux Turcs vaincus mais organisa la balkanisation de l'Europe centrale, laissa les Arméniens au pouvoir de la Sublime Porte, disloqua la Bulgarie et fit des Britanniques les protecteurs des chrétiens d'Orient et des Juifs résidant au sein de l'Empire Ottoman, donc y compris en Palestine. Bismarck crut pouvoir triompher, prétendit que l'Allemagne avait évité une guerre européenne et accédait au statut de grande puissance, alors que le détonateur de la Première Guerre Mondiale venait d'être mis en place. C'est aussi l'année du renversement d'alliances internes : Bismarck et les libéraux, jusque là associés dans leur lutte contre le parti catholique du *Zentrum* et le *Kulturkampf*, se séparent à l'initiative du chancelier, auquel le remplacement de Pie IX par un Léon XIII plus ouvert et la résistance catholique offrent de nouvelles perspectives. Bismarck cherche en fait à réduire l'importance du Parlement et des partis. Ses lois contre les mouvements socialistes sont sans effet, mais l'institution d'un système très moderne de sécurité sociale et d'assurances, censé les compenser en coupant l'herbe sous les pieds des revendicateurs, perdurera. Enfin, c'est en 1878 que le pasteur Stöcker, plus qu'admiré par le couple Wagner, crée le Parti chrétien social des travailleurs, dont le programme fait entrer l'antisémitisme dans le débat politique. On ne peut évidemment rien comprendre de Wagner, qui dévore les journaux et les publications fournies essentiellement par Wolzogen, si l'on fait une impasse sur ce genre de données. S'agissant du socialisme en tout cas, Wagner ne changera pas d'avis. Ainsi par exemple le 13 janvier 1880 : *« R. remarque que ce fut une erreur de sa part que de croire que l'on atteindrait le socialisme grâce à l'État et au suffrage universel, l'État ne représente, dit-il, que la garantie de la propriété [...] C'est comme pour les Églises, on les confond toujours avec le christianisme »*. Wagner a sans doute un socialisme collectiviste idéal en tête, mais rien qui puisse nous parler.

Dernière manipulation que je souhaite pointer du doigt : la confusion permanente entre une histoire théâtrale et une affaire de famille — les petites et grandes affaires des Wagner — a dans une large mesure biaisé le débat depuis les origines du wagnérisme. Elle explique en partie pourquoi les wagnériens se sentent membres eux aussi d'une lignée remontant à l'ancêtre premier, lignée à laquelle appartiendraient les personnages et quelques interprètes adoptés pour leurs bons et loyaux services. Sincèrement : à lire certains blogs, certains livres, certaines revues, à écouter certains wagnériens, on constate une telle familiarité avec Tristan ou Wotan, de telles projections, qu'on doit parfois se pincer pour éviter que le débat bascule dans l'eugénisme, dans la défense d'une sorte de pureté de la race. Cette intrication quasiment généalogique entretenue par un certain wagnérisme avec les personnages ne contribue ni à la sérénité ni à la rigueur. Voir tant de wagnériens exalter l'existence d'une philosophie wagnérienne et refuser en même temps une étude critique de cette pensée comme si on les traînait eux-mêmes en justice n'aide en rien.

Wagner fut indéniablement un des enjeux majeurs de l'imaginaire du XXème siècle. Que voudrons-nous en faire au XXIème ?

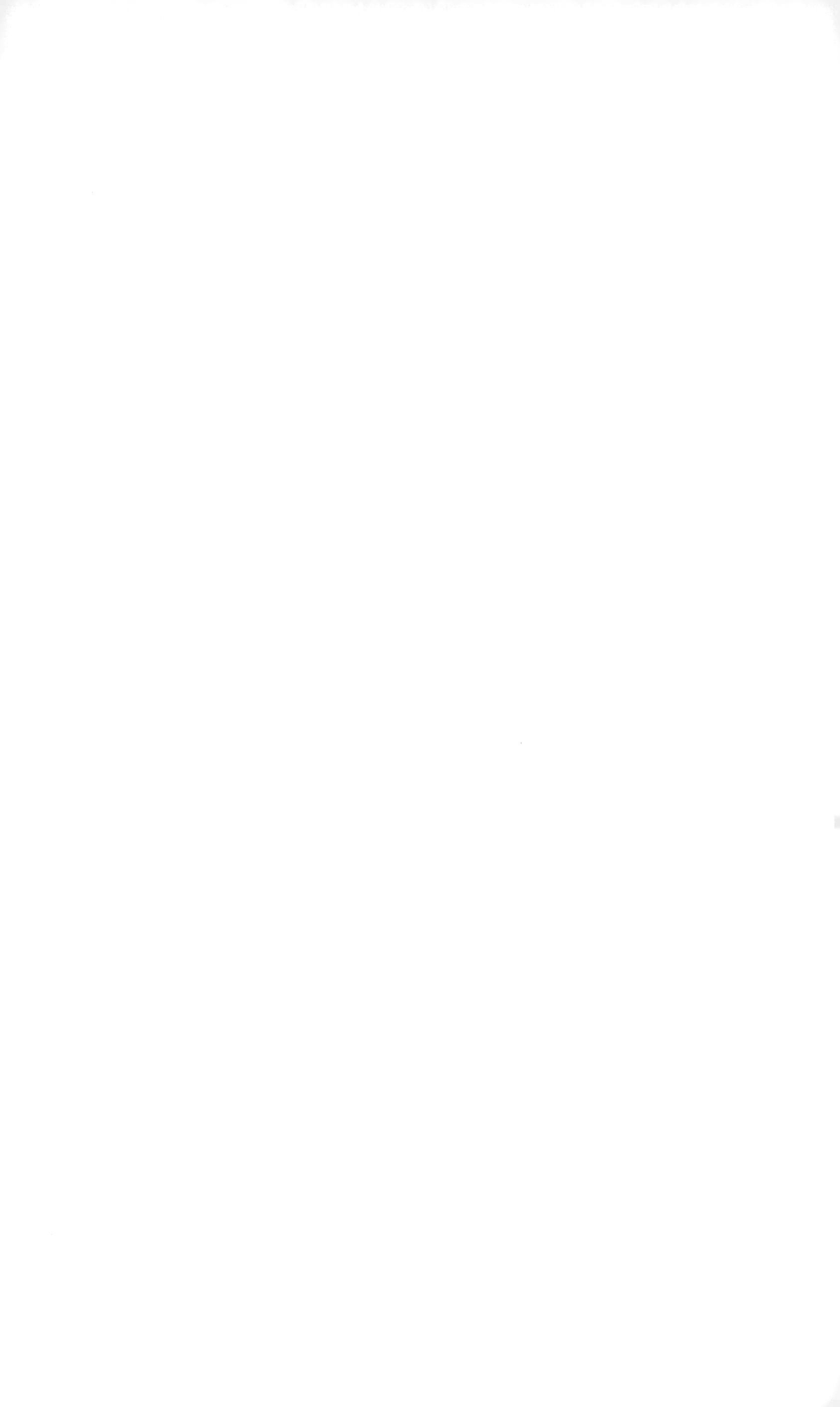

LE PLUS GRAND CHAPITEAU *ROOSCHE* DU MONDE : DU WAGNÉRISME COMME SOLUTION FINALE

De *roosche*, pluriel *reschoîm*, méchant, coupable d'un forfait, antisémite.

La question juive frappe de nos jours violemment à la porte. En quelques mois, les wagnériens y ont été confrontés à plusieurs reprises : l'annonce d'un concert controversé donné à Bayreuth par l'Orchestre de chambre d'Israël, les démêlés de Daniel Barenboïm avec les autorités israéliennes, l'ambiguïté des cérémonies organisées pour l'anniversaire conjoint de la chute du Mur de Berlin et des pogroms de 1938, le poisson d'avril jeté dans le bocal par la revue *Diapason*, annonçant l'interdiction de célébrer Wagner en France sur le modèle de l'ostracisme frappant Céline, les déclarations philonazies de Lars von Trier interrogé, à Cannes, sur l'emploi de Wagner comme bande sonore de son film *Melancholia*, la création d'une Société Wagnérienne Israélienne par l'avocat mélomane Livny, les débats incessants autour des nouvelles mises en scène qui, bicentenaire oblige, commencent à pulluler, cela fait beaucoup. Katharina Wagner a dû renoncer à une visite officielle en Israël, quasiment conçue comme une visite de chef d'État : la réconciliation israélo-wagnérienne, est-ce la même chose que la réconciliation judéo-wagnérienne ? Vous rendez-vous compte de la position que se donne là la famille Wagner ? On peut souhaiter que ce déplacement n'enfouisse pas sous le geste la nécessaire étude scientifique.

Tous les Wagner ont exhibé « leurs » Juifs comme des alibis. C'est une intrication inextricable, où se mêlent la rancœur, le chantage, la mauvaise foi, le soupçon, derrière une façade compatissante. Le *Journal* de Cosima Wagner ne perd pas une occasion de souligner les moments où Wagner invite à la retenue, au point parfois de passer pour plus généreux que tout le monde, un comble ! Les choses sont tellement empoisonnées que même l'attitude de Gottfried Wagner, arrière-petit-fils du compositeur acharné à faire reconnaître les compromissions familiales, a été brocardée comme si sa revendication d'une clarification n'était qu'une obsession privée dont il demande à la famille et au monde de le délivrer. *Nimm mir mein Erbe, schließe die Wunde* — « prends mon héritage, ferme ma blessure ». Comme si, lui aussi, il exhibait « ses » Juifs. Comment être un Wagner dans un monde où existent les Juifs ?

Il reste que le couple Richard/Cosima a, par ce biais, conquis une audience que la seule musique n'aurait pu élargir, notamment auprès de la cour impériale. Il est, de ce point de vue, assez frappant de voir Wagner obligé de composer entre un Louis de Bavière écœuré et un Kaiser Guillaume moins humaniste que son père. L'arrivée de H.S. Chamberlain, gendre posthume, au sein de la famille a fait basculer les choses sur un autre plan, celui d'un wagnérisme présenté comme idéologie officielle du Reich, ce qui préparait naturellement le terrain aux revanchards et à l'extrême droite. Chamberlain put ainsi bénir, juste avant de mourir, Adolf Hitler que Winifred Wagner, la bru, soutenait entièrement. Chamberlain a épousé une fille Wagner, mais il a en quelque sorte fait sa cour à la mère par le biais d'une impressionnante correspondance et nul ne saurait exonérer Cosima d'avoir lié, avec le soutien de son gendre, le wagnérisme à des courants de pensée que le volcan de 1914-1918 a projetés dans l'atmosphère sans le moindre vent pour les dissiper. Si l'histoire européenne n'avait pas conduit vers le nazisme, si le nazisme n'avait jamais accédé au pouvoir, si le racisme nazi n'était pas devenu actes d'État, l'antisémitisme wagnérien n'aurait jamais été porté par une telle vague et aurait pu être davantage négligé. Mais les choses ne se sont pas déroulées ainsi. Le débat sur l'antisémitisme, aujourd'hui, ne peut plus faire abstraction de l'extermination, qu'il s'agisse de Wagner ou d'un autre, mais *a fortiori* dans le cas de Wagner. Le plus choquant, en cette affaire, est que Bayreuth n'ouvre pas clairement, une fois pour toutes, ses archives. Si la famille n'était pas au pouvoir, on ne confondrait pas les genres ainsi : la vérité scientifique et l'honneur d'un clan. Katharina Wagner vient de promettre la clarté pour 2013 : attendons les preuves.

Je comprends bien que nul ne veuille, dans le contexte qui est le nôtre, passer pour antisémite au prétexte de son wagnérisme. Je plaide sans relâche, non pour qu'on blanchisse Wagner au bénéfice du doute, en raison de circonstances atténuantes, par lassitude ou parce qu'il y aurait prescription, mais pour un wagnérisme adulte, conscient, *wissend*. Le problème n'est pas allemand : il concerne aussi la France. Non seulement parce que la France vaincue de 1870 ne tarda pas à trouver dans le Juif un responsable à ses maux, évidemment fer de lance de l'ennemi allemand (anticipant la réaction des Allemands « trahis » par le *Dolchstoss* de 1918, attribué aux Juifs alliés des Français et des marxistes), mais aussi parce que le débat sur les Lumières et la Grèce Antique se posa à Paris autrement qu'à Berlin. Ceci n'intéresse sans doute plus personne, mais autant la vision wagnéro-allemande de la Grèce était un repli identitaire, autant les révolutionnaires de 1789 — libérateurs des Juifs de surcroît — aimaient la nation sans être nationalistes, et croyaient en cela renouveler les « républiques helléniques ». Et c'est en France, cependant, que les conceptions de l'antisémitisme moderne furent inventées. Quant aux Juifs, tenus de concilier leur judéité —

le fait de rester Juifs même s'ils se convertissent — et la générosité d'un humanisme universel, ils se trouvèrent enfermés dans un dilemme culturel dont ils avaient peu de chance de se sauver.

Le Juif, ennemi intime.

L'antisémitisme allemand n'est pas né le jour où Hitler est devenu chancelier, ni dans une Europe absolument vierge de tout sentiment raciste. La question n'est pas de savoir si Wagner était nazi (les dates s'y opposent) ou même proto-nazi : elle est de reconnaître une fois pour toutes pourquoi le wagnérisme antisémite des nazis était légitime. En posant la légitimité du wagnérisme nazi, je dis qu'il est totalement improductif d'opposer à ce Wagner noir un Wagner blanc qui n'a jamais existé : il faut, à cette lecture partielle — donc partiellement exacte — opposer une exigence scientifique. Nous avons vu jusqu'où pouvait conduire l'antisémitisme et cette direction a été approuvée, au nom de Wagner, par les plus directs représentants du wagnérisme, dont la parole, sur tous les autres plans, a servi de référence au monde entier. Nous ne pouvons plus dire que l'antisémitisme tiré des œuvres, des déclarations et des engagements de Wagner serait sans conséquence ni importance. Hitler a tellement décomplexé — jusqu'à en faire un « détail » lepéniste — un racisme appliqué, une parole et des actes, que nous devons endosser cette histoire, cette filiation. Pas pour nous flageller, pas pour être honteux : le wagnérisme peut être l'affaire d'une vie, il n'est pas la vie — nous ne pouvons demander à Wagner de régler notre rapport au monde, ni régler notre rapport au monde sur le sien. Cela ne signifie en rien que toutes les approches s'annulent, cela ne vous prive jamais de votre liberté de goût, de choix. Vous pouvez refuser d'adhérer à « tout Wagner », vous pouvez choisir ce à quoi vous voulez vous rattacher, vous pouvez souhaiter n'acheter que ce que vous considérez comme les morceaux nobles, pas au point cependant de réfuter l'existence des abats ni celle des abattoirs.

De ce point de vue, les destins de Wagner et de Heidegger me paraissent singulièrement parallèles. Élisabeth Roudinesco* se rattache, comme tant d'autres, à l'opinion qui veut que l'on sache distinguer l'homme, plus ou moins abject, de l'œuvre, indispensable à la pensée occidentale sur Dieu — Heidegger — ou tout simplement au plaisir culturel — Wagner. Pour défendre Daniel Barenboïm, qui osa en 2001 jouer des extraits de *Tristan* sur le territoire d'Israël, Edward W. Saïd, inventeur de « l'orientalisme comme construction fantasmatique occidentale » et peu suspect de compromissions avec la pensée euro-américaine à volonté universelle, a repris le même type d'arguments. S'agissant de Wagner, j'ai dénoncé une vision restreinte et mythique de la notion d'œuvre. Je me sens davantage attiré par les travaux de Lacoue-Labarthe en renversant la question : qu'est-ce que l'idéologie antisémite avait de si fascinant pour que Wagner lui prête son génie ? Était-il possible d'imaginer une révolution « noble » qui partirait d'un même élan que celui qui conduisit aux nazis ? D'une certaine manière, il en va finalement de Wagner comme de Marx : comment délier Marx de Lénine, Trotski et Staline — et d'autres — c'est-à-dire d'un certain échec du marxisme et de la révolution universelle, de la dictature, et conserver l'espoir d'un marxisme qui ne serait pas encore advenu mais qui existerait pourtant chez Marx ?

Je me garderai de confondre l'antisémitisme de Wagner avec celui de ses héritiers ou commentateurs. Sans que cela le dédouane en rien, l'antisémitisme de Richard me paraît moins résulter d'une idéologie que d'un traumatisme professionnel précoce et de la fréquentation d'autres frustrés en butte au même besoin d'un responsable à leurs maux — Laube et consort. Cette obligation, pour réussir, de passer sous les fourches caudines des Juifs — artistes, mécènes, journalistes, préteurs — et la non-productivité récurrente d'une telle humiliation, se sont doublées chez Richard d'une suspicion existentielle sur sa véritable filiation — était-il le fils de Geyer ? Geyer était-il juif ? Tout cela se joue au niveau du fantasme, mais vous savez très bien que certains fantasmes ont plus de réalité que la vérité. Un bon nombre de commentateurs ont ironiquement relevé les traits « juifs » de Wagner, ceux qu'il applique aux sémites mais que l'on pourrait déceler dans ses comportements ou sa théorie esthétique. Il semble effectivement que Wagner redoutait de porter en lui-même ces gènes abominés. Leur négation forcenée, leur exclusion virulente, le rapprochent de ses personnages maudits qui, tous, sont condamnés à exacerber ce par quoi ils sont eux-mêmes et qu'ils doivent pourtant nier avec la même force s'ils veulent échapper à l'impasse. Le judaïsme est vraiment le déni wagnérien fondamental. Si l'on en croit les recherches de la psychogénéalogie, en particulier celles de Bert Hellinger, il ne pouvait manquer qu'un héritier prenne sur lui ce rejet, finisse par le symboliser entièrement : c'est à mon avis le rôle que joue Gottfried Wagner au sein de cette étrange famille.

Très vite, Wagner a théorisé l'affaire et rejoint, dès 1845, la cohorte des penseurs de l'antisémitisme allemand, édifiant en une chose publique des rancœurs qui auraient pu demeurer privées. *Le Judaïsme dans la musique**, par lequel Wagner prétend s'être hissé au niveau de Socrate, pas moins (*Journal* de Cosima, 22 novembre 1869), est d'autant mieux tombé que les lois sur l'émancipation des Juifs faisaient encore l'actualité. Après, ce discours a en quelque sorte sédimenté, alors qu'on aurait pu imaginer, la gloire venant, qu'il s'estomperait : mais Wagner a *toujours* eu peur de manquer, de ne pas être reconnu, d'être évincé par ses ennemis. De telle sorte que la deuxième impression du *Judaïsme*, commentée et augmentée en pleine réussite professionnelle, est explicable mais stupéfiante.

Wagner a ainsi fait du Juif, avec toutes les implications que cela comporte sur les plans politique et, disons, spirituel, une sorte de principe satanique, le maître du monde matériel et de l'envie, le champion du mensonge. Vous retrouverez de tels personnages dans tous ses ouvrages : même s'ils ne portent pas l'étiquette « Juif » accrochée au cou, ou simplement de manière allusive, vous êtes tenus d'en tenir compte et, si vous décidez de supprimer « le Juif », vous êtes obligés de le remplacer par un exclu de puissance équivalente. Ce sera difficile tant le Juif, chez Wagner, est assimilé à un absolu, au maître de la Loi et du Désir, image parfaite du modèle-obstacle. Et c'est une forme très particulière de soumission à Dieu qui lui donne ce pouvoir : à Dieu comme figure du Prochain. C'est dans sa soumission à l'Autre, dans le plaisir qu'il en tire, que le Juif caricature le commandement suprême jusqu'à accepter l'idée de sa mort comme suprême intégration. Il se dresse alors comme rival, frère rival dans l'héritage de Dieu, fils de Dieu et parricide, détenteur de tous les leviers du pouvoir autorisant l'accès à Dieu, parmi lesquels cette intelligence supérieure qui, si elle ne sera jamais créatrice, opposera au véritable créateur la rationalité froide et calculatrice dont ceux qui espèrent en la Raison — nous nous expliquerons de ce mot — sont incapables. Le Juif, « celui qui a », s'empare de « celui qui est » : il entend ainsi prouver la puissance de son monothéisme, puissance que reconnaît l'antisémite, qu'il envie, et contre laquelle il rêve de susciter une puissance comparable. Le Juif, suprême paradoxe, fait ainsi de l'antisémite un démon, le démon de son Dieu si puissant, de sa Loi si écrasante, de sa richesse si désirable, de sa jouissance si complète.

Wagnérisme et judaïsme : un couple infernal.

L'antisémitisme de Wagner a toujours été pragmatique et mesquin. Le maître avait ses « bons Juifs », des disciples qu'il ne plaçait cependant pas aussi haut que les autres et auxquels il n'épargna ni les vexations ni, *sotto voce*, les méchantes formules dont le *Journal* de Cosima se fait l'écho ravi. Certains Juifs ont eu, eux aussi, leur « bon Wagner ». Les collaborateurs de Richard, de Munich à Bayreuth, ont fait passer leur judaïté après leur wagnérisme et l'antisémitisme avéré de Wagner après son génie. De nombreux artistes juifs ou antiracistes en ont fait autant, dès la prise de pouvoir de Cosima, sous le règne de Siegfried, puis sous celui de Winifred, enfin depuis, que ce soit à Bayreuth ou dans le « monde libre » qu'ils avaient dû gagner en sachant très bien l'amalgame qui s'opérait, en Allemagne, je vais dire à bon droit. Il s'agit de décisions individuelles qui n'atténuent pas le moins du monde une pensée raciste qu'elles ont seulement choisi d'ignorer ou d'excuser et qui ne sauraient engager que leurs auteurs. J'en dirais autant du refus de l'État hébreu de laisser figurer Wagner au programme des concerts joués sur le sol israélien. Nous sommes mal placés pour juger d'une affaire qui brasse le rapport entretenu pendant la guerre par les Juifs de Palestine avec les Juifs d'Allemagne, rapport extrêmement complexe et toujours pas apaisé. Laissons les Israéliens apurer leurs comptes. Quelle importance, si Wagner n'est pas universellement joué ? Voyez-vous, cela en gêne plus d'un et la question mérite d'être posée dans toutes ses implications — ma réponse viendra en conclusion. Je ne suis pas certain que les grandes manœuvres du clan de Bayreuth, dont de nombreux indices indiquent qu'elles ont commencé, visant à tout effacer et à laisser entendre qu'entre les Juifs et Wagner tout fut en vérité une affaire d'amour polluée par de vilains idéologues et des écrits regrettables mais secondaires, soient la réponse que l'on attend.

Vraiment, que faisait Wagner entouré de Juifs ? Non : que faisaient ces Juifs auprès d'un Wagner de plus en plus hanté par le racisme biologique et scientifique des héritiers allemands de Darwin, si proche des *Protocoles des sages de Sion* ? Je ne vois d'autre réponse que cette forme de *Selbsthaß*, de haine de soi juive, qui brûlera Theodor Herzl, père fondateur du sionisme mais aussi fasciné par Édouard Drumont (fondateur notamment de la Ligue antisémitique de France) et Wagner. À ceci près que Herzl, qui ne connaissait rien de la Bible et du Talmud, rien de la géographie, rien du judaïsme, de l'hébreu et du yiddish, et rien des Juifs, réinventa la Terre Promise (sans se soucier de savoir si elle était habitée) pour mettre fin aux illusions de l'émancipation qui délayaient la véritable judéité — ce qu'aucun des amis juifs de Wagner ne pensa jamais, tant ils se voulaient intégrés. Le plus étrange est que cette fuite hors d'une incarnation physiquement vécue comme une folie pourrait rencontrer le wagnérisme le plus intime, celui de Wagner lui-même. Après tout, le nom *Israël* fait explicitement référence au combat de Jacob contre l'Ange et indique que la plus haute victoire de l'homme est celle qu'il remporte sur sa propre arrogance, sa propre volonté de puissance et, comme l'écrit Stefan Zweig dans *Le Monde d'hier* pour expliquer l'illumination de Herzl, la froide volonté de gagner de l'argent.

L'antisémitisme wagnérien — celui de Wagner puis celui du wagnérisme — n'aurait évidemment pas été ce qu'il fut si, à la même époque, les réflexions engagées par certains Juifs sur l'identité juive, dans la foulée de la réflexion universelle sur les identités nationales, historiques, archéologiques, religieuses, linguistiques, biologiques, n'avaient pas offert un quotidien de surenchère permanente. Je ne renvoie naturellement pas sur les Juifs la responsabilité de l'antisémitisme, comme si celui-ci était une réplique de légitime défense, pas plus que je ne justifie le nationalisme juif naissant alors : je note qu'il s'agit d'un jeu de violence mimétique exemplaire, dont il serait délirant de chercher qui l'initia mais dont on ignore souvent l'une des faces. Ainsi, dans le jeu de modèle et d'obstacle auquel se livrent wagnérisme et judéité, plusieurs traits méritent d'être pointés.

Le premier d'entre eux concerne la théorie de la dégénérescence, qui n'appartient pas au seul wagnérisme et trouve son pendant, par exemple, chez un collègue de Herzl et futur pionnier du sionisme, Max Nordau. C'était pour lui aussi une théorie à prétentions scientifiques, dérivée de la psychopathologie et des laboratoires de la biologie raciale qui fleurirent au XIXème siècle, dans le sillage de laquelle se radicalisèrent Martin Buber et Vladimir Jabotinsky (une sorte de couple à la Fasolt/Fafner) et son succès rassembla antisémites et « nouveaux Juifs » au moins unis dans le constat d'un pourrissement du monde et dans l'obligation, pour les Juifs, de quitter l'Europe. Il n'est pas impossible que les thèses de Nordau aient apporté *a posteriori* de l'eau au moulin de ceux qui s'occupèrent de *l'entartete Kunst*, même si ses recommandations visaient plutôt à une régénération sur le modèle aryen — « viril », sportif, au contact de la terre, nationaliste, doté d'une langue propre, cet hébreu parlé moderne qu'inventa Eliezer Ben Yehouda. C'est cependant avec un certain ahurissement que l'on rappellera que le fameux discours prononcé par Nordau en 1901 devant le deuxième Congrès Sioniste s'ouvrit par l'exécution de l'ouverture de *Tannhäuser*.

Au générique des débats concernant l'existence et l'établissement géographique d'une « race juive », l'élévation de la Bible au rang d'un livre de vérités historiques fiable, les conditions de l'intégration, il faut inscrire les noms de Moses Hess et Heinrich Graetz. Les thèses de ce dernier furent rudement attaquées par Heinrich von Treitschke, qu'épouvantait l'afflux d'immigrés juifs venus de l'Est, phénomène qui signait selon lui l'impossibilité définitive de toute émancipation et de toute assimilation tant ces parias vivaient repliés sur eux-mêmes. Graetz, dans les traces de ce Disraeli que vomissait Wagner, s'émerveillait de ce que rien ni personne, au cours des siècles, n'ait pu tuer la « race » juive alors que les « races » grecque et latine avaient fini par disparaître : il y voyait la preuve d'une supériorité flagrante, la démonstration par les faits du caractère dominant de la « race » juive. Peu partageaient l'opinion de l'historien Mommsen, selon lequel la présence d'un pourcentage raisonnable de Juifs en son sein éviterait à l'Allemagne un nationalisme étriqué qu'elle désagrègerait. Sur un autre plan, celui des études historico-critiques de la Bible entreprises partout en Europe au XIXème siècle, après avoir incendié les études de Wellhausen tendant à montrer comment la Bible avait été écrite par couches successives toutes marquées par les besoins édifiants de leurs époques, Simon Doubnov puis plus tard Salo Baron et Yitzhak Baer, enfin Ben-Zion Dinur, travaillèrent à établir le Livre comme texte historique dont l'ancienneté devait être retrouvée au-delà du « merveilleux » et du religieux. C'est à la suite de ces travaux que l'habitude fut prise, au sein des écoles et universités juives, de distinguer l'enseignement de l'histoire de l'enseignement de l'histoire juive, cette dernière obéissant à d'autres règles et d'autres objectifs : je ne saurais dire que l'on enseigne autrement le wagnérisme.

La psychanalyse est née dans la même ville que le sionisme, Vienne, et a dès le début affronté, d'une part l'obligation de se libérer de l'image d'une science juive, d'autre part les conflits entre aryens et sémites. Freud n'était pas favorable aux thèses sionistes, où il voyait l'une des expressions de la compensation pathologique nécessaire au complexe de castration accablant, selon lui, les Juifs. Avec beaucoup d'acuité politique, il doutait aussi que la Palestine puisse devenir un État juif viable, il s'inquiétait du fanatisme concernant les Lieux Saints et des relations avec les Arabes, il ne croyait pas que la possession d'un sol puisse en quoi que ce soit régénérer quiconque et, d'ailleurs, il ne croyait pas aux théories de la dégénérescence, qu'il réfuta. Parmi celles-ci, les affirmations « biologiques » du sioniste marxiste Ber Borokhov méritent d'être signalées. Elles posaient que les Arabes de Palestine appartenaient à la même « race » que les Juifs et pourraient, en conséquence, être aisément incorporés au nouvel État sans entraîner sa décomposition. Ces thèses eurent un certain écho y compris auprès des futurs fondateurs d'Israël, David Ben Gourion et Yitzhak Ben Zvi, jusqu'à ce que les évènements de 1929 à Hébron persuadent de nombreux partisans du compromis avec les Arabes qu'ils devaient renoncer. Parmi eux Arthur Ruppin, père de la colonie de peuplement originelle et des premiers achats et partages de terres, entreprit d'expliquer que les Juifs d'aujourd'hui étaient le résultat d'une sélection darwinienne extrême ayant permis aux plus forts et aux plus intelligents de survivre et de parvenir à une sorte de pureté que tout intercommunautarisme mettrait en danger. Au sommet de cette pyramide, il rangeait les Ashkénazes. Certes, il s'agissait d'avantage d'un repli sur soi que d'un projet d'épuration. Pourtant, les thèses eugénistes d'un Redcliffe Nathan Salaman, médecin et grand inspirateur de l'enseignement scientifique du futur État, font froid : la manière dont s'y mêlent, dans un même but, génétique et archéologie, s'est poursuivie jusqu'à nous avec les désopilantes recherches menées sur le « gène juif ».

Freud s'intéressa aussi au couple christianisme/judaïsme, analysant le passage d'une religion à l'autre avec les outils relatifs au meurtre du père. On connaît sa théorie, qui ne porte pas que sur les origines égyptiennes de Moïse : le meurtre collectif de Moïse par son peuple exaspéré par la nouvelle religion, évidemment refoulé, se confond avec le meurtre du Dieu des pères, lui aussi refoulé ; le christianisme, en avouant ce meurtre et en le rachetant par la crucifixion, reprocha en réalité et inconsciemment aux Juifs de ne pas accepter, non pas la responsabilité de la mort de Jésus, mais en réalité le meurtre originel de Moïse ; enfin, la christianisation du monde à marche forcée fut si mal vécue par les anciennes nations barbares que l'antisémitisme serait surtout le déplacement, contre la religion source, d'une christianisation mal assimilée. À certains égards, la confrontation de cette thèse et des réflexions de Wagner relatives à la refondation d'un christianisme détaché de ses origines juives est nécessaire : il convient notamment de savoir si le christianisme aryen wagnérien tue lui aussi le vieux Dieu vétérotestamentaire ou s'il s'agit d'abord d'arracher aux sémites la totalité de la révélation. La réponse n'a, pour ce qui concerne l'antisémitisme wagnérien, que peu d'importance. Elle nous intéressera davantage quant à l'attrait que put exercer le wagnérisme sur ses admirateurs juifs, comme sur l'application de la psychanalyse freudienne aux œuvres de Wagner : de ce point de vue, force est de constater que, comme d'habitude, personne n'a posé la question dans ses implications religieuses, pas même Wieland Wagner pourtant accusé de jeter son grand-père sur le divan — preuve non seulement de l'ignorance des grands enjeux dramaturgiques wagnériens mais aussi du refoulement d'un pan capital des recherches freudiennes.

Le jeu du modèle-obstacle n'est pas une simple imitation : il s'agit de se substituer à l'autre, de la manière la plus radicale et définitive qui soit. Personne n'avait osé, avant les nazis, franchir ce Rubicon. Nul n'avait imaginé, et surtout pas les premiers concernés, qu'ils le feraient : peut-être les premières mesures de violence et d'exclusion ne parurent-elles que comme une variante, plus lourde et plus humiliante que d'autres, du Schlemihl ? Freud n'a pas connu l'existence des camps. Il n'a pas pu commenter la fondation d'Israël, terre des aryens juifs pionniers obligés de faire place aux Juifs rescapés, terre ne regroupant pas la moitié des Juifs vivant dans le monde, terre où les disparus victimes de la Shoah, régulièrement, sont ranimés pour participer au débat politique — qu'il s'agisse de soutenir les conflits avec, notamment, les Arabes, ou qu'il s'agisse du wagnérisme. Israël, « nation spectrale » selon le mot de l'historien Alain Dieckhoff. Nation ne tenant peut-être que par sa résistance à un ennemi extérieur et en tirant son innocence éternelle, y compris au-delà de Sabra et Chatila, mais qui s'effondrerait, pense Ilan Greilsammer, livrée à la paix donc à ses luttes internes.

Tout cela doit intéresser le wagnérien, doit faire partie de la réflexion juive sur Wagner, autant que le parallèle possible relatif à l'idée de nation : un État israélien mais pas de nation israélienne, une nation juive, et une nationalité fondée sur le religieux, voici qui fait écho aux réflexions de Wagner sur le Reich et, bien avant, sur l'organisation politique allemande.

Le Judaïsme dans la musique.

Peu de wagnériens ont lu, je m'en suis rendu compte, *Le Judaïsme dans la musique*. C'est un texte dont tout le monde parle, mais qui n'a fait l'objet d'aucune édition critique moderne. On le trouve très facilement sur le *net*, dans différentes traductions et fac-similés. Il n'est pas très long : pas même vingt pages d'une incroyable violence, qui s'achèvent par la promesse d'un anéantissement. Je rappelle, à l'intention des responsables des commémorations françaises, que le vieux Chateaubriand et le Hugo adversaire des « convertis », pour ne rien dire de Renan, Gobineau, Drumont, Alphonse et Léon Daudet, Edmond de Goncourt, Bernanos, ont manifesté une violence au moins égale. Bien sûr, Wagner n'a pas dessiné les plans des fours crématoires. Bien sûr, quand il écrit que l'unique chance de rédemption offerte aux Juifs est de cesser d'être Juifs, on peut discuter — et nous le ferons — des conditions matérielles, j'allais écrire « techniques », de cette déjudaïsation. Mais tout de même... Lisez aussi *Das braune Buch** (*Le Livre brun*, notes, projets, journal tenu pour Cosima, annales biographiques), malheureusement introuvable en français.

Je vous livre ici quelques extraits du *Judaïsme* qui prouvent que Wagner n'a pas bougé d'un iota à ce sujet tout au long de sa vie. Il était convaincu, parce qu'il vivait dans un antisémitisme permanent et entretenu, que son pamphlet avait été un coup de tonnerre fondateur en Allemagne et que tout le monde l'avait lu. Tel n'était pas le cas. Par contre, la deuxième publication en 1869, qui visait moins « les Juifs dans la musique » que « les Juifs en général », bénéficia d'un écho bien plus important. Wagner fut apparemment très perturbé tant qu'il ne parvint pas à insérer la brochure dans ses *Œuvres complètes*, en 1872.

« En ce qui concerne la question politique, nous ne sommes jamais entrés en conflit direct avec les Juifs ; nous avons souhaité qu'il se crée un jour un royaume juif à Jérusalem, et de ce côté-là nos regrets furent réels, quand nous vîmes que M. de Rothschild préféra, en homme d'esprit qu'il est, rester le 'Juif des Rois' plutôt que de devenir le 'Roi des Juifs'.

Certes, là où la question politique se mue en question sociale, il n'en est plus de même ; notre sentiment inné de justice humaine nous a fait un devoir de voler au secours des Juifs persécutés et cela d'autant plus que s'éveillait en nous-mêmes une aspiration vers la liberté et l'indépendance de la société [...] Toutefois, même lorsque nous luttions pour l'émancipation des Juifs, nous étions davantage les défenseurs d'un principe abstrait, que celui d'un cas concret bien déterminé. Par le fait même que tout notre libéralisme était plutôt entaché de trouble, nous défendions le peuple juif sans même chercher à le connaître — et même en faisant tout pour l'éviter — et nous devons reconnaître que notre zèle à exiger l'égalité des droits pour les Juifs, avait davantage sa source dans un état de surexcitation, bien plus que dans une sympathie raisonnée ou réelle. Car, malgré toutes nos paroles et nos écrits en faveur de l'émancipation des Juifs, nous ne pouvions, à l'approche de ceux-ci, nous empêcher de témoigner une involontaire aversion.

Nous touchons ici le point capital de notre sujet. Il nous faut expliquer le pourquoi de cette répulsion involontaire que provoquent en nous les Juifs, et tenter de justifier cette antipathie qui reste, en fin de compte, plus forte en notre esprit que la tentation que nous avons de nous en libérer [...]

C'est encore nous illusionner en connaissance de cause, lorsque nous croyons immoral et contraire aux lois établies, que de nous laisser aller à notre aversion naturelle pour l'esprit juif. Il n'y a que fort peu de temps que nous avons compris qu'il serait plus raisonnable de nous libérer de nos suggestions afin d'examiner, dans le calme, l'objet de notre puissante antipathie afin que nous arrivions à comprendre cette aversion que nous avons pour lui, en dépit de nos illusions les plus libérales.

À notre profonde stupeur, nous fîmes alors la découverte que dans nos luttes libérales nous planions très haut dans le ciel, que nous nous battions avec les nuées, pendant que la terre, cette réalité tangible, était accaparée par un possesseur qui daignait peut-être prendre goût à nos sauts périlleux, mais qui avait surtout en vue de ne point nous dédommager notre intervention et demeurait bel et bien l'usurpateur de nos biens. Petit à petit, le 'créancier des rois' est devenu 'le roi des croyants' et nous serions vraiment naïfs d'écouter sa demande d'émancipation, alors qu'en fait, c'est nous qui sommes réduits à nous libérer de la tutelle juive [...]

Il est donc notoire que si le Juif, ainsi que nous l'avons démontré, est incapable d'exprimer par son langage des sentiments et des idées au moyen du discours, il pourra encore moins les manifester au moyen du chant, le chant étant, à proprement parler, le discours porté à son paroxysme, car la musique est par excellence le langage de la passion. Si, d'aventure, le Juif cherche à élever l'animation de son verbiage jusqu'au chant, il lui sera impossible de nous émouvoir par une excitation feinte et foncièrement ridicule et il se rendra ainsi d'autant plus insupportable. Et tout ce qui nous froissait déjà dans son langage et son physique ne réussirait, alors qu'il chante, qu'à nous mettre en fuite, si la bouffonnerie de ce spectacle ne nous retenait. Si l'on considère le chant comme l'expression la plus adéquate d'une sensibilité exagérée, mais profondément humaine, il est naturel que le Juif atteigne le plus haut degré de sa sécheresse égoïste et nous pouvons donc en déduire que dans tous les domaines de la vie artistique — en dehors de ceux mêmes qui ont le chant à leur base – on est en droit de dénier à la race juive toute possibilité d'exprimer des pensées d'art ».

On croirait lire du Jung, notamment l'article publié en 1934 sous le titre *De la situation actuelle de la psychothérapie*, texte antifreudien autant qu'antisémite. Ou bien du Céline.

À la suite de quoi Wagner explique que les Juifs ont réussi à s'emparer de la musique parce que celle-ci est tombée aux mains des affairistes, des frivoles, et qu'il suffit de recopier sans génie, sans besoin intime, et maladroitement, les grands maîtres passés pour se tailler une réputation. Mais à aucun moment, affirme-t-il, la musique faite par les Juifs n'est capable de provoquer en nous « le sentiment ». Les railleries sur Mendelssohn, pourtant loin d'être un rival, pullulent : elles ressurgiront à l'occasion, par exemple, selon le *Journal*, le 3 janvier 1879 : « *il en était de lui comme des singes qui sont incroyablement doués dans leur enfance et qui, leurs forces allant croissant, deviennent sots ; après son mariage, il avait l'air si gras, si désagréable — un sale bonhomme !* ». Ou encore, antérieur (6 juillet 1869) : « *Nous ne reviendrons jamais au paradis, mais nous irons au ciel et Mendelssohn qui s'est peut-être flatté de restaurer l'état primitif n'est à cet égard qu'un enfant. La création musicale devient humaine avec Beethoven ; Mozart, c'est le royaume des pierres, des plantes, des animaux, royaume innocent, naïf, inconscient dans la joie et la souffrance. Tout cet ensemble représente pour Wagner la Révélation, la religion. Dans cette genèse, Bach se comporte comme l'ensemble du système planétaire, avant que le soleil ne soit séparé des autres étoiles. Dans ces conditions, la mouche Mendelssohn ne trouve pas là un terrain qui lui permette de faire l'importante* ». Et ceci, du 10 janvier 1875 : « *R. me raconte les traits malicieux qu'il a trouvés dans l'autobiographie de Meinardus au sujet de Mendelssohn ; il raconte que celui-ci s'amusait avec les autres examinateurs à faire des caricatures des élèves en train de jouer, parmi lesquels se trouvait un infirme* ».

Le cas Heinrich Heine.

Heine est un modèle pour Wagner. Comme journaliste, mais aussi comme auteur. Les biographes officiels font état d'une admiration réciproque et narrent leur rencontre à Paris comme celle de deux astres se croisant. Dans son très remarquable ouvrage *Schöpfer und Zerstörer**, Ulrich Drüner démontre que Wagner doit à Heine tous ses sujets, non seulement ceux de la trilogie romantique, mais celui du *Ring* et même, dans *Atta Troll*, la figure de Kundry. Wagner n'a jamais revendiqué cette source, avec un certain bon sens : il partagea des sujets, mais ni l'interprétation, ni la forme que leur donna le poète-romancier. Bien au contraire et en cela je retombe sur mes jambes girardiennes : Heine, modèle, était aussi un obstacle. Wagner a écrit sur des thèmes voisins de ceux de Heine, mais contre Heine. Il n'a ni repris l'ironie du romancier, ni partagé ses convictions quant à l'unité de la chair et de l'esprit — Heine aurait ri qu'on en propose « l'union ». Il n'a pu ignorer que Heine se méfiait de ceux qui allaient fouiller le Moyen-Âge avec quelques arrière-pensées. Il a enfin rechristianisé tous les thèmes, mais sur le plan du conflit et de l'extase, pas sur celui de l'harmonie et de la paix. Pire sans doute : il a considéré que paix et harmonie n'étaient vraisemblablement que des illusions commodes pour les exploiteurs du monde, des concepts qu'il fallait purifier dans une extrême mortification du corps et des instincts vitaux. C'est à ce prix, peut-être, qu'il ne se sentait pas « enjuivé ». Le Tannhäuser de Heine n'attache aucune importance à la malédiction pontificale, vit avant comme après celle-ci en bonne entente avec Vénus : ce n'est pas du tout le cas chez Wagner. Le refleurissement de la crosse est promesse de réconciliation chez l'un, chez l'autre entérinement d'une impossibilité de réconciliation terrestre.

Ulrich Drüner rappelle que Wagner n'était pas seul à bien se comprendre. Nous n'avons aucune idée directe, aujourd'hui, du climat de l'époque, de la manière dont un Tieck, un Brentano, un Weber, comprenaient le mythe et la figure de Vénus, pas du tout d'une manière nostalgique de l'Antiquité mais bien comme une adversaire farouche de Marie, mère de Dieu. Nous n'avons aucune possibilité de ressentir, comme Heine le fit, le retour des Allemands vers leur âme médiévale mystique comme un retour à un antisémitisme que Napoléon avait contribué à atténuer dans les faits. Ses échanges inquiets avec Meyerbeer en témoignent, ses *Mémoires* aussi, son *École Romantique* et ses *Reisebilder* enfin. Nous n'avons pas conscience de la violence, théologiquement exacerbée, de cette haine Outre-Rhin dès le Xème siècle, dont se fit l'écho, pendant la jeunesse de Wagner, le mouvement HEP (*Hierusolima est perdita*, Jérusalem est perdue), une abréviation qui sonnait comme un appel au meurtre. Nous n'attachons pas assez d'importance à l'antisémitisme latent des Lumières humanistes allemandes. Relisons *Le Judaïsme dans la musique* :

« Il est temps à présent de parler de Heinrich Heine. À l'époque de Goethe et de Schiller, on ne connut pas de poète juif. Ce n'est que lorsque la poésie devint, chez nous, quelque chose de mensonger et d'hypocrite, et qu'elle ne fut plus capable de produire un véritable poète, que parut alors un Juif très doué pour la poésie et qui prit pour tâche de railler d'une façon cinglante notre indigence et notre hypocrisie jésuitique. De même, il flagella tout aussi impitoyablement ses coreligionnaires musiciens qui se prétendaient des artistes. Aucune illusion ne tint devant lui. Le démon de la négation le poussa sans trêve ; il renia tout ce qui lui parut bon à renier, mais se mentit

à lui-même en se croyant un poète et reçut comme châtiment ses poésies rythmées par nos compositeurs. Heine fut la conscience du judaïsme, de même que le judaïsme est la néfaste conscience de notre civilisation moderne ».

Les attaques contre Heine reviendront régulièrement. Ainsi par exemple le *Journal* du 16 juin 1870 : *« Après le repas, R. me parle de la remarque de Heine sur la poésie de Schiller qui ne serait que 'concepts ivres' : 'Si on décomposait chimiquement les ingrédients de ce mot d'esprit qui ressemble à du génie, on trouverait au fond le Juif qui s'en tient à l'extérieur des choses et qui parle de ce qui se passe chez nous comme un Iroquois parlerait de nos chemins de fer [...] Le Juif [...] ne peut comprendre que la platitude, la grossièreté [...] il appelle 'concepts ivres' le fait que Schiller exprime parfois trop nettement la connaissance extrêmement exacte de l'idéalité ; il aurait suffi de répondre à Heine : tu ne comprends pas ces choses-là ».* Le 25 juin 1873 : *« R. se souvient que Heine se moque de Uhland, cet Allemand véritable plein d'ardeur et d'intelligence qui se trouvait là à la bonne place pour servir de cible à un Juif ».*

Parlant d'un autre de ses modèles, le Juif converti Ludwig Börne traditionnellement considéré (paradoxe !) comme le père spirituel du mouvement Jeune Allemagne auquel il adhérait, Wagner écrit :

« Nous devons encore parler d'un autre Juif qui s'est fait connaître chez nous comme écrivain. Il quitta sa position spéciale de Juif et chercha auprès de nous la Rédemption. Il ne la trouva pas, mais dut reconnaître qu'il ne saurait la trouver que le jour où, nous aussi, devenus de véritables hommes, nous serions sauvés. Mais devenir homme, correspond pour le Juif à ne plus être Juif. C'est ce que tenta Börne. Son exemple prouve qu'on ne saurait trouver la Rédemption dans la quiétude, dans le bien-être ou l'indifférence. Pour l'atteindre, il faut, au contraire, peiner ; elle nous coûte sueurs, tourments, angoisses, misère et douleurs. Prenez part, en toute loyauté, à cette œuvre rédemptrice et nous serons alors unis et tous pareils. Mais songez bien qu'une seule chose peut vous conjurer de la malédiction qui pèse sur vous : la rédemption d'Ahasvérus : l'anéantissement ».

La haine au quotidien.

Cosima a gagné, sur ce plan comme sur d'autres, ses galons de meilleure disciple intégriste, partageant le vécu de Richard avec un ressassement scolaire exaspérant. Je pense que Cosima n'était ni très intelligente ni très compatissante. Qu'elle prenait Wagner pour un Dieu et en rajoutait dans la servilité. Qu'elle s'est faite plus anti-française que lui pour faire oublier ses origines et au moins aussi violemment antisémite que lui parce qu'elle a vécu dans la certitude que les Juifs étaient les ennemis du wagnérisme et qu'il fallait s'en méfier, les contrôler ou les rejeter. Rappelons-nous les lignes écrites à Louis de Bavière en pleine discussion sur l'engagement de Hermann Levi pour diriger *Parsifal*, je cite de mémoire : pour vous, les Juifs sont un concept, pour nous il s'agit d'une expérience de la vie.

Le *Journal* de Cosima est un objet passionnant, même si sa lecture exige une connaissance du contexte historique auquel les Wagner réagissent, contexte que l'appareil critique succinct établi par Gregor-Dellin ne restitue pas assez précisément. Il couvre une période essentielle, de 1869 à la mort de Wagner. On y découvre un couple fusionnel, incapable au fond de supporter un commerce prolongé avec le monde extérieur, s'identifiant intimement à Tristan et Isolde. Quelques *Grundmotive* traversent ces cahiers : les soucis d'argent, quotidiens et auxquels Wagner ne peut très longtemps répondre par la rigueur, les ennuis de santé chroniques et finalement assez sérieux de tous les membres de la tribu, le froid et l'humidité, le föhn ou d'autres ennemis naturels, l'angoisse du lendemain, la peur permanente d'une conspiration adverse généralisée, un épuisement jamais apuré, des nuits d'insomnie plus fréquentes que les nuits de repos, une boulimie de lectures et de *Musizierung*, des discussions presque quotidiennes sur la religion, les Juifs enfin.

Sur ce plan, le *Journal* démarre en trombe : dès la première date (1er janvier 1869), il est question de la réédition du *Judaïsme dans la musique*, qui sera cette fois publié sous le vrai nom de son auteur, dont Wagner retouche le texte. Cette réédition va jouer un rôle capital dans la constitution du wagnérisme, dans la réception des *Meistersinger* et globalement comme explication à tous les déboires du couple. Je ne vais pas copier ici les innombrables entrées relevant de ce sujet, mais je vous en propose un florilège significatif.

Le 7 janvier, la parution dans la *Süddeutsche Presse* d'un article signé du géologue, homme politique et membre du Parlement de Francfort en 1848, Julius Fröbel, consacré à *Opéra et Drame*, provoque une terrible colère. Fröbel est un ancien du *Vormärz* auquel participa Wagner. Il a publié, à Zürich, quantités de textes démocrates interdits en Allemagne, d'auteurs que Wagner admirait. Condamné à mort après l'échec des émeutes, il s'est exilé aux États-Unis et, à son retour, est devenu journaliste. En principe, donc, il ne s'agit pas d'un ennemi. Le journal a été communiqué anonymement à Wagner : Cosima en vomit de dégoût, Wagner décide d'y répondre en ajoutant un supplément au *Judaïsme* qui, sans cela, n'aurait été modifié qu'à la marge. Le 23 janvier, l'éditeur pressenti pour la brochure, Weber, estime que le moment est propice. Or, au même moment, les Concerts Pasdeloup se préparent à donner *Rienzi* comme couronnement d'une série de concerts pionniers : *« Un journal italien parle des disputes des Concerts Pasdeloup à l'occasion du prélude de* Lohengrin. *Encore une fois les Juifs ! »*

Le 27 janvier, Richard achète un livre de l'écrivain, baryton et directeur de théâtre Eduard Devrient — beau-frère de la soprano Wilhelmine Schröder-Devrient, première muse de Wagner — consacré à Mendelssohn : *« Il en ressort clairement que Devrient est un cabotin inculte et Mendelssohn un petit Juif »*. Le 28 : *« Cette lecture me donne la preuve de la justesse de ce que dit R. au sujet de Mendelssohn »*. Le déjeuner est consacré au sujet. Le 29, Wagner « découvre » que Devrient *« s'était entremis pour faire venir Mendelssohn à Dresde, alors qu'il connaissait la nature et l'importance de l'activité de R. dans cette même ville »*.

Le 10 mars, Hans von Bülow, resté à Munich où il sauve les apparences alors que son cocufiage est de notoriété publique, ce Hans qui traverse tout le *Journal* comme un fantôme blême, accuse réception du *Judaïsme* et dit l'avoir particulièrement apprécié. Nous verrons plus loin combien il s'estimera trahi par le commerce entretenu par Wagner avec « ses Juifs ».

Le 15 mars : *« La poste nous apporte une lettre anonyme de Breslau, au nom de 7000 Juifs, des insultes et des menaces. À ce moment, il me revient à l'esprit que c'est un Juif qui a tenté de tuer Bismarck. Ils nous traîneront dans la boue mais je supporterai tout »*. Le 16 : *« R. m'apporte une lettre de Pauline Viardot au sujet du* Judaïsme. *Sottise ou bien profonde compréhension ? Elle est juive, c'est clair maintenant ! »*. Le 17 : *« Weber a envoyé les journaux qui parlent de la brochure de Richard sur les Juifs. Les gens s'agitent, sont furieux, couvrent R. de leurs sarcasmes »*. Le 28 : *« Richard a reçu une lettre de Hans qui décrit l'impression faite par la brochure de Wilhelm Drach ainsi que les autres conséquences du* Judaïsme *: les Juifs riches de Munich ne mettent plus autant d'ardeur à aller écouter les opéras de R. ; en outre, la direction du théâtre de Breslau a télégraphié pour dire qu'elle préfère choisir une autre œuvre que* Lohengrin *parce que le climat à Breslau n'est pas propice à cause de la brochure »*. W. Drach était le pseudonyme choisi par Wagner pour commenter le livre de Devrient. Le 30, le rédacteur principal du *Journal Impérial* de Vienne, un nommé Leutner, loue sans réserve la brochure. Wagner hausse les épaules devant ceux qui prétendent qu'il l'a écrite par jalousie envers le talent de Mendelssohn et les succès de Meyerbeer, voire même parce que, selon un des collaborateurs juifs des Comités, Hiller, très choqué par le *Judaïsme*, *« parce qu'il aurait été, enfant, giflé par un condisciple juif dans la cour de l'école »* — *Journal* du 22 avril 1873. Il se dit parfaitement conscient du fait que, en dénonçant ce qui doit être dénoncé, il met en péril sa survie matérielle et celle de sa famille : c'est sans doute une des raisons pour lesquelles, dès qu'il le pourra, il laissera à d'autres le soin de mener les assauts. Je me suis toujours demandé si cette prudence intéressée n'avait pas traversé les générations et si la rétention des archives par la famille n'obéissait pas à un calcul du même ordre.

Le 10 avril, Madame Flaxland télégraphie de Paris que, après une première représentation « heureuse » de *Rienzi* à Paris, *« la brochure sur les Juifs handicape désormais le succès »*. Elle envoie des journaux qui arrivent le lendemain : *« Beaucoup de sottises et de juiveries. En ce moment, à Paris, on veut remettre en question, rendre vain, le succès de* Rienzi *».*

Le 1er mai 1870, Wagner dénonce à table *« la conspiration des trois J : Juifs, journalistes et jésuites »*, branche allemande d'une conspiration internationale. *« Richter nous raconte que depuis qu'il a été évincé il y a 45 000 Juifs de plus ».*

Le 28 mai, la lecture d'un article de Berthold Auerbach consacré à « la forêt » inspire *« un tel dégoût »* à Wagner de par son caractère « affecté » qu'il ne peut l'achever : *« ces gens, les Juifs, sont une véritable peste ».*

Le 27 juin, alors que Louis de Bavière s'entête à faire représenter *La Walkyrie* à Munich et qu'une certaine presse en profite pour régler de vieux comptes, Wagner *« parle de Hanslick, dont la mère est juive et d'un certain Ambros qui s'est fait acheter contre R. par la* Neue Freie Presse *; il nous raconte comment ils s'étaient rapprochés de lui, lui avaient fait des confidences, comment ces misérables comptaient sur sa noblesse d'esprit, ne craignant pas qu'il raconte jamais tout cela ».*

Le 25 février 1871 : *« Un éditeur de Düsseldorf se présente comme 'non-juif' et voudrait éditer la partition de la* Marche du Sacre *[...] Troisième lettre de la commission chargée d'organiser l'exposition de Londres [qui propose à R. de venir diriger la marche de* Tannhäuser *pour vingt pfennigs] R. est révolté : 'cela aussi, c'est la faute des Juifs : c'est à cause d'eux que tout est si mal payé ; ils sont condamnés à faire du bruit pour éveiller l'intérêt, mais acceptent par exemple de diriger pour rien' ».*

Lors de la pause de la première pierre du Festspielhaus, Wagner souhaite que la presse ne soit pas invitée à toutes les manifestations organisées. Certains journalistes se faufilent pourtant jusqu'au banquet : *« MM. Gumprecht et Engel échangeaient quelques mots assez vifs avec M. Koerper de Berlin ; celui-ci ressentait vraisemblablement l'inconvenance de leur présence et un certain M. von Baligand, capitaine bavarois, intervint et déclara qu'il fallait jeter les journalistes à la porte lorsqu'ils se conduisent mal, ce qui eut lieu ; à ce moment, tous les Juifs de*

Berlin se sont levés comme un seul homme pour prendre la défense de ces messieurs de la Presse et ont forcé Koerper à présenter des excuses, ce qui nous a indignés, R. et moi, lorsque nous l'avons appris. On supporte tranquillement l'inconvenance de la présence de journalistes, on blâme en revanche l'indécence de l'homme indigné, tout cela par peur de la presse, voilà où nous en sommes » (*Journal* du 23 mai 1872).

7 avril 1873 : *« Dispute entre le doyen et R. au sujet des Juifs. Le doyen pense que les mariages mixtes seraient la solution et R. affirme qu'alors il n'y aurait plus d'Allemands car le sang des Allemands blonds n'est pas assez fort pour résister à une telle 'lessive' ; nous voyons bien, dit-il, comment les Normands et les Francs sont devenus des Français et le sang juif est encore plus corrosif que le sang latin. Lui, R., n'a plus qu'un seul espoir, c'est que ces gaillards deviennent suffisamment fiers d'eux-mêmes pour qu'ils n'acceptent plus d'alliance avec nous et renoncent peut-être même à la langue allemande ; nous apprendrions alors l'hébreu pour pouvoir nous en sortir, mais nous resterions allemands. La conversation se termine avec cette plaisanterie »*. Ici s'ébauchent les textes théoriques de la fin de vie, déjà analysés dans *Richard Wagner*.

2 avril 1874, Jeudi Saint : *« R. s'irrite aujourd'hui de voir les Juifs se promener dans les rues avec leurs plus beaux vêtements parce que c'est le jour de leur Pâque : 'Je m'attirerai sûrement encore des ennuis en disant ce que je pense si jamais je deviens conseiller municipal ! Blesser ainsi le sentiment populaire, montrer sa joie et ses plus beaux habits lorsque nous sommes en deuil ! Ce sont les restes des idées de Lessing, toutes les religions sont bonnes et à cela s'ajoute ce stupide islamisme »*.

Le 4 octobre : *« R. me raconte qu'alors qu'il buvait sa bière chez Angermann, un Juif, professeur de piano, avait buté contre Rus ; comme R. s'excusait pour Rus, Karpeles lui répondit : 'Oh ! vos chiens sont pour moi des êtres sacrés, je connais Flips et Peps'. Nous nous étonnons de cette qualité des Juifs qui sont capables comme les jésuites de tout découvrir en espionnant »*.

Le cas Hermann Levi.

Je voudrais vraiment en finir avec ce débat sur les « amis juifs ». Prenons la rencontre de Wagner et de Hermann Levi, futur chef de *Parsifal*, dont je vais puiser l'histoire au *Journal* de Cosima, à toutes les entrées « Levi » de la période 1878-1880.

Le 1er juillet 1878, Levi rend sa première visite aux Wagner.

« R. me dit : 'C'est curieux ; aujourd'hui, pensant à la visite de Levi, le vers m'est venu à l'esprit : C'est aujourd'hui la Saint-Simon et la Saint-Jude, le lac fait rage et réclame sa victime'. Nous rions ».

Selon certaines traditions, Simon et Jude, apôtres, accomplirent ensemble bien des missions d'évangélisation et finirent martyrs, l'un noyé, l'autre crucifié — les sources traditionnelles inventent aussi d'autres supplices, dans leur souci d'établir une généalogie du martyre. Le vers est tiré de *Wilhelm Tell.*

« Le 2 juillet — Visite du maître de chapelle Levi (qui émeut R. en se présentant, en tant que Juif, comme un « anachronisme ambulant »). R. lui dit que, si les catholiques se regardent comme plus nobles que les protestants, dans ce cas les Juifs sont les plus nobles, les plus anciens [...] 'Adieu, portez-vous bien, homme étrange', dit-il à Levi lorsque celui-ci nous quitte.

Le 1er août — Visite du maître de chapelle Levi, décidément assez agréable et, comme le dit R., en tant qu'israélite, émouvant à sa manière.

Le 2 août — Je prends congé du maître de chapelle Levi dont les sentiments à notre égard éveillent une sympathie sans restriction. Portes fermées, R. et moi parlons du rapport des israélites aux choses mystiques. [en marge] R. dit au maître de chapelle Levi à propos des Bayreuther Blätter : je ne peux plus maintenant dire que la vérité totale, je ne cherche de querelle avec personne, mais sur ce qui me vient aux lèvres, je dis mon opinion sans me soucier du reste ».

La discussion portait sur les articles d'un antisémitisme virulent que les *Blätter* publiaient — au point que les nazis y virent l'une des éditions les plus importantes de la pensée allemande, je vous renvoie à mon livre pour les détails.

Le 6 août, Wagner compare devant Levi Cosima à *« la vieille fille Züss »* et s'en explique en disant que cette forme d'humour l'a toujours sauvé de l'abîme. Cette pique, sous le nez d'un employé de Louis de Bavière, est particulièrement immonde. Il s'agit bien de l'histoire du Juif Süss, non pas dans la version de Feuchtwanger que tout le monde connaît mais dans celle de Wilhelm Hauff (1827). La trame du récit, qui se déroule en Allemagne au XVIIIème siècle, demeure la même : financier de génie, doté d'une intelligence et d'une habileté politique hors du commun, Süss Oppenheimer cherche un prince à la mesure de son ambition. Sa rencontre avec le futur duc de Wurtemberg marque le point de départ d'une fulgurante ascension. À son service, il devient le plus fameux des « Juifs de cour », ces conseillers aussi indispensables aux puissants que détestés du peuple. Mais cette même rencontre qui a fait sa fortune va causer sa perte, quand le duc s'éprend de la fille de Süss et la déshonore. Alors, avec la même passion et le même raffinement qu'il avait mis à assurer le pouvoir de son suzerain, Süss œuvre en secret à sa chute, scellant du même coup son propre destin tragique. Bientôt seul et livré à la vindicte populaire, victime expiatoire d'une société en mal de boucs émissaires, Süss va être confronté au plus terrible des choix : renier ses origines ou payer de sa vie. La manière dont Wagner se fait passer comme un « Juif de cour » employé par Louis, la référence implicite aux scènes brocardées par la presse (Cosima trimballant en sacs de pièces, par les rues de Munich, les cadeaux du roi destinés à Wagner), la superposition absurde de l'exil imposé à Wagner et de la dispute autour de l'édification du Festspielhaus avec le destin de Süss, tout cela signe la forme très particulière de l'humour wagnérien appliqué à lui-même, dont Adorno a écrit des choses très profondes en son *Essai sur Wagner**. Le même jour, Cosima note : *« Comme, au déjeuner, [Klindworth] ne voulait pas joindre les mains au moment du benedicite, R. lui a reproché son manque de liberté ; il a parlé longuement et magnifiquement de la religion, de la manière dont l'athéisme vulgaire fait qu'il n'y a plus aucune forme de respect et que les gens ne voient plus désormais sous le mot de religion que le dieu des Juifs ».*

« Le 19 novembre – [R.] me dit ensuite : 'Comment écrirais-je pour les Bayreuther Blätter puisque, à cause du Roi et de ton père (Liszt est devenu homme d'Église), je ne peux dire mon opinion sur l'Église catholique [...] Je ne peux rien dire non plus au sujet des Juifs (un collaborateur lui a demandé s'il pouvait attaquer Levi, ce qui n'est guère possible), ni sur des musiciens qui, disons-le franchement, sont trop minces pour moi, comme Schumann, je ne peux plus rien dire, car la valeur de ce que je dis n'a de valeur que lorsque je ne me préoccupe que de dire la vérité, et cette attitude, je ne peux pas l'endosser' ». Complément le 22 : *'Si j'écrivais encore une fois sur les Juifs, je dirais qu'il n'y a rien à objecter à leur encontre, seulement qu'ils nous ont rejoints trop tôt, nous autres, les Allemands, que nous ne sommes pas suffisamment solides pour recevoir en nous cet élément'.*

Le 13 janvier 1879 – Lorsque nos autres amis sont partis, Levi reste encore et, comme il nous explique que son père est rabbin, la conversation tombe à nouveau sur les Israélites et nous disons qu'ils sont intervenus trop tôt dans notre culture, que l'élément humain dans son ensemble qui aurait dû se développer à partir de l'être allemand pour profiter ensuite à l'élément juif, a été arrêté dans son évolution par l'intervention prématurée des Juifs dans nos affaires avant même que nous ne sachions qui nous étions. Le maître de chapelle nous parle d'un grand mouvement dirigé contre les Juifs dans tous les domaines ; on veut, dit-il, les écarter du barreau à Munich – il espère que dans vingt ans [ces ennemis] seront exterminés et que le public du Ring donnera naissance à un autre peuple, nous « savons qu'il sera différent » ! – Rendus à nous-mêmes, R. et moi parlons des traits originaux de certains Juifs et il me dit que nous aurons bientôt une synagogue à Wahnfried ! »

Levi n'a manifestement pas compris ce qui se cache dans le *Ring*.

« Le 14 janvier – Déjeuner avec les enfants, grande gaieté à propos de nos Israélites apprivoisés, R. dit que, face à ses œuvres, ils ont sans doute le sentiment qu'il les fait simplement très bien.

Le 17 juillet – [R. et Levi] arrivent, R. me dit qu'ils ont remis le monde entier en ordre, tout, le christianisme, le judaïsme, l'islam ».

Le 3 septembre, Levi écrit aux Wagner et avoue s'être fait mettre à la porte par Liszt, auquel il rendait visite à Paris, parce qu'il a osé parler du *Christus*, oratorio du nouvel abbé. Les Wagner en profitent pour déplorer le caractère de Liszt dont Wagner, dans son *Journal** pour Mathilde Wesendonck, reconnaissait qu'il valait mieux pour eux deux conserver une certaine distance, tant leurs intelligences différaient et tant Wagner, devant Liszt, n'arrivait jamais à s'exprimer, à arracher une conviction, à s'imposer. Le 29 mai 1873, Richard et Cosima avaient assisté à la création de l'œuvre à Weimar, le *Journal* rapporte l'opinion de Wagner : *« Le dernier grand sacrifice du monde latino-romain. C'est la formulation de la foi dans le nouvel ordre des choses de l'Église, ordre érigé sans foi ; sentiment naïf de cette création qui est tout le contraire de la naïveté ; amour populaire de la pompe, tandis que dans cette Église, cette pompe n'est que le cruel filet où se prennent de telles âmes. L'œuvre est absolument non-allemande, mais elle ne peut émaner que d'une âme allemande piégée par un de ses bons côtés et elle ne peut être exécutée que par un Allemand ».* On comprend que le couple ait, en l'affaire, plutôt pris le parti de Levi. Richard parlait de l'œuvre comme d'un *« bavardage de curés »* (*Journal* du 7 juin 1872).

Le 28 avril 1880, au beau milieu d'une conversation sur les Rothschild qui viennent de s'offrir, pour 600 000 marks, le tour de table de l'anabaptiste martyr Oswald von Jamnitz, Richard déclare que *« Levi ne dirigera pas Parsifal s'il ne se fait pas baptiser, mais je les baptiserai moi-même tous les deux et nous communierons ensemble ».*

Entretemps, dans le *Journal* de Cosima, Levi est devenu « l'ami Levi », au moment même où le couple se repaît des brochures lourdement antisémites du pasteur Marr. L'automne trouve Wagner fatigué, irritable. Il lâche à Levi, le 12 novembre, *« qu'en tant que Juif il doit seulement apprendre à mourir, ce que Levi comprend fort bien ».* Le 16, il le met en garde contre son entourage, *« ce que celui-ci entend avec bonhomie, même si c'est de manière mélancolique ».* Le 20 décembre, il critique une interprétation, par Levi, de *La Flûte Enchantée* et constate que les chefs d'orchestre ne prêtent jamais attention à ce qui se passe en scène. Au déjeuner : *« On dit que, selon Vogel, Levi deviendrait fou. R. dit alors : 'c'est moi qui serais responsable d'avoir fait d'un Juif errant un Juif concentré* (en français dans le texte, il faut comprendre « un concentré de Juif »)' *[...] Visite de l'ami Feustel qui me dit que son gendre a été reçu à Meiningen par un flot de paroles de Hans* (von Bülow) *contre Bayreuth, notamment contre Wolzogen qui l'aurait entraîné à signer la pétition contre les Juifs, alors qu'il constate que R. dans sa retraite s'entend fort bien avec les Juifs »*. Ces déclarations de Bülow perturbent le couple Wagner pendant plusieurs jours. Le 22, *« R. nous lit le compte-rendu des débats sur la question juive et déclare que toutes les mesures et tous les discours resteront inutiles tant qu'existera la propriété. La paix universelle serait une bonne chose, car aussi longtemps que l'on sera sur le pied de guerre les uns contre les autres, les Juifs resteront puissants. Ce sont, dit R., les seuls hommes vraiment libres, car c'est désormais seulement avec de l'argent que je puis éviter que mon fils devienne l'esclave de l'État »*.

Je ne vais pas continuer. Je me suis contenté de l'entrée « Levi », on peut refaire la démonstration avec d'autres noms et, s'il existait une entrée « antisémitisme » ou « Juifs », on s'apercevrait que le sujet est récurrent à un point obsessionnel, y compris dans les rêves du Maître et de son épouse, soigneusement retranscrits par le *Journal* : or n'oublions pas que ce *Journal* a été tenu pour édifier Siegfried et lui permettre d'endosser son rôle d'héritier. Mais lisons par exemple le *Journal* de Cosima en date du 27/28 décembre 1878. Madame y relate une conversation *« sur les Juifs »* et *« tout le mal qu'ils nous ont fait »*, tenue devant le pianiste à tout faire Joseph Rubinstein. Wagner enfourche son dada : *« il a toujours les meilleurs amis parmi les Juifs mais leur émancipation et l'égalité des droits, avant que les Allemands ne soient vraiment devenus Allemands, a été pernicieuse »*. Il considère l'Allemagne comme *« anéantie »* : l'Allemand, *« exploité et moqué par les Juifs, est désormais détesté à l'étranger ; il est devenu paresseux, ivrogne, il veut tout faire comme les Juifs ; fidélité et foi sont devenues pour lui des valeurs qui ne rattachent à rien »*. Etc. Le lendemain, une note nous informe de la manière dont la conversation s'est déroulée : *« Rubinstein n'a qu'à se taire quand on parle des Juifs, comme je le dis de Pohl au sujet de sa femme »*. Lisons aussi ce que le couple dit de Karl Tausig, un des plus fervents admirateurs de Wagner et l'un des fondateurs des Comités de Patronage, au moment où il agonise victime du typhus : *« Quoi qu'il en soit, il est perdu pour notre entreprise, même s'il guérit ; quelle leçon ! Sa mort nous semble fondée sur le plan métaphysique ; un pauvre être prématurément usé, qui n'a aucune foi en lui-même et qui se sent profondément étranger à toute chose (comme tous les Juifs) — ce qui le rapproche de nous. Il s'est jeté sur Bayreuth avec une véritable frénésie, mais cette activité extérieure pouvait-elle l'aider ? Il possède trop de dons pour ne pas être lassé de la vie »* (*Journal* du 18 juillet 1871). Le 20 : *« Avec la disparition de Tausig, nous perdons certainement un des appuis sûrs de notre entreprise, mais cela nous laisse indifférents [...] Méditation sur la triste vie de Tausig ; mûr de très bonne heure, il étudie Schopenhauer dès seize ans ; il a ressenti la malédiction qui pèse sur les Juifs ; sa fabuleuse virtuosité ne lui apportait aucune joie, son père était plus grand que lui et lui trop remarquable pour envisager d'être l'élève de quelqu'un, son mariage avec une Juive, aussitôt défait ; être achevé à vingt-neuf ans, il n'était pourtant encore pas un homme ; 'que peuvent être les nuits sans sommeil d'un être tel que lui ? Qu'a-t-il en lui ?' demande R. qui note en haussant les épaules la stupidité du destin qui a enlevé Tausig au moment précis où une grande activité devait lui apporter joie et satisfaction »*. Cette disparition affecte cependant les Wagner : Richard rêve de Tausig, Cosima sombre dans une « extrême mélancolie ». Mais quelques mois plus tard, au début février 1872, on découvre que Tausig s'est fait rouler dans la farine par un de ses coreligionnaires, un certain Löser, *« le plus pathétique et le plus inutile des Juifs »* selon Cosima (*Journal* du 13 février).

Images musicales du judaïsme.

L'antisémitisme est un des *Grundmotive* du wagnérisme, soigneusement entretenu par Wolzogen que l'on voit toutes les trois dates dans le *Journal* venir porter des nouvelles du monde extérieur, exclusivement relatives au combat contre les Juifs : il n'y a aucune chance qu'il ne se retrouve pas caché quelque part dans la musique. J'ai affirmé et montré, dans *Richard Wagner*, que l'accord de *Tristan* dénonçait la présence du judaïsme dans le monde parce qu'il décrivait la douleur essentielle de l'univers et des conditions de l'incarnation dans l'envie, le désir et la violence. J'ai été accusé de provocation. Pourquoi veut-on que je sois un provocateur ? À un niveau supérieur du montage wagnérien, cet accord signe indubitablement la déchirure humaine d'avec Dieu. Au niveau juste inférieur, là où Wagner nous renseigne sur les causes de cette déchirure, nous trouvons les Juifs en première ligne, suivis de peu par les Français. Je maintiens la démonstration que je fais dans mon livre.

Klingsor est capable de transformer l'envie qui brûle (en principe) chacun de rencontrer et pratiquer l'amour du prochain en pièges du désir mimétique et de la violence. Tous les univers wagnériens doivent affronter une situation de cet ordre. Ces quatre notes, notes de servitude et de douleur, sont essentielles. Elles constituent — selon Wagner lui-même — le socle de la musique wagnérienne. Les commentateurs de cet accord passent beaucoup de temps à se demander de quoi il est fait, c'est-à-dire à déterminer s'il est une déviance musicale explicable par les lois classiques ou une invention fondatrice. Inutile débat, en tout cas secondaire. Cet accord est une perversion au sens moral du terme. Ce sont les quatre notes que refuse Hans Sachs lorsque, citant *Tristan,* le *Tristan* de Wagner, il renonce à l'envie d'épouser Eva pour se consacrer à une tâche plus noble : guider le nouveau peuple élu vers son nouveau Jourdain, reconquérir ce que les Juifs ont volé aux croyants. Les Juifs, oui : jusqu'au dernier moment ou presque, le greffier a porté le nom du critique musical juif Hanslick. Que « désir » devienne ainsi « enjuivement » par un glissement progressif de synonymes ne peut épouvanter que les naïfs. Ce n'est pas le seul sens de cet accord, mais c'est selon Wagner sa plus exacte traduction dès que l'on quitte les sphères métaphysiques pour regarder la réalité du monde. Ainsi, oui, en tant qu'accord exprimant tant l'impossibilité de vivre en ce monde selon les lois de l'amour que l'esclavagisation à ce monde, l'accord dit de *Tristan* signe une corruption douloureuse que nous ne pouvons, selon Wagner, attribuer qu'aux Juifs.

Wagner éprouve de la compassion pour ses Wälsungs, pour Wotan, mais absolument aucune pour Alberich — pas plus que pour Mime, Beckmesser ou Klingsor, qu'il considère comme irrémédiablement perdus. Même s'ils souffrent, ils sont pour lui incapables du déclic qui les conduirait vers le salut : renoncer à l'envie égoïste. Ce sont à ses yeux des profiteurs absolus du système, des infâmes qui veulent tirer un profit maximum des faiblesses de ce système et de ceux qui, en toute bonne foi, l'ont bâti. En toute bonne foi, oui : Loge porte, plus que Wotan, la responsabilité de l'organisation du monde. Loge = *Lüge*, le mensonge, comme dit Froh. Et ne disons rien des honorables intentions qui animent les Maîtres ou Titurel lorsqu'ils établissent les lois de leurs domaines respectifs. La souffrance de ces profiteurs n'est pas niée par Wagner, c'est pire : elle est systématiquement moquée, ridiculisée — relisez Adorno. Notre époque, au contraire, qui ne vit plus que de la comptabilité des victimes, qui estime politiquement incorrect d'exclure quoi que soit ou qui que ce soit et se contorsionne pour exclure malgré tout, ne peut pas envisager de laisser les Beckmesser sur le bord de la route. J'ai donné, dans *Richard Wagner*, des exemples de ces relectures dramaturgiques « réconciliatrices » ahurissantes et, pour le coup, totalement infidèles aux didascalies. Personne n'osera haïr scéniquement ces personnages. Pourquoi ? Parce qu'ils représentent les Juifs et, au-delà, une violence organisée.

Il n'est pas nécessaire à Wagner d'insister: il lui suffit de les affubler de caractéristiques (expression verbale, comportements) que tout un chacun peut reconnaître comme puisées au catalogue courant de l'antisémitisme de l'époque. J'ai parlé du ridicule dont Wagner affuble ses personnages juifs, je citerai un autre extrait du *Judaïsme dans la musique*: *« Jamais le Juif ne paraîtra sur une scène théâtrale ; les exceptions à cette règle sont si rares qu'elles ne font que la confirmer. Nous ne pouvons en effet pas nous figurer un Juif représentant sur la scène tel héros ou tel amoureux, ancien ou moderne, sans qu'aussitôt nous apparaissent l'énormité et le ridicule d'une telle impropriété »*.

Je pense aussi, par exemple, que l'on peut tirer les coassements des Nibelungs vers la description que Wagner donne, par exemple dans *Le Judaïsme*, du chant de synagogue et de la manière dont les sémites prononcent la langue allemande. Mais plus fondamentalement j'en reviens à ceci : c'est la *représentation* qui dévoile l'œuvre, par ses costumes, par ses accessoires, par ses décors et par ses gestes. Ceux qui exigent que le metteur en scène mette en scène la musique plutôt que ses fantasmes ne peuvent pas ignorer, en tout cas, le problème épineux de l'explication donnée par Wagner de sa musique et de ses buts.

N'imaginez surtout pas que ce débat est né en 1945. Le *Journal* du 15 mai 1873 raconte comment Wagner entre dans une violente colère parce que l'éditeur Fürstner de Berlin veut publier *Tannhäuser* en allemand et en français en collaboration avec Flaxland à Paris, ce que Wagner traduit par *« ils veulent traiter dans mon dos de Juif à Juif »*. Le même jour, le couple lit l'essai du journaliste et écrivain Ottomar Beta, *La race sémite et la race germanique dans le nouveau Reich allemand*, qui va lui être dédicacé. Ulrich Drüner et Barry Millington nous rappellent à bon escient que les premières représentations des *Meistersinger*, à Mannheim en 1869, à Vienne et Berlin en 1870, donnèrent lieu à de violents affrontements sur la question de l'antisémitisme de l'auteur et de sa pièce, dont le *Journal* de Cosima se fait l'écho. Wagner venait de publier sa nouvelle mouture du *Judaïsme dans la musique* : *« Richter nous raconte que à Mannheim les Juifs ont sifflé la quatrième représentation des* Maîtres Chanteurs, *mais qu'à la cinquième le public ne s'est plus laissé tromper et qu'il a manifesté l'intérêt le plus vif et le plus favorable ; lorsque quelques représentants d'Israël ont commencé à siffler, un certain Werther s'est levé, a crié 'hep-hep' et les siffleurs sont sortis »* (*Journal* du 4 juillet 1869). Dommage que Gregor-Dellin n'explique à personne ce que pouvait bien avoir ce « hep-hep » de si menaçant... De Vienne on télégraphie aux Wagner que la première des *Maîtres* a été *« malgré Israël un grand succès »* (*Journal* du 28 février 1870). Quelques semaines plus tard, le 25 mars, Cosima note : *« Une dépêche de Vienne nous apprend que la cinquième représentation aura lieu le soir même [...] que tous les savants, toute la jeunesse des écoles, prennent parti pour l'œuvre pendant que les Juifs se livrent à l'opposition la plus vive »*. Le 18 avril : *« Nous lisons dans la* Allgemeine Augsburger Zeitung *un article de Berlin écrit par Julius Cohen Rodenberg au sujet des* Maîtres Chanteurs *; on s'y moque des 'Germains blonds' en train d'applaudir, on y présente le Maître comme un monstre, mais on fait l'éloge de l'œuvre elle-même »*. Cosima ajoute entre parenthèses, avant de passer à un autre sujet : *« Hier R. m'a indiqué au crayon quelle devait être la mise en scène de son* Crépuscule des dieux ». Il y a gros à parier qu'il s'agit encore une fois d'une de ces idées « vraies et indicibles » que le couple n'échange qu'en dehors de tout témoin, pas même dans les pages du *Journal* : quelque chose du genre « tous les Juifs sont anéantis » mais, bien sûr, je ne peux pas le prouver. À la suite de quoi l'intendant de l'Opéra de Berlin repousse les représentations suivantes à l'automne, afin que les passions se calment.

Passons sur les arguments de ceux qui crurent déceler, dans la sérénade de Beckmesser, une parodie de chant populaire juif (*Journal* du 4 avril 1870 : *« à Berlin comme à Vienne, la sérénade de Beckmesser a été le signal déclenchant les sifflets, mais les siffleurs ont été vite vaincus »*). Écoutons plutôt les conseils que Wagner donna aux premiers interprètes du rôle, un peu étonnés qu'une basse soit invitée à chanter sur une tessiture sollicitant à ce point l'aigu. À Gustav Hölzel, il recommande « des piaillements perçants » — *eine kreischende Stimme*. À Rudolf Freny *« pas de chant, une langue aux accents brutaux et ridicules »*. Drüner pose la question : Wagner aurait-il décidé de republier *Le Judaïsme* comme explicitation aux *Meistersinger*, pour que chacun sache lire et entendre, derrière la comédie, le vrai propos ? Si l'on en croit sa sœur, pourtant extrêmement antisémite elle-même, Nietzsche aurait été épouvanté par la violence avec laquelle Wagner reprit sa croisade antisémite après *Tristan*. Il fustigea, dans *Humain, trop humain*, dans sa correspondance, les vagues concepts de « germanique », « sémite », « aryen », « chrétien », « allemand », auxquels vibraient, comme tant d'autres, les Wagner et nombre de wagnériens. Ne nous laissons pas abuser par le fait que Beckmesser est greffier, un emploi qui restait interdit aux Juifs au XVIème siècle ! Précisément : il n'est pas à sa place, il déborde, il vampirise, il pervertit. « Il est partout » : cela ne vous rappelle rien ? Ne nous laissons pas davantage abuser par les déclarations très stratégiques de Wagner au sujet de son personnage, qui ne serait qu' une caricature d'Allemand borné. Dieter David Scholz, dont les écrits et le site traquent comme déviantes les moindres lignes publiées sur le sujet, et d'autres de son école, prennent appui sur ces phrases pour réfuter l'antisémitisme de Wagner au sein même des œuvres, sans (vouloir) voir combien un Allemand caricatural ressemble à un Juif, à un Allemand perverti par des comportements juifs.

PAYS LOINTAIN, AUX PAS DES HOMMES INACCESSIBLE : L'AFFECT, SÉSAME DU WAGNÉRISME IMPOSÉ PAR WAGNER AUX WAGNÉRIENS

WAGNÉRIENS, MES AMIS

Les bons wagnériens et les autres.

Une Communication s'adresse « *à mes amis* », dit Wagner. Mes « *vrais amis qui m'aiment vraiment* ». À douze ou treize ans, j'ai reçu en cadeau un livre intitulé *Mon ami Wagner*. Du diable si j'avais besoin que Wagner soit mon ami ni moi le sien. Je sais ce qu'est un ami, Wagner n'a jamais joué un tel rôle auprès de moi et je trouve gênante cette infantilisation du rapport au créateur et à l'art. Que Wagner ait eu besoin de lever des troupes autour de lui répondait à de multiples nécessités mais me semble aussi en partie la réplique naturelle de ceux qui, pour contrer le complot universel qu'ils pensent avoir découvert, inventent une armée de braves et de veilleurs. Je traduis les passages essentiels de la *Communication* :

« Je ne puis tenir [pour mes amis] ceux qui prétendent m'aimer comme artiste mais croient devoir me refuser leur sympathie comme homme.

Peuvent le moins passer pour mes amis ceux qui partent d'une connaissance imparfaite de mes travaux et qui, projetant sur ceux-ci ce qu'il y a de chancelant et d'incertain dans leur manière de comprendre, attribuent à mes ouvrages [un caractère] qui ne reflète que leur confusion.

Seuls peuvent [éprouver le sentiment qui permet de comprendre vraiment] ceux qui se trouvent dans une situation plus ou moins semblable à celle de l'artiste, ceux qui ont évolué de la même manière que lui, dans des conditions de vie analogues.

[Mes vrais amis] sont ceux qui éprouvent pour moi, en tant qu'artiste et en tant qu'homme, assez de sympathie pour comprendre mes intentions quand bien même je ne suis pas en mesure, aujourd'hui, de les traduire dans une représentation en parfait accord avec elles, les conditions faites actuellement à l'art n'étant pas celles qu'il faudrait pour cela ».

Nous voici prisonniers. Prisonniers d'une revendication amoureuse jalouse, prisonniers surtout d'une exigence à laquelle plus personne ne prend garde : la spécificité de la représentation wagnérienne, d'un contexte théâtral et vital, que l'inscription de Wagner au répertoire courant a profondément floutée.

Œuvre absolue contre œuvre vraie.

Je compare volontiers Wagner à un produit vivant comme un vin de longue garde. Le vigneron se fait une idée de ce qu'il veut produire, en partie fondée sur ce qu'il aime comme vin. Il choisit ou accepte un cépage doté de caractéristiques, il a des vignes d'une certaine provenance et d'un certain âge, un sol particulier. L'ensoleillement et la pluviosité diffèrent selon les années, l'apport éventuel d'engrais ou de pesticides joue son rôle. Les vendanges se déroulent d'une certaine manière, la sélection des grains est plus ou moins exigeante, la vinification obéit à des règles. Les conditions de stockage, en fût, en cuve, comptent évidemment, autant que le moment de la mise en bouteille, le bouchon retenu, les méthodes de conservation. Vous achetez ce vin, vous le stockez à votre tour. Quand vous l'ouvrez, le dégusterez-vous aussitôt, à quelle température, pour accompagner quel mets ? Puisqu'il s'agit d'un vin de garde, vous pouvez, pendant 20 ou 30 ans, ouvrir chaque année une bouteille : il s'agira toujours du même vin mais il aura changé et vous aussi, autant que le contexte. Je n'ai personnellement jamais conseillé la mise en carafe, qui unifie violemment les goûts de chaque verre et expulse en partie le jeu naturel des tanins, des dépôts. À quel vin, au bout du compte, êtes-vous resté fidèle ?

Wagner n'aimait pas cette comparaison d'une œuvre d'art, en tout cas de la sienne, avec les produits de la vigne. Il l'a écrit dans *Une Communication*. Ce sont des lignes très importantes. Wagner rejette tout d'abord ce qu'il appelle *l'œuvre d'art absolue* et que j'appelle, moi, « l'œuvre en soi ».

« L'œuvre d'art absolue, c'est-à-dire une œuvre qui serait détachée de tout temps, de tout lieu, dont la présentation ne dépendrait d'aucune personne réelle ni d'aucune circonstance précise, qui ne s'adresserait pas davantage à un public particulier, une telle œuvre est un non-sens complet. Hors de la réalité des œuvres d'art [comprenons que ces œuvres sont descriptibles selon les critères de leur enracinement dans une réalité] on a extrait isolément le concept d'art. Pour pouvoir penser ce concept comme une réalité [...] on l'a revêtu d'une coquille purement imaginaire qui, sous le nom d'œuvre d'art absolue gambade désormais fantasmatiquement dans la cervelle de nos critiques esthétiques, qu'ils en conviennent ou non ».

Wagner tient là un double discours. Il récuse l'idée selon laquelle les critères de l'artistique auraient été définis une fois pour toutes par les œuvres du passé : *« cette croyance des esthéticiens est foncièrement conservatrice, les conduites qu'elle inspire aboutissent à la plus complète stérilité [...] les critiques d'art vivent exclusivement de ce qui est vieux ou mort* ». Il s'insurge en second lieu contre la prétention des critiques à savoir ce qu'étaient les œuvres du passé :

« La science esthétique devient une activité de fanatiques qui, dans leur cruauté dogmatique, ne souhaitent vraiment que la mort de l'art. En effet, ils sacrifient l'émergence de nouvelles œuvres d'art au strict profit d'une chimère conservatrice — l'œuvre d'art absolue — dont on ne pourra cependant jamais voir la réalisation, puisque celle-ci a eu lieu dans l'histoire voici longtemps [...] L'œuvre d'art absolue [qui n'est soumise à aucun contexte et flotte immuablement au travers des époques] peut avoir été composée voici deux mille ans pour la démographie athénienne et être représentée aujourd'hui à Potsdam devant la Cour de Prusse. Selon l'idée de nos esthéticiens, elle a, ici comme là, maintenant comme jadis, exactement la même valeur, les mêmes qualités essentielles. On s'imagine même que, comme certains vins, elle gagne à avoir pris de la bouteille et que c'est aujourd'hui qu'elle peut vraiment être comprise, puisque nous serions capables, n'est-ce pas, de nous représenter de surcroît le public de la démocratie athénienne [...] l'impression qui fut la sienne en recevant l'œuvre d'art ».

Wagner enfonce le clou en opposant l'œuvre absolue, dite œuvre monumentale, à l'œuvre vivante, *« aussi fondamentalement que l'on peut opposer une statue de marbre au corps d'un homme vivant »*. Il précise : *« le caractère [de l'œuvre vivante] est précisément de se manifester d'une manière rigoureusement déterminée par le lieu, le temps et les circonstances [de sa création et de sa représentation originelle], de sorte qu'elle ne peut pas vivre si ces conditions ne sont pas remplies »*. Wagner ne plaide pas ici pour des reconstitutions, dont il estime qu'elles sont illusoires. Il ne limite pas la fidélité au respect de simples didascalies, mais à tout un contexte évidemment impossible à reproduire. Surtout, il affirme que l'œuvre nouvelle ne peut exister si les conditions de son existence ne sont pas réunies, c'est-à-dire dans un monde qui vénère l'œuvre monument, c'est-à-dire tant que la révolution n'a pas eu lieu.

Il écrit alors des lignes totalement dictées par les conditions de sa vie professionnelle d'alors et sur lesquelles il reviendra une fois la gloire venue :

« Tant que nous ne comprendrons pas, avec tous nos sens [et pas avec notre seul intellect] que l'essence du genre humain repose dans l'individualité, tant que, au lieu de cela, totalement inféodés à la Religion et l'État, nous sacrifierons l'individu au groupe, nous ne comprendrons pas non plus qu'il est nécessaire à l'art que le présent, dans toutes ses composantes, élimine toute trace du non-présent, du monumental. Malheureusement, toutes les

idées que nous nous faisons aujourd'hui de l'art sont tellement enracinées dans cette représentation monumentale que nous n'accordons de valeur aux œuvres nouvelles que pour autant qu'elles se conforment au monumentalisme ».

Comment, selon Wagner, l'œuvre reste promise à l'insatisfaisant sur le plan artistique tant qu'elle ne peut s'accomplir pleinement dans un contexte politique adéquat.

« On peut comprendre la conservation monumentale quand elle se dresse pour lutter contre les tendances et les productions de la frivolité, de la mode. Mais elle n'est alors, soyons-en bien conscients, qu'une réaction naturelle, une protestation de nos sentiments les plus nobles devant les grimaces de la mode : supprimons celles-ci, nous ôterons toute raison d'être au monumentalisme ».

Nous ne pouvons lire ces lignes sans savoir ce que Wagner entend par « mode » et « frivolité », c'est-à-dire l'alliance franco-juive. Elles ne peuvent être brandies par les conservateurs actuels comme si elles légitimaient leur certitude de constituer le rempart contre les soi-disant dérives de notre époque. Wagner n'entend d'ailleurs pas expliquer comment représenter les œuvres du passé, il veut uniquement permettre à l'art nouveau d'exister et considère que, tant qu'une révolution complète n'aura pas eu lieu, son œuvre n'aura pas la possibilité de rencontrer « *la vraie vie* », par conséquent d'être « *parfaitement comprise en phase avec son temps* ». Il faut donc la monumentaliser en attendant, de telle sorte qu'elle se dresse comme une forteresse contre le *« faux monumental »* et le *« faux moderne ».* C'est tout le discours des *Meistersinger*. Or Wagner ne s'est jamais senti en sécurité, il a jusqu'au bout considéré qu'il était nécessaire de préserver des acquis fragiles. Je doute cependant que les intégristes de notre époque soient prêts à adhérer à la révolution wagnérienne ou à la mettre en branle. Quoique…

Qu'est cette révolution ? Entre la *Communication* et les derniers écrits, elle va évoluer sur un point qui n'est que d'accès au sujet : le passage progressif de l'exposition d'un individu en opposition absolue au groupe vers une affirmation du collectif représenté par un individu capable de renoncer à son *Ich* égoïste pour servir l'intérêt général supérieur. Mais il n'y a pas de contradiction majeure, idéologiquement parlant, entre les deux approches : simplement, et c'est toute la chronologie des œuvres, ce dialogue entre individu et groupe cherche-t-il le moyen de n'être pas tragique, pas violent, pas sacrificiel au sens sanglant et victimaire du terme. Ce qui ne variera pas, en revanche, c'est l'espoir d'une révolution nationaliste, religieuse, antisémite et anti-française — les Français étant en première ligne des « frivoles » adonnés à la mode. S'agit-il d'une vérité ? Certainement. Pouvons-nous être fidèles à cette vérité, c'est-à-dire d'une certaine manière l'achever à notre tour comme d'autres époques ont pensé l'achever avant nous ? C'est une toute autre question.

Il est très clair pour Wagner que la monumentalisation de son œuvre, sa sanctuarisation, sa reproduction à l'identique des volontés du Maître, ne constituent qu'une étape dans l'attente d'un contexte où tous les espoirs politiques seront réalisés et où, par voie de conséquence, ce qui hier était lutte défensive deviendra quotidien normal. Je suis navré de dire que les nazis ont été convaincus d'avoir réussi en grande partie cette révolution et que les textes de Wagner ne leur donnent pas forcément tort, même si l'on peut débattre sans fin des mesures par lesquelles Wagner aurait souhaité que soient traduits concrètement l'antisémitisme et l'anti-parisianisme. Ce que je veux démontrer par là est qu'on ne peut dissocier la fidélité aux didascalies des objectifs politiques qu'elles soutiennent. On le peut d'autant moins que Wagner affirme l'ineptie d'une œuvre d'art compréhensible quelles que soient les époques où on la joue : il veut, tout au contraire, mettre l'époque en concordance avec l'œuvre, éternellement, universellement — *« les conditions de cette œuvre d'art doivent être conquises sur la vie »*. Voici la réponse à l'énigme que constitue la formule « œuvre d'art de l'avenir » : quand et comment cette œuvre aura-t-elle une chance d'être une œuvre du présent, quand et comment cessera-t-elle de se promettre et de se faire désirer, quand finira-t-elle de décevoir notre attente ?

WAGNERUS ERECTUS

L'exigence du sentiment.

Wagner, cependant, récusait toute approche intellectuelle de l'œuvre et exigeait du sentiment. Lars von Trier lui aussi, dans son projet de *Ring* pour Bayreuth, en appellera à une dramaturgie du sentiment, mais rien n'est plus sournois que cette notion chez Wagner. Je dirai plus loin dans ce livre un mot du projet avorté de von Trier, je veux préciser aussitôt que, en récusant l'innocence de la notion de sentiment, je ne nie pas un instant la vocation à émouvoir du spectacle : je mets en garde contre la dissolution de toute raison, non pas au sens commun où nous devrions garder une certaine tête froide, une certaine distance, mais au seul sens qui vaille, celui de notre référencement propre à notre propre tiers désirant, à nos valeurs si vous voulez une formule simpliste.

Céline aussi proclamait qu'au commencement était l'émotion. Je suis volontiers Julia Kristeva* lorsqu'elle pointe comment la douleur s'établit ainsi comme le lieu du sujet, là où il se différencie du chaos. La douleur, Wagner écrira *Not*, c'est là que le sens bascule dans les sens, c'est par ce biais que le récit, qui situe l'être entre ses désirs et leurs interdits, va affronter ce que Kristeva nomme l'abjection : ce que l'être découvre en soi et rejette sur un Autre pour mieux l'expulser sans cesser d'en être fasciné, d'en subir l'immorale tentation.

Dès les premières lignes de la *Communication*, dès la mention des « *vrais amis* » auxquels il s'adresse, Wagner tourne autour de cette exigence de sentiment formulée par Lohengrin-Richard. C'est aussi la leçon qu'administre Stolzing, à ceci près que dans son cas cette leçon manque à ce point de perspective qu'il faut l'intervention de Sachs pour la cadrer. Lorsqu'il oppose le sentiment à l'intellect, Wagner oppose seulement le savoir des pédants à la faculté populaire de reconnaître l'impact d'un discours artistique sur sa sensibilité, bien au-delà — ou en-deçà — du sens. On pourrait cependant appliquer aux grandes messes politiques le même principe et les régimes autoritaires au sein desquels le guide est divinisé ne s'en sont pas privés. Le mot d'ordre de la *Communication* est clair : *« la compréhension se fait par la traduction d'un contenu qui est en soi, évidemment, tout à fait intelligible, mais qui doit d'abord frapper les sens »*. Nous lisons ici à quel point la représentation, lieu *« où se fondent expression et réception »*, est l'unique définition possible de l'œuvre. Et Wagner d'admettre que, en attendant la révolution, en attendant aussi que les arts de représentation aient assez progressé, *« il faut bien que l'artiste, s'il ne veut pas renoncer à sa vocation, se contente d'une réalisation imparfaite de son intention »*. Il insiste, prenant l'exemple de *Don Juan* :

« [Que reste-t-il aujourd'hui de l'adéquation qui existait entre l'œuvre, ses interprètes et leur public] quand, en présence d'un tout autre public, composé de gens de la Bourse et de hauts fonctionnaires [et non plus d'aristocrates libertins] un acteur qui aime la bière et le jeu de boules, [dans une langue qui n'est pas celle de la création], incarne ce même Don Juan ? [...] Ce Don Juan-là sera compris dans un sens entièrement différent des intentions de l'auteur [et cette compréhension] n'en sera pas une [...] L'artiste dont l'œuvre est représentée en n'importe quel temps et devant n'importe quel public est ainsi fatalement exposé à tous les malentendus imaginables ».

« *Rendre le sentiment parlant* », comme Wagner invite le metteur en scène à exercer : en vérité, nul ne peut comprendre cette formule sans réfléchir à la fonction du discours. Poser le principe de la réception par le sentiment, par l'affect, nous imposera de réfléchir aux outils adéquats de la production : musicaux, littéraires, gestiques. Les mises en scène ont toujours parlé, même quand ce n'était que chiffons et technique, même quand le silence observé voulait que l'on confonde « rien n'est dit » et « tout est tu » — un peu comme en astrophysique le vide porte malgré tout un bruit fossile. Car il ne s'agit jamais de se contenter de faire naître une émotion : cette émotion n'est qu'une voie d'accès à un savoir, une énigmatisation sensible. Et le message tient en quelques points : l'Allemagne, les Juifs, la véritable religion. Je cite de mémoire l'un des personnages du *Klein et Wagner* de Hermann Hesse, qui avalise d'ailleurs implicitement que Geyer était tout à la fois juif et le véritable père de Wagner : « lorsque j'écoute les superlatifs d'Hitler au sujet de Wagner, j'entends quelque chose comme 'le voilà, votre Wagner ! Cet arriviste rusé est bien l'idole qu'il faut à l'Allemagne d'aujourd'hui, et le fait qu'il soit Juif complète admirablement le tableau' ». Allons plus loin : réfléchissons à ceux qui multiplient les livres où ils nous mettent en garde, avec des mots enivrés, contre les enchantements du wagnérisme. Pourquoi des Nietzsche, Faure, Nordau, Gracq, Mann, trouvent-ils, pour exprimer leur détestation, un vocabulaire si rutilant, si gorgé d'images vénéneuses, si wagnérien au fond qu'on se demande parfois si leur description de l'enfer ne va pas jeter leurs lecteurs sur le chemin du Venusberg ? On sent chez eux une telle nostalgie, on les voit pratiquer des exorcismes si violents, qu'on croirait des Klingsor prêts à s'émasculer : nous sommes loin du radical « Wagner ? Je m'en fous » de Valéry, qui au moins ne cherchait pas à émuler l'adversaire sur le plan de la langue et des images. Je n'ai qu'une seule réponse : il s'agit du rapport au plaisir et à la honte. Superposer tant de discours au plaisir, c'est vouloir le maîtriser, le tenir à distance, ne pas accepter d'en être dupe, même si la résistance n'est qu'un moteur de l'abandon — comme dans la scène entre Kundry et Klingsor. Vous rendez-vous compte de la tranquillité qui serait nôtre si les *Grundmotive* ne portaient pas de nom ? Si nous pouvions jouir d'un thème sans nous dire que nous jouissons, en même temps, de la rédemption par l'amour ou du renoncement ? Que Wagner ait lui-même identifié presque chaque mesure trahit un rapport à son propre plaisir très proche de celui qu'il va nous imposer.

Jouir de Wagner.

Je ne suis pas le premier à le dire : la relation à Wagner ressemble à la visite chez un ou une prostitué(e) — pour n'exclure personne. On ne vous invite pas à agir, Wagner pratique exclusivement la fellation et la masturbation et il est passé maître dans l'art de retarder la montée du plaisir. Wagner n'est pas une épouse convenable. Ce n'est pas moi qui définis ce qu'est une épouse convenable, c'est notre civilisation millénaire judéoromano-chrétienne. Très certainement — et fort heureusement — on peut entre les bras d'une épouse convenable parvenir à de très fortes jouissances, mais je parle ici de prostitution et vous invite, une fois de plus, à penser au-delà de la superficie des mots.

Je vais emprunter une formule à Pierre Legendre : le sexe se situe au croisement du corps et de la parole. Qu'est-ce que cela signifie ? Sans m'obliger à rependre tout ce que j'avais largement travaillé dans *Richard Wagner*, je m'ancre au théorème selon lequel la parole est ce qui fait tenir debout, qui lie l'homme aux autres hommes en un système partagé, qui dit l'identité dans son rapport à l'altérité, qui fixe des filiations et des généalogies, qui invite à être mis en scène. Je rappelle le principe du tiers désirant : dans le couple on est trois, le troisième est le monde qui réfère et oriente convenablement le désir. Nous comprenons alors que la relation à une épouse convenable ne se définit pas par la qualité érotique du rapport sexuel mais par sa finalité. Personne, avec une prostituée, ne songe bâtir une famille et cependant je dirai que Wagner, avec les moyens d'une prostituée, aspire à la reconnaissance universelle et à la fondation d'une famille mondiale. Ainsi le plaisir pris à Wagner est-il de nature très particulière : il est incestueux, il n'est pas à la bonne place, il ne fait pas l'exacte place à l'altérité. Et aussi : vous ne donnez pas de plaisir à Wagner, il vous en donne et pourtant il va, en échange, exiger quelque chose de vous que Rossini, Mozart, Boulez, n'ont jamais exigé.

Nietzsche comparait Wagner à Klingsor, à un enchanteur. N'imaginez pas qu'il voyait en lui un sorcier d'opérette, ni un magicien capable d'embellir votre vie. Je suis convaincu que la comparaison de Nietzsche porte précisément sur ce nouage du désir et de la jouissance en la silhouette d'un mage impuissant, honteux, mais torturé par l'envie.

Partons de Baudelaire et de son cri d'abandon : « Vous m'avez révélé la jouissance, j'ai eu le sentiment que votre musique était la mienne ! » Ainsi, jouir de Wagner serait jouir de soi-même ? Songez à Tristan, quand il parle du philtre d'amour que je préfère, d'ailleurs, nommer philtre de désir : *« le breuvage, l'effroyable breuvage, [des expériences de ma vie] c'est moi, c'est moi qui l'ai brassé ! »* Nous voici renvoyés à la définition, lue dans *Une Communication*, du véritable ami. Ajoutons Kundry : *« mon baiser te rend-il donc clairvoyant, fait-il de toi un dieu ? »* Ajoutons enfin cette constante du couple wagnérien, « lui, en qui je dois *vergehen,* tout à la fois me dissoudre, disparaître, m'anéantir ». Je vais organiser tout cela, mais vous conviendrez que « jouir de soi-même » n'est pas bien différent de l'onanisme, pratique aussi interdite, et pour les mêmes raisons fondamentales, que le commerce avec les prostituées. Convenez aussi que, au-delà d'un romantisme pour romans de gare, l'envie de fondre les identités au point qu'il n'y ait plus d'identité — relisez *Tristan* — constitue une exigence *déraisonnable*.

Wagner, auteur, poète et musicien, est cependant selon sa propre théorie esthétique à la fois père et mère. Cette bipolarité sexuelle revendiquée est d'autant plus étonnante que les Juifs ont toujours été accusés d'en pratiquer la perversion : c'est, au demeurant, un des traits juifs de Mime, lorsqu'il affirme à Siegfried écœuré « je suis ton père et ta mère à la fois ». Force est de reconnaître que Wagner estime, pour sa part, savoir être homme et femme sans verser dans l'abomination. Géniteur, donc, il engendre d'un coup deux jumeaux lors de la représentation : l'œuvre et le spectateur. À ces deux enfants il inculque : sois moi, je suis toi. Il leur enseigne autant la rébellion compatissante à l'égard des personnages souffrants que le respect dû à celui qui, maître de l'ordre comme maître du désordre, reste maître. Le théâtre est notre frère, un frère jadis endormi, monumentalisé dans l'attente de qui ferait la révolution — nous, qui d'autre consacrerait sa vie à vouloir reformer l'œuf éclos jadis ? Le Wanderer, sous les traits de tant d'intégristes gardiens du Graal ou du rocher, ne peut que nous opposer la lance des traités pour exciter notre envie et faire de nous, de notre inimitié, la plus fidèle conquête. Sachons ne pas céder à l'illusion que nous allons copuler librement quand le mot d'ordre est autoritairement celui d'un art d'État, comme on dit religion d'État. Nous affronterons sans trêve le tiers désirant normatif. Il sait les ruses pour récupérer toujours à son profit nos désobéissances, en faire des annexes de son système, nous les revendre à son seul bénéfice.

Jouir de la musique, est-ce le piège originel ? Qui sait ce que chantent les sirènes ? Assurément elles disent votre nom, elles vous parlent de vous — *Parsifal ! Weile !* — mais en réalité Wagner veut qu'en prononçant votre nom vous entendiez le sien. Il s'offre à vous l'instant d'après comme celui qui vous résistera, et vous voici, imitant Kundry, entraîné à faire chuter les cartes de pureté les unes après les autres. À chaque carte écartée, il reprend le masque de la folle et vous fait jouer le preux à votre tour, vous aspirant dans une parfaite relation de modèle-obstacle. Vous combattez ceux que le mage a déjà asservis, qui dorment de l'éternel sommeil de ce désir sans lequel aucune des Filles ne vivrait plus d'un jour. Ceux-là offrent sans fin leur désir de morts-à-la-vie à celles qui, le lendemain, parce qu'ils auront oublié dans la nuit, les ranimeront encore. Ils n'aiment pas les rivaux. Le fascisme, c'est ça, le plaisir qui ne peut être tété qu'au sein du dieu-Führer et la haine des autres. C'est l'illusion du groupe, la réalité du poulailler. *Führer*, *Verführer*. On ne saurait non plus mieux dire l'interaction du désirant et du désiré.

Avons-nous le choix ? Certainement pas. Mais il n'est pas plus difficile d'être wagnérien que d'être homme. La dérégulation du langage, des images, du Droit, de la religion en un mot — pour autant que l'on veuille bien remonter à la source — est un formidable danger, non tant parce que nous n'aurions pas le droit de changer de système que parce que, d'amendement en amendement, nous creusons le socle sur lequel tout repose : nous entassons au sommet de cette pyramide des règles qui ne s'enracinent plus, un peu comme ces forêts amazoniennes qui poussent à la cime d'autres arbres. Par quoi remplacer des fondations que nous voudrions en même temps rendre universelles ? La privatisation rampante de tout est l'unique leçon qui se dégage des dernières décennies : elle métastase et il sera de plus en plus difficile de restructurer collectivement des filiations que plus aucun outil ne défend ni ne représente, sinon des lois policières innombrables, qui naissent à chaque fait divers et sont en fait moins des lois que des anticorps vociférants. Riez autant que vous voudrez, mais « casse toi pauvre con ! » résume absolument l'appareil législatif censé nous entrelacer, nous tisser ensemble, nous écrire, nous représenter aujourd'hui.

L'illusion de l'absolu.

Ne pas être Narcisse, dont on croit qu'il s'aime comme un nombriliste égoïste alors qu'il aime un autre dont il ne parvient pas à comprendre qu'il s'agit de lui-même parce que rien n'est venu, dans sa vie, lui expliquer le rôle du miroir. Ne pas être la nymphe Écho, qui n'a pour toute parole que la parole des autres. Échapper à ces mauvais montages de l'altérité. Obliger Wagner à abandonner toute prétention incestueuse, à nous autoriser une filiation dont il n'occuperait pas toutes les places. L'absolu est, étymologiquement, ce qui est délié, détaché de toute créance ou dette. Wagner n'est pas un absolu. Nous ne pouvons le mettre en scène ainsi. Wagner n'est pas l'instance tierce à laquelle nous renverrait la représentation. Penser cela reviendrait à le diviniser. Si nous reprenons l'allégorie du miroir, tout se passe dans l'esprit des intégristes comme si, regardant par le biais du spectacle, nous regardions en quelque sorte par un trou de serrure le domaine divin où trône Dieu-Wagner. En réalité, le spectacle wagnérien nous sert bien de miroir, mais pour nous éduquer à l'altérité : pour nous faire prendre conscience de la *Not* qui nous ravage et nous faire comprendre que cette *Not* est partagée par d'autres. J'ai consacré, dans *Richard Wagner*, tout un chapitre à cette théorie de Wagner sur le mécanisme de la *Not*, « détresse », « nécessité » au double sens du terme. Il analysait ainsi le rôle du théâtre grec, qu'il entendait reproduire : pourquoi ne respectons-nous pas cette volonté, mais surtout pourquoi ne creusons-nous pas ce qu'il y entendait ? Autrement dit : à quel collectif voulons-nous nous en remettre ?

Le metteur en scène n'est pas, lui non plus, un absolu, pas davantage le spectateur qui croirait son désir auto-fondé. Alors qui ? Le système wagnérien ne tient debout que parce qu'il réfère constamment à un maître de la Grâce capable de dénoncer, au besoin, les maîtres humains du sacrement. Il n'est d'autre validation possible, à condition que le parcours soit exposé — tant celui de Wagner que celui de ceux qui, *après* lui et *d'après* lui, ont pris *la place périlleuse*.

D'après Wagner. La formule fait hurler les intégristes. Mais ils confondent là la légitimité de tout acte d'interprétation et la critique toujours possible de toute proposition interprétative. Wagner aussi travaillait d'après Wagner. À tout refuser des interprétations qui se sont succédé, à tout vouloir ramener vers un modèle original soigneusement lobotomisé qui n'existe que fantasmatiquement, les intégristes nient toute filiation parce qu'ils n'osent pas affronter les questions : d'où vient Wagner ? quel est son nom ? quelle est son essence ?

Nous ne sommes pas Wagner, nous sommes les réponses.

L'innocence du wagnérien.

Dans une communication présentée en 2011 devant l'association *Wagner et vous*, Lou van Hoochlanden a travaillé sur la différence entre le ressenti immédiat d'une musique dont on ne sait rien et sa perception une fois fournies certaines informations. Elle a étudié les stratégies mises en œuvre par l'auditeur pour préserver la « pureté » et « l'innocence » de ses premières impressions. S'agissant de Wagner, elle s'est interrogée sur une écriture qui emploie les armes du plaisir, laissant à chaque auditeur le soin de le définir selon lui-même, alors que le but visé est d'en détourner. Elle pose la question : cette schizophrénie n'ouvre-t-elle pas un espace considérable à l'interprétation, le plaisir dispensé n'est-il pas en définitive plus important, y compris pour Wagner, que les interdits formulés ?

Nous devrions alors en rester éternellement à l'âge de l'innocence, ne jamais croquer la pomme, ne jamais chercher à distinguer le Bien du Mal. C'est malheureusement, de mon point de vue, impossible ici. Wagner veut que nous ressentions avant que nous ne comprenions, de telle sorte que la force de notre émotion nous lie au sens et aux autres émus quand une compréhension d'abord intellectuelle nous inviterait à une critique raisonnée pratiquée individuellement. Il est persuadé que, lorsque nous aurons ressenti, nous serons capables de comprendre et de suivre ceux qui, ayant compris, généreront en nous le même genre de ressenti — tout en nous sentant frères de tous ceux qui, comme nous, auront ressenti quelque chose. Si Wagner avait entendu laisser leur liberté à ses spectateurs, il n'aurait pas à ce point multiplié les traces interprétatives. Or, on le voit bien tant dans les raisons qui le poussent à adosser constamment sa création à des textes théoriques que dans ses attitudes consignées par le *Journal* de Cosima, il veut manifestement expliquer à tous ceux qui souhaitent s'initier davantage, non seulement ce qu'ils ont ressenti mais comment ressentir. Lorsque Sachs donne à Stolzing la recette d'un bon bar, il ne lui promet pas que ses futurs auditeurs sauront retrouver le temps de cuisson, les épices, l'origine des produits : en revanche, et même s'ils n'y comprennent rien en fait, ils auront le sentiment que ce plat musical reproduit quelque chose d'un autre ordre, le plan d'une cellule familiale convenable, le souvenir d'une jeunesse, la nécessité d'un partage, etc. Je pense ainsi que, même si sa cuisine compositionnelle est extrêmement complexe, de plus en plus en tout cas, Wagner ne perd jamais de vue le besoin de conduire le ressenti de son auditeur. Une telle exigence peut nous conduire fort loin. Lorsqu'on voit Wagner passer des jours pour accoucher de quelques mesures censées décrire le dégoût de l'existence terrestre, interrogeons-nous : quel plaisir sommes-nous autorisés à prendre à ces mesures ?

La sensualité sonore de sa musique est évidente aux oreilles des wagnériens — beaucoup moins, ou pas du tout, aux oreilles rebelles. La musique wagnérienne n'a jamais fait l'unanimité, ses théories esthétiques non plus. Remarquez que le plaisir, complaisamment décrit, conduit systématiquement à ce que Wagner dénonce comme une catastrophe ou un échec et dont il propose de réchapper par une négation du monde. Qu'exige-t-il alors là de nous, sinon que nous sortions de ce qui, précisément, nous fait jouir — et, accessoirement, lui fournit un public ? Mozart a beau avoir inséré dans certaines de ses partitions des éléments explicitement maçonniques, il n'empêche que ces partitions s'adressent aussi très largement à des non-initiés et que leur message sensible ou philosophique reste très ouvert. Pourquoi est-ce que cela ne fonctionne pas de la même manière chez Wagner ? Wagner entretient avec ses spectateurs une relation beaucoup plus autoritaire, il n'entend pas que le sens profond de sa création lui échappe et encadre l'achèvement, par le spectateur, du processus de création. Mais qui va *ressentir* aujourd'hui que les Gibichungen se définissent, musicalement par des références constantes à l'opéra français, scénographiquement comme une peuplade germanique, narrativement comme une famille gangrénée par les Juifs Alberich et Hagen ? Qui va par conséquent comprendre qu'ils sont une image de l'Allemagne en proie aux démons franco-juifs, trop faible, trop dégénérée, pour les repousser ? Et pourtant : les spectateurs d'opéra de son époque, lecteurs des journaux de son époque, savaient bien mieux que nous repérer les citations de Auber ou Meyerbeer — qui les faisaient sourire chez Offenbach ; ils savaient lire les caricatures des Juifs dans les costumes et les postiches des Nibelungen ; ils savaient enfin ce que représentaient les architectures de type viking ou germanique. En définitive, ils en savaient immédiatement plus que nous qui devons reconstituer. De même : qui ressentira, en écoutant sa musique, Amfortas comme un chrétien allemand enchaîné à une lecture sémite de la parole christique, implorant d'en être délivré ? Qui devinera que le Christ wagnérien n'est pas celui de ces églises que nous ne fréquentons d'ailleurs plus vraiment ? Qui se mettra dans la peau des Allemands et des Français de l'époque, pour lesquels les débats théologiques entre Renan, Strauss et d'autres, étaient un quotidien orienté par l'antisémitisme, renforcé par les querelles de la laïcisation des sociétés, par celles tournant autour de la redéfinition des relations entre le Pape et les États ?

On peut considérer que tout cela ne nous concerne plus, un peu comme l'on considère que la critique par Offenbach de l'Empire nous est devenue définitivement incompréhensible. Nous avons inventé, pour l'opérette, une tradition qui ne se donne pas les moyens d'une actualisation réelle des intrigues et se contente d'en monter en neige les supposées paillettes, l'*entertainment*. C'est d'une certaine manière le rêve de certains wagnériens. On peut aussi refuser l'embrigadement fortement suggéré par Wagner et revendiquer, pour l'auditeur, une authenticité, une véridicité, de son ressenti innocent. Pourquoi pas ? Mais que ceux qui prônent une telle rupture avec le dogme la reconnaissent alors comme telle et ne prétendent pas qu'elle est l'image parfaite de la fidélité. Wagner a masqué dans ses œuvres des données idéologiques, cela ne signifie pas qu'elles n'y sont pas ou qu'elles sont négligeables, cela ne signifie pas que nous lui sommes fidèles en les ignorant ou en les niant.

Le mot *antisémitisme* est né en 1860 en Allemagne sous la plume du bibliographe et orientaliste Moritz Steinschneider, qui combattait les thèses hostiles de Renan et de ses disciples allemands. Il s'agissait de science. Vingt ans plus tard, Wilhelm Marr dont les Wagner dévoraient les écrits ne prônait plus qu'une chose : l'expulsion des Juifs hors d'Allemagne. Cinquante ans plus tard, leur extermination était programmée et mise en œuvre. Que sont cinquante années pour tirer toutes les conséquences d'une idée, quand cette idée finit par apparaître à tous les Européens comme l'unique cause des guerres franco-allemandes, des défaites et d'une modernisation incontrôlable autant que désespérante ? Je n'ai rien contre les images généreuses que les wagnériens se font de Wagner : je récuse vigoureusement en revanche que ces images soient conformes à la volonté de Wagner, je dénonce l'idée selon laquelle les scénographies (plus ou moins) originelles seraient idéologiquement innocentes. Mais je veux bien laisser ouverte l'hypothèse d'une interprétation, parce que la fidélité nous obligerait à endosser *l'inendossable*.

SANCTA MUSICA, SANCTA DICTIO, SANCTUS TEXTUS : ÉLÉMENTS D'UNE *REGIEMUSIKOLOGIE*

LE GESAMTKUNSTWERK MARCHE SUR TROIS JAMBES

Le créateur.

Le rapport entre le texte et la musique, première question de théorie esthétique classique concernant le théâtre lyrique, se pose d'abord chez Wagner en termes biographiques. Nous le savons, il a essentiellement appris son métier sur le tas. Il était conscient, en tout cas persuadé, de n'être pas un « bon musicien », tout le monde comprend par là à qui il se mesure. Citons un extrait d'*Une Communication* particulièrement touchant :

« Le don [de l'esprit toujours insatisfait, en quête permanente du neuf] nous est offert à tous, dès notre naissance [...] et grâce à lui nous pourrions tous un jour devenir des génies. Cette affirmation a beaucoup irrité en son temps le Pr. Bischoff, de Cologne, qui l'a prise pour une impertinence les visant, lui et ses amis. Mais aujourd'hui, dans notre monde éducatif jusqu'à la maniaquerie, le hasard seul peut encore nous faire ce don, le hasard qui nous priverait d'éducation. N'ayant pas eu à affronter les défenses érigées par un père — le mien mourut quand j'étais en bas âge — la jeune Norne a sans doute pu se glisser jusqu'à mon berceau et y déposer ce don, que n'a jamais perdu depuis l'être sans éducation que je suis, laissant à la vie, à l'art et à moi-même le soin exclusif de m'élever dans une anarchie complète ».

À rapprocher de ceci, puisé au *Journal* de Cosima du 5 juillet 1871 :

« L'enfant qui n'apprend pas à obéir est un enfant perdu. J'ai grandi dans l'anarchie la plus totale ; il devait sans doute en être ainsi, puisque je fus plus tard incapable de ne me plier à aucune situation existante, mais j'aurais pu m'épargner bien des choses si j'avais été habitué à obéir. Je fus pour ma sœur une espèce d'être sauvage abandonné à lui-même ».

Cette confession est bien dans la manière wagnérienne consistant à élever en prouesse une tare et nous rappelle bien sûr Siegfried — plus largement, le refus de tous les jeunes héros wagnériens de se plier à la moindre éducation. Un peu plus loin, Wagner lie explicitement l'éducation à l'imitation, ce qui nous renvoie à l'une des questions préférées de Girard : qui convient-il d'imiter ? Suit, sur le plan artistique, un *mea culpa* cuisant :

Wagner se reproche d'avoir cédé aux sirènes de la facilité, de la mode, du divertissement futile, en un mot à l'art franco-juif.

Wagner se présentait donc plutôt, à ses débuts, comme un dramaturge sachant écrire de la musique. Puis, l'expérience venant, le système s'affinant — en particulier avec l'usage du *Grundmotiv* — il a révisé cette mauvaise opinion. Sa théorisation de la soumission d'un élément à l'autre suit d'assez près cette évolution intime, même si Wagner écrivit beaucoup, de manière assez compliquée, pour démontrer une cohérence absolue de sa pratique, y compris à vingt ans de distance. Son moyen est resté le même : inventer une catégorie particulière de composition où il aurait été précurseur, où il serait *primus inter pares* et vers laquelle, inconsciemment, tous ses prédécesseurs auraient tendu. D'une manière schématique : il est le pont jeté entre les sources de la civilisation — les Grecs — et l'avenir, il réalise le grand rêve allemand de Winckelmann. À ce dernier il abandonne la critique des représentations des passions violentes mais reprend l'idée selon laquelle les œuvres doivent être étudiées dans leur contexte politique, religieux, géographique, social ou climatique — *Art et Climat* s'en souviendra — et, surtout, cette formule dont la postérité énigmatique s'étendra jusqu'à Lacoue-Labarthe : le seul moyen que nous avons d'être grands, voire inimitables, est d'imiter les Anciens, d'autant que l'art grec est indissociablement porteur d'un projet politique. Se pose là une question qui, outre son importance dans les textes théoriques, sera au centre des *Meistersinger*, mais aussi de scènes comme la fonte de Nothung ou la cérémonie du Graal : reproduire ou re-produire ?

J'ai souligné dans *Richard Wagner* à quel point les théories de Wagner sur le théâtre grec étaient critiquées par l'Université, celles-là même qu'il soufflera à Nietzsche et qui vaudront au jeune professeur sa mise au banc de l'enseignement. Le *Journal* du 28 septembre 1873 raconte une violente dispute opposant Wagner à sa sœur Ottilie, versée en philologie et en lettres classiques : *« Elle est tellement accaparée par l'Université qu'elle parle sans penser que Nietzsche a mis sa carrière en jeu pour son frère et qu'il y a de la grossièreté de sa part à nous exposer comme elle le fait les jugements méprisants, les condamnations des plus grands savants ; les sentiments de la sœur de R. à l'égard du plus fidèle disciple de son frère me montrent que même le meilleur cœur cesse d'être aussi chaleureux lorsque le pouvoir ne cesse de s'opposer à lui »*. Nous devons relire Lacoue-Labarthe et Girard, dans leur définition d'un romantisme de guerre, un national-esthétisme, pour lequel la politique était une œuvre d'art totale empruntant aux Grecs leur mimésis : raison pour laquelle l'un des premiers chapitres de *Richard Wagner* s'intitule « L'Allemagne, une œuvre d'art totale ».

Le géniteur.

Wagner a, à plusieurs reprises, redéfini le concept d'œuvre art, œuvre d'art de l'avenir ou œuvre d'art total, retracé les frontières de la musique en lui incorporant parfois le texte, comme lorsqu'il nous explique ce qu'est la *mousikê* grecque. Cependant, toujours, pour décrire les relations entre le poète et le musicien, il a usé de métaphores de désir, d'union sexuelle. Ce n'est absolument pas neutre. Au-delà des lourdes démonstrations qui ont généré beaucoup de délires de musicologie sexuelle, rappelons que, très banalement, poète et musicien sont comme un père et une mère désireux de procréer. Le père doit éveiller la part masculine qui sommeille en la mère, et réciproquement. Wagner passe beaucoup de temps à récuser les mariages arrangés ou d'intérêt, comme lieux d'esclavage, de soumission, de brutalité et d'égoïsme. Soulignons que la musique française et la musique des Juifs, dans son esprit, entrent dans ces catégories, quand bien même il en envie le succès. L'intéressant, ici, c'est de lire, appliquées à la composition, des sentences tout droit tirées de l'esquisse *Jésus de Nazareth*.

Nous tenons ainsi, avec les métaphores sur le désir et la référence au Christ, deux piliers fondateurs de l'art allemand selon Wagner.

Quel est l'enfant à naître ? Certes pas une partition, une « œuvre en soi ». Wagner a consacré de nombreuses pages et beaucoup de confidences, que j'ai rappelées dans *Richard Wagner*, à établir la représentation comme lieu de la validation. Il y a mis la stricte condition d'échapper au « spectacle de divertissement » dans lequel il range les opéras de tous ses rivaux, avec lesquels il ne veut surtout pas être confondu : qui, d'ailleurs, a fondé un Festival à sa propre gloire, exclusivement consacré à la meilleure représentation possible de ses œuvres ? La représentation est bien l'espace et le temps de l'incarnation, de la rencontre avec le public. Pour le succès, pour l'exemplarité, mais pas seulement : pour qu'un échange se produise, moins au sens de dialogue qu'à celui de métamorphose, de catharsis si on veut. Ce tiers-temps de l'accouchement, qui exige une interprétation médiatrice dont Wagner se réservait la fonction (il fut davantage son premier metteur en scène que son premier chef d'orchestre), nous renvoie tout naturellement au tiers désirant déjà évoqué, dont l'assentiment est nécessaire à toute union quand bien même l'union ne serait pas « classique ». Ainsi les paramètres du désir et ceux de la religion peuvent-ils se combiner dans une édification spéculaire.

Langages.

Premier langage, donc : le texte. Nous devons l'étudier comme tel, avec les outils dont nous disposons, avec notre culture, à la lueur fossile de ce que nous pensons aujourd'hui de la culture allemande au siècle de Wagner. Nous ne pouvons procéder autrement, nous ne pouvons pas ne pas tenir compte du temps qui a passé, des expériences que nous avons engrangées. Je n'ai aucun dialogue possible avec ceux qui considèrent les textes des livrets, *a fortiori* ceux de Wagner, comme des prétextes sans importance, sans queue ni tête, indignes d'analyse. Ceux-là estiment que l'action tient en quelques lignes que, par teutonisme bavard et boursouflé, et parce que sa musique ignore la concision, Wagner a élargies aux dimensions de drames durant en moyenne quatre heures. Autre manière d'affirmer en creux la primauté supposée d'une musique naïvement narrative et pas du tout idéologique.

Mais la musique est texte, elle aussi. Elle n'est pas « pure ». Le système du *Grundmotiv* est un langage dont la complexité ne se réduit pas à un jeu de pistes, au repérage des thèmes. Il se trouve que tous ces *motive* ont des noms, certains donnés par Wagner lui-même, d'autres par des exégètes pas forcément approuvés. Ces appellations diffèrent en outre selon les éditions, les traductions ou les traditions. Certains *motive* décrivent des objets, mais la plupart sont des concepts qui ne prennent sens que dans leur relation au livret, aux situations, à des convictions politiques, philosophiques, religieuses, dont il faut se procurer les clefs. Et, là, les débats font potentiellement rage dès que l'on veut s'affranchir du bon vieux sens commun qui n'est, le plus souvent, qu'un plus petit dénominateur commun. Ces *motive*, bien sûr, se combinent, se transforment, d'une manière dont personne ne peut croire qu'elle soit le simple résultat d'un bricolage strictement musical. À l'évidence il s'agit d'un discours élaboré, difficile d'accès immédiat — qui « parle en musique » ? — mais qui n'en existe pas moins. Il coule de source que son exécution ne le rend pas davantage compréhensible : seule la représentation le permettra. Non qu'il suffise de calquer les gestes sur une sorte de bande sonore de dessin animé : imagine-t-on un metteur en scène qui se contenterait de traduire en mouvements des voyelles et des consonnes sans se préoccuper des mots que forme cet alphabet ? Il faut donc inventer, pour étudier la musique wagnérienne, un outil absolument comparable à celui dont on peut disposer pour analyser les livrets. Ce que j'ai dénoncé comme « musicologie de Mime » est une conception étroite de l'analyse musicale, fondée sur la description de rapports entre des notes qui n'aide en rien à l'interprétation, celle-ci restant plutôt une affaire de technique et, si possible, de sensibilité, mais rarement de sens — en tout cas sans lien avec le texte du livret et ses implications idéologiques. En d'autres termes, comme dans le *Ring*, celui qui sait assembler le heaume magique capable de faire prendre toutes les formes ne connaît pas la formule permettant de s'en servir.

Idéalement, au bout de l'exercice, on dispose d'une analyse dramaturgique de la partition, qui n'est au demeurant qu'une vérité provisoire et forcément incomplète. Vient alors le troisième temps, le plus difficile, le plus frustrant. Autant l'étude dramaturgique est une somme d'additions, autant la préparation, puis l'exécution d'une mise en scène — au sens de représentation — vont multiplier les soustractions.

Cela tient, tout d'abord, au changement radical de vocabulaire. Parler avec des corps, des décors, des tissus, des lumières, des voix et des instruments fait appel à un tout autre type de techniques, à un tout autre type de réception. On peut difficilement tout montrer en même temps : même si la vidéo autorise aujourd'hui des discours simultanés, le risque est immense que le spectateur n'assimile pas les informations. Chacun peut comprendre que des musiciens ou des chanteurs insuffisants ne traduiront vraiment ni les espoirs du compositeur, ni les intentions du chef d'orchestre : il en va de même pour les talents d'acteurs, la compétence des ateliers, les ressources techniques des théâtres. Ajoutez à cela la taille et la configuration des salles, celles des plateaux, les obligations liées à des alternances ou à la préparation conjointe de plusieurs productions. Ajoutez encore les possibles changements de distribution, les arrivées tardives de solistes, leurs absences, l'inertie éventuelle du chœur, le temps dont vous disposerez réellement pour travailler. Ajoutez surtout les contraintes budgétaires qui vous sont fixées. Gardez en tête l'hypothèse d'un désaccord de la direction, du chef d'orchestre, d'un interprète et, plus tard, d'une presse dite spécialisée, avec telle ou telle de vos options. Que reste-t-il dans le bateau ? Qui s'est jeté à l'eau ? Wagner, le premier, a fait la cruelle expérience de ces réductions du sens et des sens, du discours et de l'imaginaire.

Nous sommes ainsi devant trois langages. Le premier n'est ni forcément compris — tout le monde ne parle pas allemand, l'allemand wagnérien surtout — ni audible — si l'orchestre couvre les voix, dans les ensembles, dans les parties chorales — ni la première préoccupation des auditeurs — on écoute d'abord l'orchestre, les voix en tant qu'instruments. Le deuxième fait l'objet d'un ressenti immédiat, variable selon le degré de culture musicale, vocale, instrumentale, de l'auditeur, mais reste très difficilement analysable à l'écoute comme discours délivrant un sens. Le troisième est dans bien des cas extraordinairement imparfait ou inabouti, à la manière d'un jeu de « téléphone arabe », et ne sera jamais ni vu, ni entendu, ni ressenti, ni compris dans tous ses référencements, de manière équitable par les spectateurs. Et pourtant, c'est à cette instance de la représentation musicale et scénique que l'on confie le soin de faire accéder le public à l'œuvre. Effectivement, le genre lyrique accumule les impuretés de réception ! Qu'en est-il à l'étape de la production ? Aussi respectueux Wagner soit-il de sa langue, aussi musicale soit celle-ci, les moments où le flot compositionnel emporte le flux du discours dans la magnificence — ou l'y englue — sont nombreux... et très attendus. On en revient toujours là : dans les *Meistersinger*, tous les assistants se rendent compte de l'absurdité du chant beckmesserien parce qu'ils ne prêtent aucune attention à sa musique et tous ont l'impression de comprendre celui de Stolzing — pourtant fort alambiqué et truffé de références culturelles élitistes — parce que sa musique et sa bonne mine emportent tout dans leur élan.

LA MUSIQUE N'EST-ELLE QUE DE LA MUSIQUE ?

Nous devons intégrer qu'il s'agit d'un débat esthétique de la plus haute portée, relatif à l'idée d'œuvre totale comme à celle d'une totalité de l'œuvre. Il se pose naturellement chez Wagner, compte tenu de ses ambitions concernant la production, la représentation et la réception d'une création. Cela n'intéresse certainement personne, et pourtant : lorsque Sachs réfléchit aux moyens de mesurer le chant d'entrée de Stolzing, il ouvre la question de la forme qui taraudait Wagner — comment la totalité pourrait-elle avoir une forme mesurable à l'aide d'instruments humains, alors que toute forme est partielle ? Plutôt qu'une collection de sabots, j'aimerais voir dans l'atelier du cordonnier une collection d'instruments de mesure ! La petite scène au cours de laquelle Eva vient se plaindre, comme Beckmesser l'a fait avant elle, que les souliers faits par Sachs ne s'adaptent pas à son pied, scène qui renvoie au *Gassenlied Jerum !*, est puissamment allégorique : le metteur en scène, tel le Dieu de Leibniz, reste tenu d'avoir choisi et disposé le meilleur des possibles sans prétendre avoir tout retenu et en référence constante avec ce qui fut choisi et disposé avant lui : comme l'affirmait Malraux, la force d'une œuvre réside dans sa différence avec celles qui l'ont précédée, c'est cet écart qui fonde sa totalité plus que sa prétention à tout contenir. Et Sachs est bien le metteur en scène des *Maîtres*, celui qui fait tenir ensemble les discours et les aspirations, celui qui en éclaire les relations, celui qui réfère désirs et aspirations religieuses à un suprême but : il lui faut du temps pour arriver à chausser chacun comme il convient, pour prendre la juste mesure politique de l'art.

Ses pairs accusent Sachs de parler peu de musique et, même, d'être assez ignorant à ce sujet. J'entends dans ce reproche la vieille idée selon laquelle les metteurs en scène et les dramaturges devraient moins s'occuper de philosophie et d'histoire que des « réalités », des « vérités » de la musique. Ceux qui raisonnent ainsi considèrent la musique comme un système en soi n'ayant pratiquement aucune relation avec l'extérieur mais capable cependant de contredire tout ce qui lui est exogène, en quoi elle serait supérieure à tout. Or la musique wagnérienne est soumise à ce que j'appellerai l'Idée, au sens platonicien du terme, que les outils de l'analyse classique, la plupart du temps employés pour décrire, ne sont pas en mesure de révéler : à nouveau, telle est la leçon des *Maîtres*. La musique est une parole inféodée à une volonté de signification qui vient d'ailleurs et qu'il faut aller chercher ailleurs: tant que ce type d'étude préalable n'est pas verrouillé, on ne peut pas savoir ce que l'on doit chercher dans la musique et elle ne le dit pas « en soi ».

La musique wagnérienne n'est pas intra-musicale.

Pour étayer le débat sur le rôle de la musique, il est instructif de reprendre l'ouvrage de Leonard B. Meyer, *Émotion et signification en musique**, qui vient d'être traduit en français pour la première fois depuis sa parution en 1956 alors pourtant que les travaux de Meyer sont pionniers dans le rattachement de la musicologie aux sciences humaines. Nous y trouverons, sous les espèces du sens et des sens qui sont bien tout ce qui nous occupe, une doctrine qui gouverne l'essentiel de la musicologie et des musiciens. Dans sa longue et remarquable préface à cette édition, Jean-Jacques Nattiez établit bien le postulat de Meyer — qui reste un postulat, pas une conclusion :

« Ce sont donc les relations entre toutes les composantes de la structure musicale, ou plus exactement une combinaison de ces structures, qui sont à l'origine des émotions que nous ressentons en l'écoutant. C'est au niveau de ces structures que résident les significations musicales proprement dites puisque, pour Meyer, on l'a dit, les stimuli musicaux ne renvoient pas au monde extérieur considéré comme extra-musical, d'où l'importance constante, dans son propos, de la « situation intra-musicale » où sont situés les stimuli musicaux examinés ».

Et plus loin :

« Pour Meyer, la signification en musique est donc immanente à la musique. Mais cela ne signifie pas qu'il ignore l'existence des significations référentielles. [Seulement] pour lui, le renvoi des programmes descriptifs et des poèmes symphoniques aux réalités du monde présente l'inconvénient majeur d'inciter fortement à des diversions extramusicales ».

On ne saurait mieux dire ce qu'affirment de façon plus vernaculaire les spectateurs jugeant une « bonne » mise en scène au fait qu'elle ne distrait pas de l'écoute et ne puise ses ressorts qu'au cœur même d'une musique « pure ». Mais tout ceci paraît fort éloigné du wagnérisme tel que voulu par Wagner et tel qu'il gène manifestement certains wagnériens, heureux de pouvoir l'aménager sous la houlette de penseurs comme Meyer. Serions-nous plus à l'aise si nous nous contentions de la « musique intra-musicale » de Meyer ? Ceux qui attribuent à la musique le rôle d'un paradis détaché des bas-morceaux de la chair proposent aux autres de se *lohengriniser*, de retourner vers de hautes sphères sans plus patauger dans la misère humaine : quelque chose comme une théorie-morphine tuant, dans la réception par le sens et les sens, tout ce qui peut faire mal. Les livrets d'opéra étant tissés de situations immondes et déréglées, la musique au contraire, selon la conception qui veut qu'elle adoucisse les mœurs, jouerait le rôle du pacificateur universel, ultime refuge des valeurs du Noble et du Beau.

Le débat entre Wagner et son ennemi le critique Hanslick, dont on ne lit pas tellement les écrits parmi les wagnériens, se situait pour l'essentiel à ce niveau théorique bien plus qu'à celui du conflit entre un réactionnaire stupidement sourd et un génie. Hanslick faisait partie de ceux qui estimaient inepte l'idée selon laquelle la musique communique des sentiments. Il était pour lui de la dernière naïveté qu'un compositeur imagine pouvoir incarner dans le son des idées non musicales et tout aussi absurde, par voie de conséquence, qu'un auditeur se persuade qu'il pouvait comprendre les idées du compositeur : *« Il n'existe pas de rapport de causalité entre une composition musicale et le sentiment auquel elle peut donner naissance, car ce dernier varie en fonction de notre expérience et de notre réceptivité* »*. Meyer va plus loin en un sens : il estime que la pratique des « programmes descriptifs » par les compositeurs n'eut pour but que de donner un cadre logique à *l'enchaînement* des « humeurs musicales » d'une partition, mais ne put jamais expliquer pourquoi le compositeur écrivait telle humeur ou telle autre. Tout ceci est loin de ce qu'espérait Wagner, tellement conscient de la diversité des expériences de la réception qu'il souhaitait, comme on l'a vu, une révolution unificatrice. On peut s'exaspérer ou s'angoisser de ce dirigisme poussé à l'extrême, conscient de ce qui fait la musique au point de l'asservir à une pensée extra-musicale. Nous nous trouvons là, d'une certaine manière, comme devant les Filles du Rhin : l'or musical ne sert qu'à des jeux de désir et plaisir, et voici que le Nibelung Wagner débarque et invente la formule par laquelle cette innocence musicale va être minutieusement embrigadée.

Les théories de la musique intra-musicale font par ailleurs peu ou pas de place à l'interprète. Meyer résume, dans *Émotion et signification en musique*, les observations du musicologue Carl Seashore, à seule fin de les démonter. Seashore s'interroge sur la valeur des déviations que s'autorisent les interprètes par rapport, entre autres, à la hauteur, au rythme et au tempo prescrits par un compositeur. Ces déviations peuvent être une manière d'accentuer celles que le compositeur a lui-même inscrites dans son discours, mais il y a plus :

« Dans la musique comme dans la voix, la note pure, la hauteur pure, la justesse exacte, l'harmonie parfaite, le rythme rigide, le toucher égal et la précision de la mesure jouent un rôle relativement mineur. Ce sont avant tout des repères pour l'art et pour la nature. Les ressources illimitées de l'expression vocale et instrumentale résident dans la déviation artistique par rapport au pur, à l'exact, au parfait, au rigide, à l'égal et au précis. C'est cette déviation de l'exact qui, en règle générale, permet de créer le beau — de communiquer l'émotion. La variation par rapport à l'exact qui naît de l'incapacité de rendre l'exact est généralement laide. L'artiste qui veut dévier efficacement doit connaître l'exact et l'avoir maîtrisé pour que son émotion soit en mesure de s'exprimer comme il convient, c'est-à-dire, d'une certaine façon, en flirtant avec lui ».*

Meyer critique l'assimilation de l'émotion à la beauté et reproche à Seashore de considérer la norme et sa déviation comme deux catégories absolues et figées. Je ne vais pas entrer dans un débat qui nous entraînerait extrêmement loin. Je voudrais seulement poser deux convictions. La première est que toute la musique wagnérienne repose sur une déviation permanente, érigée en système, au regard des dogmes de la composition : à cet égard, je lierai intimement cette déviance organisée à ce que j'appelle l'art de la transition continuelle, où je vois l'essence du wagnérisme et qui s'explique parfaitement par des raisons extra-musicales. La deuxième est que texte et musique, chez Wagner, comme norme et déviation, comme tout, agissent en relation girardienne de modèle et d'obstacle : il ne s'agit donc pas, effectivement, d'une relation figée dans deux absolus. C'est dans ce cadre et lui seul que je pense possible d'étudier, s'agissant de Wagner, la notion d'attente suscitée, déçue ou comblée par le compositeur chez l'auditeur. Mais si l'on veut régler le débat en-deçà d'explications « philosophiques » ou psychologiques, on peut se contenter des apports de la neurobiologie à l'étude des phénomènes du plaisir musical et conclure que tout tient à la sécrétion de dopamine dans le cerveau, tout à la fois dans l'attente de l'évènement musical et au moment où il se produit. Wagner, qui retarde le coït jusqu'à l'extrême, est de ce point de vue un sacré dealer. Reste la question : achète-t-on sa dope pour un surcroît de plaisir ou pour échapper à la tristesse du journal télévisé, reflet du monde ? En ce cas, est-on sûr que Wagner ne vend pas autre chose qu'une addiction sympathique, qu'une compassion virtuelle censée remplacer la compassion qui devrait nous animer à l'égard du monde, qu'une révolution de carton-pâte ? Évidemment, que la musique soit, elle aussi, le siège d'une idéologie affole ceux qui entendaient se réfugier dans cette forteresse et condamne la position des chefs d'orchestre comme ultimes garants de la « vérité » hédoniste.

Une autre des conséquences de la volonté wagnérienne d'écrire « autrement », c'est-à-dire en employant le langage musical à d'autres fins que d'ordinaire, fait qu'il est selon moi particulièrement improductif de vouloir lui appliquer les règles classiques, comme s'il n'était que marginalement une excentricité. Des jugements comme « abus de l'incertitude tonale », « exacerbation du chromatisme », renvoient devant un tribunal incompétent puisque, précisément, Wagner brouille volontairement le message musical parce qu'il voit le monde ainsi. Ce n'est pas son univers sonore qui est flou — par abus de facilités que réprouve l'ordre classique — c'est le monde créé tel qu'il le pense qui, en son grouillement, en sa quête d'une délivrance des formes terrestres de l'incarnation, en sa douleur, tâtonne pour s'extirper du temps et de l'espace embrouillés, de ces possibles innombrables que j'évoquais, des illusions de leurs unions fugaces. Les notions de durée, de développement, de tempo, ne peuvent ainsi obéir à ce qu'elles ont pour but ultime de dénoncer, sinon temporairement et dans la plus extrême détresse : comme Kundry qui cherche celui qui lui résistera, mais tente en cette attente tous ceux qui passent, la musique wagnérienne ne peut que se promettre et se dérober sans fin, parce que tel est le tragique humain — désirer. Le tragique, bien plus que la jouissance. Ce n'est pas le moindre paradoxe de l'ambition wagnérienne : ensorceler pour désespérer de cet abandon égoïste que rien ne pourra satisfaire hors un abandon de l'abandon à quelque chose de supérieur.

Le langage musical wagnérien n'est *que* transition. Ce n'est pas moi qui le dis, c'est Wagner, par exemple dans une lettre adressée à Mathilde Wesendonck le 29 octobre 1859*. Tout le monde peut remarquer à quel point les *Grundmotive* se ressemblent, au sein d'un ouvrage comme d'un ouvrage à l'autre, au point qu'ils semblent tous sortis d'un seul moule, au point que n'importe lequel d'entre eux peut se dissoudre en n'importe quel autre, s'entrelacer à son contraire, par le biais des jeux de sonorités, de timbres, de tonalités et d'altérations. Ici encore, ceux qui y lisent la gloire wagnérienne absolue font fausse route, s'arrêtent devant les Filles Fleurs : ces transitions ne peuvent que désespérer, elles en appellent sans cesse à un sauveur. En cette dialectique — encore un mot qu'il faudrait redéfinir au sens où Wagner le comprenait — nous devons retrouver l'influence de Hegel sur l'esthétique wagnérienne. Je reviendrai sur ces points plus loin dans cet ouvrage.

De la mélodie : l'histoire de la musique allemande selon Wagner.

Wagner a beaucoup écrit sur la mélodie. Dans un texte très important de 1860, la *Lettre sur la musique* adressée à Frédéric Villot, on trouve un historique de la notion moins pertinent par sa « vérité musicologique » que par le renseignement qu'elle donne au sujet de Wagner.

Il affirme que la musique, *« et ce mot impliquait presque toujours la poésie »,* n'était pour les Grecs *« que la danse exprimée par des sons et des paroles ».* Les premières communautés chrétiennes en conservèrent le rite en les adaptant : en cette adaptation disparut la vitalité rythmique, considérée comme impie. *« Pour relever l'expression mélodique d'une manière conforme à l'esprit chrétien »,* on inventa, à la place du rythme, l'harmonie polyphone construite sur le principe de l'accord à quatre voix. Le contrepoint ainsi créé et prodigieusement raffiné produisit des chefs d'œuvre absolus, ceux de la musique d'église italienne. Puis cet art dépérit, en même temps que les Italiens perfectionnaient la mélodie d'opéra comme un retour au paganisme : le rythme refit surface, mais entre cette mélodie nouvelle, exclusivement dépendante de la virtuosité de l'interprète, et le texte chanté, il n'existait aucun rapport réel. Pire : les compositeurs d'opéras ne tirèrent aucun profit de l'harmonie et de la polyphonie chrétiennes, bien au contraire la structure de leurs périodes se fit indigente. Par contre, en Allemagne, on chercha à *« associer l'harmonie à la mélodie rythmique d'un mouvement très vif »,* en s'inspirant des traditions conservées par le peuple. Nous devons insister sur ce point : Wagner affirme chaque fois qu'il le peut l'origine populaire de ses sujets d'opéra et de son esthétique.

Dans *Opéra et Drame*, il consacre de longues pages à détailler la décadence de l'art grec sous les coups de la censure chrétienne, non seulement en ce qui concerne la musique mais toutes les disciplines. On peut les résumer d'une formule : alors que les Grecs exaltaient la vie et le corps, *was der christlichen Anatomie zu betrachten übrig blieb, war daher nur der Tod* — « ce qui resta à voir de l'anatomie chrétienne ne fut que la mort », confondue, précise Wagner, avec l'âme. Mais la résistance souterraine du peuple s'organisa contre ce meurtre de la chair, particulièrement dans le domaine musical, grâce à la vitalité du *Volkslied.* J'ouvre ici une parenthèse pour attirer à nouveau votre attention sur le chant populaire de Sachs, *Jerum !*, que Beckmesser qualifie avec mépris de *Gassenlied*, « chanson de rue » : bien sûr, ce chant s'intègre à l'action de manière amusante, bien sûr il est à double sens et embarrasse la sérénade du greffier autant qu'il délivre un message codé à Stolzing et Eva prêts à s'enfuir en douce, mais nous devons lui attribuer aussi la valeur morale-esthétique, au sens le plus noble, que Wagner conférait à ce genre. Entonner *Jerum !,* c'est aussi se dresser contre la loi d'une Église morbide et rapace, c'est — aussi curieux que cela nous paraisse — en appeler aux Grecs, préparer le terrain à l'œuvre d'art de l'avenir capable de réconcilier une *religio* naturelle, l'État et le peuple. Que Stolzing, pour son *Preislied* tiré d'un rêve, choisisse une allégorie du Paradis tranche évidemment sur sa proclamation, au premier acte, d'une inspiration strictement hédoniste.

La polyphonie allemande, née du corps (le génie rythmique populaire d'origine grecque) et de l'âme (le génie de la musique d'église italienne) parvint ainsi selon Wagner dans sa *Lettre sur la musique*, à un degré de perfection inouï, qui très vite inspira la musique instrumentale à un point que les Italiens ne connaîtront jamais. Les Allemands réinventèrent la danse, en étendirent le champ et la durée : ainsi l'art de la fugue engendra la symphonie. Haydn et Mozart léguèrent le soin à Beethoven de révéler un nouveau monde : *« un enchaînement de phénomènes qui diffère complètement de l'enchaînement logique habituel ; incontestable : il s'impose à nous de manière irrésistible, gouverne nos sentiments avec un tel empire qu'il confond et désarme la raison logique »*. Beethoven est, pour Wagner, une étape essentielle de la création, il lui rendra cet hommage en baptisant sa *Septième Symphonie* « apothéose de la danse » — ce que personne, qui n'aurait lu la théorie wagnérienne, n'est à même de comprendre — il n'en est pas l'aboutissement, rôle à Wagner réservé. Un collaborateur de Wagner rapporte avoir demandé à l'un des ennemis munichois du Maître, Josef Rheinberger, qui était le R. qui rencontre Beethoven dans l'essai *Un pèlerinage chez Beethoven* et s'être attiré la réponse : *« Wagner met ses propres idées dans la bouche de Beethoven pour se poser comme son égal »* (*Journal* de Cosima du 29 mars 1874).

L'émergence de ce langage nouveau était d'autant plus nécessaire que les mœurs et la langue parlée, conjointement et parallèlement, se faisaient de plus en plus conventionnelles, incapables d'éveiller la moindre adhésion naturelle : nul ne les ressentait plus avec l'évidence sensible qu'elles avaient eue jadis. Au contraire *« la musique, malgré l'obscurité de sa langue au regard des lois de la logique, se fait comprendre de l'humain en éprouvant le besoin avec une puissance victorieuse que ces mêmes lois ne portent pas en elles »*. C'est l'apport wagnérien aux développements de la philologie à son époque, développements qui au-delà de la connaissance scientifique entendaient démontrer l'existence de deux langues paradisiaques originelles, l'aryenne et la sémite. Je pose dès à présent ceci, sur quoi je reviendrai : par « logique », Wagner va surtout entendre une sécheresse intellectuelle, une codification à prétentions scientifiques ne reposant sur aucune connaissance intime de l'humain, une imitation ignorante et stérile, un légalisme réservant la place des possédants, en un mot la judaïsation de la vie.

La poésie dut faire un choix : devenir abstraite et se soumettre à la logique ou se fondre dans la musique. Ce choix devait être aisé, dès lors que la poésie aurait reconnu en la nouvelle force de la musique ce à quoi elle aspirait, dès lors aussi que la musique découvrirait dans la poésie la réponse à une question qu'elle ne pouvait seule satisfaire. Cette question est : pourquoi ? *« La seule forme poétique applicable ici est celle du drame, fondé sur le mythe. Au moment où il est représenté dans sa réalité scénique, le drame éveille chez le spectateur un intérêt profond pour l'action qui s'accomplit devant lui, qui est, dans toute la mesure du possible, une fidèle imitation de la vie humaine. Cet intérêt s'élève naturellement jusqu'à une forme d'extase empathique, où l'homme oublie cette fatale question du pourquoi. Alors, dans le feu du transport qui le saisit, le spectateur se livre sans résistance aux lois nouvelles par lesquelles la musique se fait si merveilleusement intelligible et, de fait, répond absolument à la question du pourquoi ».*

Autrement dit : le drame répond à l'interrogation humaine fondamentale, à son besoin d'interpréter la vie, c'est-à-dire d'instituer un *inter*, une instance tierce entre soi et le monde, et la musique évite à l'homme de se perdre dans la contemplation de sa propre image en magnifiant le rôle, qu'elle tient, de l'interprète. Le drame demande « pourquoi ces choses ? », la musique le dit.

Mais au contraire de ce que voudraient nous faire accroire les intégristes, jamais Wagner ne prétend que le drame, pour ressembler à la vie et demander « pourquoi cette vie ? », va se contenter d'un *pitch* de dix lignes enrobé d'inutiles paroles. Jamais il ne minimise la complexité possible du texte. Jamais non plus, à l'inverse, il ne suggère de se laisser hypnotiser par la musique au point d'oublier le texte. La musique parle, selon d'autres lois, avec une capacité empathique différente qui saura détacher le spectateur de lui-même et lui faire ressentir naturellement l'existence d'une communauté, l'obligation de s'y référer. En outre, la musique wagnérienne n'est pas simple juxtaposition d'évènements sonores émouvants, elle est discours. À cause du *Grundmotiv*. Ce sont bien les dénominations des *Grundmotive* qui vont indiquer la direction, répondre au « pourquoi ». D'où la nécessité absolue d'en maîtriser les noms, cette maîtrise du nom étant, comme on l'a vu, chez Wagner, une des clés essentielles du récit libérateur. Si les *Grundmotive* ne portaient pas de nom, jamais la musique wagnérienne ne pourrait prétendre à un tel rôle.

La promesse d'un abandon sans résistance *« à la nouvelle direction indiquée par la musique »*, dans une sorte d'extase, est-elle aujourd'hui admissible ?

La *Lettre* résume à l'attention de Villot le texte *Opéra et Drame*, écrit en 1850-1851, encore marqué par les fracas révolutionnaires. Il est impossible aujourd'hui de lire ces lignes comme elles furent écrites, de s'en tenir à une sorte de romantisme hyperbolique. Déjà, à l'époque, ces envolées devaient être adossées à d'autres textes pour revêtir leur plein sens, parmi lesquels les textes antisémites et nationalistes. Le débat sur la chronologie de l'antisémitisme et du nationalisme allemands a explosé après Hitler, comme on le sait et comme je l'ai retracé dans *Richard Wagner*, chez les penseurs, chez Jung, chez les historiens et les théologiens, notamment sur le point de savoir s'il exista un « bon » nationalisme, celui qui anima l'Allemagne post-napoléonienne — thèse défendue par Thomas Mann par exemple. D'une certaine manière, l'échec commercial du manuel d'Histoire franco-allemand publié par Klett et Nathan en 2008 signe l'impossibilité de parvenir à une mémoire commune. S'agissant de Wagner, au demeurant, j'ai déjà relevé l'indigence de ce manuel. Toujours est-il que de telles controverses ont vraisemblablement motivé profondément la méfiance radicale d'un Adorno et de l'École de Francfort à l'égard de « l'homme autoritaire » qu'ils essayaient de circonscrire.

Mais il y a plus. Le drame wagnérien revendique bien une nature authentiquement chrétienne, je dirai *ur-christliche*. Qu'il invite à abandonner, dans l'extase d'une *Todesverklärung*, un univers gangréné par l'héritage corrompu romano-judéo-chrétien, voilà qui ne passera pas tout seul dans l'esprit des wagnériens : doivent-ils devenir une secte prônant la mort joyeuse — *leuchtende Liebe, lachender Tod* ? S'ils s'y refusent, ne sont-ils pas infidèles à Wagner ? Ne font-ils pas basculer l'œuvre wagnérien du côté du divertissement superficiellement critique accepté par l'État ? Ne pervertissent-ils pas cet œuvre en cherchant à en faire une raison de vivre et jouir, en l'inscrivant dans le temporel institutionnel ? Lorsque je plaide pour la réévaluation du Wagner révolutionnaire, c'est sans doute pour cette révolution radicale que je plaide, pas pour des « réformes », et ce n'est pas simple d'en arriver à une telle conclusion.

C'est même terrifiant. Et cependant, le *Journal* de Cosima nous raconte, en date du 4 avril 1879 : « *R. revient de sa promenade et s'assoit près de moi. 'L'introduction à ma musique, c'est le passage en la bémol majeur dans* Tristan. *C'est cela, ma musique'* ».

Ce fameux passage, c'est celui du duo du deuxième acte, *O sink hernieder, Nacht der Liebe*, appel à la *Verklärung durch den Tod*, dont plus aucun de mes lecteurs ne peut ignorer que j'y entends, conjointement à l'espérance d'une mort bienheureuse et d'une réincarnation hors du temps et de l'espace, la promesse d'une vie délivrée des puissances judéo-franco-romaines-catholiques, ici comme ailleurs représentées sous les espèces de la Loi, la Guerre, la Vengeance, l'Honneur, les Pactes, le Mariage, le Désir de Gloire, l'Envie, la Tentation des Corps, l'Oubli divinisant.

QUELS SUJETS CHOISIR ?

Mythe et musique ont la même fonction : référer une communauté à un étage supérieur de la Raison.

Wagner ne prône absolument pas le choix de sujets intemporels, bardés de *Phantasie*, de chimères et d'apparitions. Le mythe, selon *Opéra et Drame*, est la manière par laquelle l'homme délègue à des créatures divines ou fabuleuses le soin d'exposer et résoudre les questions qu'il se pose sur sa propre existence, les « pourquoi » innombrables qui l'assaillent et l'angoissent. Le mythe est, lui aussi, l'instance qui réfère. Je vais citer, me réservant de revenir sur le mythe en conclusion de ce chapitre, une phrase de la *Lettre* qui justifie pleinement cette approche legendrienne :

« C'est ainsi que l'homme doit produire une représentation du dieu sous une apparence qui, non seulement exprime de la manière la plus précise possible sa manière de voir la plus purement humaine, mais aussi est pour lui l'altérité la plus compréhensible ».

Wagner, en étudiant très longuement le mythe d'Œdipe, affirme que le *fatum* des Grecs résidait dans l'appel à l'État pour apaiser les angoisses nées de l'incompréhension de la Nature et des secrets de la vie. Mais aujourd'hui, l'homme doit en appeler à la Nature pour apaiser les angoisses nées de la violence par laquelle l'État prétend faire tenir ensemble la société. Wagner consacre de longues et belles pages à exalter la figure d'Antigone, modèle de Brünnhilde — je m'en suis expliqué dans *Richard Wagner* — modèle de l'amour altruiste capable de détruire l'État, donc modèle d'une conception naturelle de l'existence : *Heilige Antigone ! Dich rufe ich nun an ! Laß deine Fahne wehen, daß wir unter ihr vernichten und erlösen !* — « Sainte Antigone ! J'en appelle à toi ! Laisse ta bannière flotter, que sous elle nous disparaissions et soyons délivrés ! » Il insiste : le rôle du mythe est de rendre visible pour chaque époque historique la vérité naturelle de l'homme, la nécessité que chacun, individuellement, prenne conscience de la détresse dans laquelle tous sont. Plus que l'engagement en politique, qui le lierait à ce réel auquel on doit échapper, l'artiste doit privilégier *« la représentation du combat au terme duquel l'individu parviendra à s'affranchir tant des lois étatiques que des dogmes religieux ».* Il se gardera bien cependant de produire un discours qui tenterait de combattre l'État ou l'Église avec leurs propres armes : il ne doit pas en appeler à la compréhension logique, il ne doit pas se livrer à des argumentations juridiques, car en cela il se ferait encore l'esclave de ceux qui règnent par la Parole et la Loi. Il doit, au contraire, en appeler au sentiment qui n'est autre que *das sich verwirklichende religiöse Bewußtsein der Gesellschaft von ihrem rein menschlichen Wesen [...] bis wir nur eine Religion und gar keinen Staat mehr haben [...] Im Drama müssen wir Wissende werden durch das Gefühl* — « la concrétisation d'une conscience religieuse de la société, tirée de son essence purement humaine [...] jusqu'à ce que nous n'ayons plus qu'une religion et plus aucun État [...] Dans le drame, nous devons devenir instruits par le sentiment », ce que Wagner traduira vite par la formule parsifalienne *durch Mitleid wissend*.

Le mythe n'est cependant pas une manière primitive, au sens rousseauiste, d'écrire l'histoire humaine et, en ce sens, les premiers romantiques allemands s'illusionnèrent. L'appel aux mythes germains chez Wagner et dans l'Allemagne jusqu'en 1945, ce qu'on appela après la guerre les techniques de stratégie psychologique, relèvent comme ce fut le cas à toutes les époques et dans toutes les civilisations d'une efficience simple : le mythe est élaboré par une minorité et instrumentalisé pour le contrôle d'une majorité.

Wagner a renoncé à écrire un *Jésus de Nazareth* : pense-t-il qu'un mythe chrétien peut exister ?

Opéra et Drame répond. Wagner y développe sa conception d'un Christ tout entier adversaire des perversions de la Loi, de l'État, voire même des Sciences prétendant expliquer l'univers à l'homme. Il poursuit :

« La force merveilleuse exercée sur notre capacité à être émus par le mythe christique réside dans la transfiguration par la mort (Verklärung durch den Tod) *[...] Cette mort, et le désir que nous en éprouvons, est l'unique contenu véritable de tout l'art né du mythe christique : elle se traduit par un dégoût de la vie réelle absolu [...] Pour les Grecs, la mort n'était pas seulement une nécessité physiologique, elle était aussi une nécessité morale, mais seulement par rapport à une vie qui faisait l'objet de toutes les réflexions et de toutes les créations artistiques [...] La mort tragique n'était pas autre chose que la conclusion d'une vie accomplie pleinement par le biais d'un développement complet de l'individualité, elle en était le couronnement, la validation. Pour le Christ, au contraire, c'est la mort qui fait l'objet de tous les soins : l'existence terrestre n'est que le lieu d'une purification, d'une accession au sacré, on y cultive le désir de passer au-delà. C'est pourquoi il ne pouvait exister de drame chrétien [...] Dans la tragédie grecque, le mouvement s'écrit depuis le commencement jusqu'à la catastrophe ; une authentique tragédie chrétienne devrait, elle, commencer là où prend fin la tragédie grecque, dans les tempêtes effroyables de l'existence, pour édulcorer l'impression que ferait une mort à petit feu vécue passionnément, intensément. C'est d'ailleurs pour éviter cela que les Passions médiévales mettaient surtout l'accent sur des tableaux vivants, très réalistes, et non sur*

les motivations profondes de la crucifixion [...] Seule la musique ajoutée à la parole est capable de traduire une telle aspiration [...]

[En dehors des mythes grecs] existe un second corpus mythologique, susceptible de s'opposer au mythe chrétien, celui des peuples de l'Occident moderne et notamment des peuples germaniques ».

Ne croyons surtout pas, à la lecture de ces lignes, que Wagner récuse l'intérêt de produire un drame chrétien. Sa démonstration va s'articuler autour de trois axes : la trahison, par le christianisme institutionnalisé — et surtout catholique romain — du message christique, la nécessité de conserver le but suprême de la *Verklärung*, la possibilité pour l'homme d'y parvenir en inscrivant sa mort « à la grecque » dans une telle perspective. Ainsi l'union des Grecs et des Germains restaurera-t-elle les conditions d'une religion naturelle, d'un authentique héritage christique, de l'union, appelée par tous les textes théoriques, entre Jésus et Apollon dont Siegfried est présenté explicitement comme l'emblème. Ici, Wagner explique comment le christianisme mit la main sur les mythes anciens, leur imposa sa griffe, et comment le peuple — encore lui — sut les préserver dans le secret de son cœur pour échapper au déracinement programmé par l'Église chrétienne : nous allons retrouver Freud. Le christianisme séculaire, cependant, ne put rester fidèle au Christ : il trouva des arrangements avec la vie terrestre et, incapable de fournir une représentation tragique-mythologique de la vie comme incapable de soutenir l'exigence christique de la *Verklärung*, « *se nia pour ainsi dire complètement, vidé de toute substance, impuissant à nourrir l'aspiration vers un au-delà qu'il avait pourtant imposée aux cœurs des hommes* ». En se voulant non plus la fin de tout mais le centre de tout, l'Église chrétienne réengendra son ennemi l'État et cette même violence exercée contre les hommes par la Rome antique, en réponse à laquelle le Christ avait choisi la mort pour n'être point obligé à quelque compromis, quelque collaboration que ce soit. L'État et l'Église ne tardèrent pas à s'entredéchirer pour la maîtrise du monde, tandis qu'il apparut clairement aux hommes qu'ils devaient désormais se libérer et de l'Église, et de l'État : et ce d'autant plus que l'État, comme la plupart des institutions humaines, allait progressivement tomber aux mains des Juifs.

J'ouvre ici par parenthèse une citation du *Journal* de Cosima, en date du 27 novembre 1878. À cette époque, Wagner est obnubilé par la figure du premier ministre britannique Disraeli, intervenu au Congrès des Nations de Berlin pour, entre autres, exiger des Turcs un traitement convenable des populations juives : « *Il s'emporte ensuite contre l'idée que Jésus fût juif, disant que cela n'est pas prouvé, qu'il parlait le syro-chaldéen ; quand toutes les Églises auront disparu, nous retrouverons enfin le sauveur dont nous sépare le judaïsme. Mais ses pensées ne sont pas faciles à comprendre ; Dieu est l'abolition du monde, ce qui rend tout culte impossible, au contraire de couvents dans lesquels des hommes de même foi trouvent refuge et exercent à partir de là, dans la solitude, leur action sur le monde, car ce n'est pas possible dans le monde. Nous ne pouvons nous empêcher de rire de la glorification disraélitique des Juifs. Je vois déjà où il veut en venir, dit R., à la pureté des races et aux grands hommes. Le génie qui règnera sur nous et dont, moi, j'ai rêvé, il pense que seuls les Juifs le feront naître »*. Une course de vitesse semble bel et bien engagée, une surenchère mimétique qui porte sur le Nouveau Sauveur et, finalement, l'héritage du Livre.

Wagner préconise un choix de sujets qui ne dispute pas à l'État, avec les armes de l'État, sa capacité infinie d'argumenter sur les plans politique, social, religieux. Peut-on s'appuyer sur cette idée pour condamner les mises en scène « politiques » auxquelles nous assistons ?

Il faut être extrêmement prudent. Le texte de la *Communication* est en partie écrit pour annoncer et justifier le choix de la légende des Nibelungen comme futur sujet d'opéra après le retrait de *Jésus* mais comme *à la place* de *Jésus*. Il tire les conséquences, sans le dire, des empêtrements de *Tannhäuser* et *Lohengrin* dans des contextes historiques pesants au sein desquels la révélation religieuse a peu de chances d'être entendue pour ce qu'elle est. Je vais revenir sur ce point, auquel Wagner consacre plusieurs pages dans *Opéra et Drame*. Remarquons en attendant comment, à partir du *Ring*, les sujets évitent toute référence historique contraignante, y compris celui des *Meistersinger* qui, bien que situé à la Renaissance allemande, la mythifie complètement et en fait une allégorie. Sachons-le, on présente généralement les *Maîtres* comme une œuvre profondément inscrite dans l'amour qu'aurait porté Wagner à la Renaissance allemande, or il détestait cette période. *Journal* du 2 avril 1872 : *« R. affirme que [cette période] a nui immensément à l'évolution allemande. Cette époque, selon lui, a aussi peu pris au sérieux et compris l'Antiquité que l'avait fait le Christianisme, de très grands génies avaient été au service d'un pouvoir corrompant toute chose et, comme toujours, l'Allemand naïf s'était laissé impressionner par la culture étrangère, si bien que sa nature affective propre avait presque été détruite »*. Par « nature affective » nous devons comprendre cette capacité de sentiment que revendique Wagner comme clef d'accès à son œuvre. Il faudrait donc mettre en scène le Nuremberg des *Maîtres* comme une communauté culturellement envahie, colonisée, pour laquelle Sachs joue le rôle de dernier rempart et de régénérateur : un Christ ou un *erlöster Mensch* nettoyant le temple des marchands. Voilà qui serait *vraiment* fidèle à Wagner.

Est-ce à dire que ces mondes n'obéissent à aucune loi, ne souffrent d'aucun État, d'aucune religion dogmatique ? Absolument pas, bien au contraire la liberté conquise sur la « vérité » historique permet de mieux dire les choses. Quelles conséquences pour le metteur en scène ? Wagner s'est lui-même adonné, pour de multiples raisons dont nous avons déjà parlé, à des reconstitutions dont la minutie a été décuplée par sa veuve puis *grosso modo* conservée par ses héritiers. Je répugne à répondre simplement à la question posée sur les mises en scène « politiques », parce que je ne crois pas opportun de ranger dans le même sac toutes les mises en scène que l'on appelle politiques. De même, la différence est délicate à établir entre des productions manifestement inscrites dans ce que l'État accepte en fait de critique, suscite même en ce domaine pour mieux en sous-main conserver son pouvoir, et des productions radicalement dénonciatrices qui font exploser à la figure de tous la parenté existant entre le mythe wagnérien et notre histoire, démarche parfaitement wagnérienne. Le rejet par Wagner du « drame historico-journalistique » et l'opposition de celui-ci à une connaissance par le « sentiment » n'impliquent pas — c'est sans doute le plus difficile à faire comprendre aux wagnériens — une vague sentimentalité ne dépendant que de l'émotivité de chaque spectateur, de sa culture ou du degré de conscience auquel il est parvenu quant à la vraie nature du monde. La connaissance à laquelle on doit parvenir est une *vraie* connaissance, qui permet, par la *Mitleid* mieux que par l'éducation logique, de comprendre en quoi notre univers dogmatique et institutionnel quotidien, nos lois, notre politique, sont irrémédiablement pervertis et de prendre les décisions qui s'imposent. Drüner explique très bien et sans ambages comment le mythe est pour Wagner un Tarnhelm, c'est-à-dire dissimule sous son apparence « fantastique » des réalités humaines parfaitement identifiables et des convictions idéologiques, politiques, religieuses, indéniablement arrimées aux écrits théorico-biographiques. Je pose ici, pour y revenir plus loin, comment Wagner pourrait se situer au milieu du chemin menant de Hegel à Heidegger : du « penser contre soi-même » conduisant, de violence en violence, vers l'épiphanie de la Raison, à l'obligation pour les hommes de vivre jusqu'à la lie les triomphes successifs de la rationalité oublieuse de l'origine sacrée des choses, sur un chemin qui en réalité va inexorablement vers la disparition de toute trace humaine profane.

Retour à *Opéra et* Drame. Wagner s'y livre à une étude des développements modernes de la littérature : le roman, selon lui de plus en plus réaliste au point de flirter avec le journalisme, traduisit cette nécessité de s'engager en politique : *« Nul ne peut plus rien écrire qui ne soit politique. Dans un monde entièrement livré à la politique, ne pas être politique revient tout simplement à ne pas exister. Mais qui se livrerait entièrement à la politique perdrait de vue l'essence de son être et de son destin. Le poète ne pourra exister à nouveau que lorsque toute politique aura disparu. La politique est cependant aujourd'hui le secret de notre histoire. Napoléon l'a parfaitement dit à Goethe : depuis l'empire romain, la politique a pris la place qu'occupait le* fatum *dans le monde antique. Méditons bien cette phrase de celui qui est parti expier à Sainte Hélène ! Tirons-en toutes les conséquences quant au contenu et à la forme qui doivent être celles du drame ».*

L'expiation de Napoléon, coupable d'avoir voulu dominer le monde comme un Romain ignare, s'analyse aussi chez Wagner comme la punition de celui qui, tirant à l'extrême les leçons de la sécularisation de l'Église — sa romanisation — institua une laïcité qui ouvrait les portes du pouvoir aux Juifs. J'ai, dans *Richard Wagner*, étudié comment le classicisme impérial puis républicain français s'opposa au romantisme germain nationaliste en un jeu de modèle-obstacle mimétique durant jusqu'à Hitler et comment s'opposèrent deux conceptions de l'héroïsme et du tragique anciens. Ne tirez en tout cas pas, des lignes qui précèdent, la conclusion que Wagner prônait un apolitisme. Tout au contraire, la politique qu'il rejetait était celle, d'inspiration franco-juive, qui prétendait délier l'homme de la Nature, c'est-à-dire l'asservir à un État et, le cas échéant, à une Église entièrement au service de la possession, niant la « vraie religion ».

UNE THÉOLOGIE DE LA CRÉATION

Visitation, révélation.

Das Wunder : Wagner ne rate pas une occasion, dans ses livrets, de nous avertir clairement du moment où le miracle se produit. *Opéra et Drame* toujours :

« Le miracle, dans les œuvres des poètes, diffère du miracle selon le dogme religieux en ce qu'il n'abolit pas, en l'élevant, la nature des choses : il les rend accessibles au sentiment. Le miracle judéo-chrétien a déchiré la cohérence des phénomènes naturels pour faire croire que la volonté divine s'exerçait d'en-haut sur la nature [...] On a ainsi considéré comme d'essence divine la puissance de quiconque se présentait comme maître de la Nature, c'est-à-dire imposait à celle-ci une organisation non-naturelle. Le miracle fut ensuite attendu de toute personne à l'essence et aux actions naturelles de laquelle nul ne croyait : on ne lui faisait crédit que si elle produisait des actes incroyables, inexplicables, incompréhensibles ».

Nous rencontrerons de telles lignes, appliquées tant à Wagner lui-même qu'au personnage de Lohengrin, dans *Une Communication*. En de longues pages touffues, Wagner expose ensuite comment un auteur doit produire son miracle, en insistant presque désespérément sur la différence à maintenir entre « foi absolue » et « ressenti absolu ». Elles ne nous intéressent pas directement ici. En revanche, reprenons la thèse que j'ai démontrée dans *Richard Wagner* lorsque je me suis interrogé sur la précipitation qui accompagne systématiquement les finals wagnériens : jusqu'au dernier moment, les personnages ont le choix de valider ou non le miracle qui s'est, généralement, produit au début de la pièce ; cette validation passe par toutes les étapes d'un combat entre inquisition logique et abandon au ressenti ; la règle tragique veut la presque victoire des « rationnels », qui font jouer tous les ressorts de la Loi et de l'Envie pour contraindre la visitation, assimilée à une proposition de Dieu d'en finir avec les mécanismes violents, à l'échec ; au tout dernier instant, alors que tout semble perdu, un des personnages prend sur lui l'ensemble des évènements catastrophiques et dénoue, en se sacrifiant, l'inextricable. Nous devons à ce moment, affirme Wagner, ressentir pour lui la plus extrême empathie sans chercher à comprendre ses raisons, même si, ajoute-t-il, un auteur qui a convenablement fait son travail n'aura pas manqué de disséminer tout au long de l'ouvrage les indices et les motivations nécessaires : non à la manière d'un journaliste investigateur venant proposer une démonstration de causes et d'effets, plutôt comme les choses se déroulent dans la vie, noyées dans le mensonge, les stratégies, les aveuglements, les faux-semblants.

L'auteur, affirme Wagner, sera ainsi d'autant plus proche de la nature qu'il n'en présentera pas les phénomènes comme réductibles à des formules mathématiques, comme figés : la nature est un perpétuel devenir qui mêle sans trêve temps et espaces, féminin et masculin, naissance et mort. Ceci demeurerait assez banal si Wagner n'en tirait de grandes conclusions quant aux outils adéquats dont doit disposer un auteur dramatique — ce que j'ai appelé plus haut les outils de la transition, ce sur quoi nous devons un instant revenir.

Transition : un problème pour les linguistes et les théologiens.

L'un des arguments avancés par les adversaires du *Regietheater* dénonce l'enrôlement de la musique, suprême refuge des valeurs du Noble et du Beau, suprême lieu de réconciliation avec la jouissance de la culture héritée, au service des « fantasmes désespérants des metteurs en scène ». D'une certaine manière, s'agissant de Wagner, les musicologues classiques emboîtent le pas des amoureux du théâtre conventionnel lorsqu'ils font observer ceci : *en principe*, la musique est une force capable de résoudre ses propres tensions, de mettre fin par la péroraison au conflit de propositions concurrentes, de créer à cet instant conclusif la seule vraie différence, l'essence de la différence, la différence absolue que plus rien ne peut plus contester, l'unification de tous les discours tenus jusque-là en un moment de plaisir. Je ne puis m'empêcher de rapprocher une telle croyance des croyances décrites par Girard quant à l'existence d'une violence définitive et radicale, capable de ne donner prise à aucune réplique, à aucune surenchère, après laquelle courent tous les combattants. Or Wagner attente à ce principe. La fabrication de la différence, chez lui, n'est que le *différement* de l'unification, avec tout ce que la méthode comporte d'exacerbation de l'attente, tout ce qu'elle induit des relations entre plaisir et souffrance. Il n'existe pas de péroraison musicale classique chez Wagner, où chaque instant se donne comme illusion de péroraison, il n'existe même pas de péroraison musicale capable d'apporter consolation et joie sans le recours à un logiciel commentateur-traducteur extra-musical où interviennent des mots, des concepts, des idéologies, des gestes, des images. Et c'est bien là que le débat se biaise avec les amoureux du théâtre conventionnel. Quand ils exigent que la musique fonctionne avec certaines images et pas d'autres, ils reconnaissent *de facto* que la musique ne permet d'espérer que dans cette conjonction entre des notes et un « reste », mais là où ils s'illusionnent c'est quand ils croient que ce « reste » n'est qu'une conséquence de la musique alors qu'il en est la condition.

Le débat sur la transition, que nous rouvrirons lorsque nous aborderons en fin d'ouvrage la notion de ruine, doit par ailleurs être posé de manière plus philosophique que technique, comme une illustration du conflit entre continu et discontinu. D'une manière très triviale, entre quoi et quoi transite-t-on, d'où vient-on et pour aller où ? Le continu prend-il fin un jour ou bien se confond-il avec l'infini ? Existe-t-il une logique à ce parcours, un « sens de l'Histoire » dont l'essentiel de notre culture occidentale nous enseigne, à l'instar du fondateur de la *Revue historique* Gabriel Monod qu'il est progrès, accomplissement positif, et dont Hegel nous dit qu'il existe, à notre horizon, une « fin de l'Histoire » datable du moment où s'établira une continuité dégagée de toute violence intermédiaire ? Où l'on retrouvera Heidegger, pour qui un accomplissement, inscrit dans une chaîne plus ou moins discontinue d'accomplissements, dans une succession de révolutions, pourrait bien s'inscrire aussi dans une continuité : celle de la dégradation inéluctable de tout, au moins de tout ce par quoi l'humain créateur met en péril jusqu'à l'humain créature. Où l'on convoquera Marc Bloch, pas forcément adversaire de la continuité mais sceptique quant à la généralisation d'une explication causale du présent par ses antécédents immédiats — et ainsi de suite.

Il convient de rappeler que Wagner n'a jamais employé l'expression de mélodie infinie et que, s'il utilisa —rarement — celle de mélodie continue, c'était uniquement pour établir la différence existant entre la coupe de ses opéras et celle de ses collègues en récitatifs, airs, duos, ensembles, numéros pour tout dire, fortement identifiables et collés sans colle s'inscrivant elle aussi dans le discours conçu comme action. C'est de là qu'il nous faut partir : du fait que l'action gîte dans la confrontation de récitations et prophéties, dans la convocation redondante de témoignages contradictoires, dans un processus permanent de transmission et de réinterprétation du passé. Qu'y cherchent les personnages, en cela puissamment soutenus par le système du *Grundmotiv* ? Certes, trouver une logique, une explication, des causes et des effets, mais moins un sens qu'un moyen de se détourner de l'inéluctable catastrophe : le sens des évènements, chez Wagner, nous est d'emblée donné comme menant à l'abîme, à tel point que l'on doit poser la question : les opéras de Wagner finissent-ils seulement, c'est-à-dire qu'est-ce qui prend réellement fin à l'instant de la double barre finale ? Le prochain chapitre traitera en fait ce seul point, la fin restant au bout du compte l'interrogation wagnérienne par excellence : et nous verrons, d'une part combien il a été difficile pour Wagner de faire en sorte que les personnages consolateurs soient aussi des survivants, d'autre part comment le choix du motif final (ou plus globalement de la conclusion musicale) obéit à une logique qui n'a rien à voir avec l'idée classique de la continuité ou de la discontinuité d'un développement musical. Je dois rappeler avant de poursuivre que la chronologie de la création des œuvres fausse notre perspective. Nous devons inscrire le *Ring* juste après *Lohengrin*, de telle sorte que les deux derniers opéras de Wagner sont *Meistersinger* et *Parsifal*.

En tant qu'action fondée sur le discours, en tant que mythe et en raison de la nature et du nom des *Grundmotive*, l'opéra wagnérien se fait du Temps une représentation qui échappe à la plupart des systèmes philosophiques. Il pose en même temps ou presque sur la table tous les temps, tous les possibles — tous les passés comme tous les devenirs possibles — et jette ses personnages dans ce labyrinthe énigmatique, seulement pourvus de leur capacité d'introspection, avec quoi ils doivent peser tout évènement, tout agissement, hors des illusions et des mensonges de l'agir. Nous ne sommes pas loin de Nietzsche, Darwin, Freud ou Heidegger. Les évènements musicaux sont logés à la même enseigne. Au point qu'il pourrait bien ne rien advenir du tout, rien de différent, jusqu'à ce que quelqu'un, que quelqu'un d'autre pourra contredire, invente un mode d'emploi des objets musicaux, scéniques et idéologiques. Et parfois, comme personne n'invente ou comme personne ne comprend, la musique seule rappelle la promesse, même si les survivants entendent mal, traduisent mal, ce qu'elle dit : je vais en donner quelques exemples. Sinon, l'existence de véritables différences musicales au sein du système wagnérien reste à démontrer, sauf si l'on tient absolument à ranger sous cette catégorie, à mon avis à tort, les flexions que Cosima comparait au glissement des nuages devant la lune ou le soleil. Il y a là quelque chose qui tient davantage du passage du langage courant à la philosophie, de la genèse de l'homme pensant, de l'anthropologie du langage telle que G. Guillaume* l'a repensée. Voici que je confie, ce qui n'est pas bien original, à cette sémiotique « totale », telle que Ernst Cassirer* l'a portée sur les fonds baptismaux et au-delà, telle que la travaillent par exemple Jacques Fontanille* et Claude Silberberg*, le soin d'étudier les œuvres wagnériennes : cette hypothèse de travail, dont je me servirai déjà pour conclure le présent chapitre, sera un des outils majeurs du catalogue des *Grundmotive* que j'ai entrepris.

Mais la question de la transition, conçue comme l'illustration du problème continuité/discontinuité, est aussi une question théologique majeure. Il est toujours utile de le rappeler : Wagner n'est pas Dieu. Il serait plutôt un héritier des thèses pontificales issues du Concile Latran IV, reprises par Pie V, qui reprochaient aux Juifs, « peuple élu », d'avoir trahi l'alliance et d'être devenus — pour ceux d'entre eux qui refusèrent la conversion — le « peuple déicide ». Wagner partageait l'idée selon laquelle la Révolution française, en abolissant les mesures restrictives imposées aux Juifs, fit entrer ceux-ci dans les rouages de la vie civile et leur donna les moyens d'abattre l'héritage chrétien : ce que Napoléon importa en Allemagne. Il n'a pas été un lecteur de *La Croix*, il n'a pas à ce point distingué antisémitisme et antijudaïsme, il ne semble pas avoir lu Gougenot des Mousseaux, mais il appréciait Pie IX en dépit du soutien accordé par celui-ci contre Bismarck aux « jésuites du Zentrum », au point de rêver d'une entrevue cordiale (*Journal* du 16 mars 1878) avec ce pape qui traita les Juifs de chiens et de bœufs, invectives que Wagner reprend lorsqu'il fustige les dérives de la politique bismarckienne « enjuivée ». On sait que, comme la plupart des luthériens allemands, il admirait Paul de Tarse, juif pharisien converti, missionnaire chez les Gentils, en qui il voyait « le premier chrétien ». C'est au demeurant une thèse que partagera Freud. Comme l'écrit Élisabeth Roudinesco : « Par l'introduction de l'idée de rédemption, il était parvenu à conjurer le spectre de la culpabilité humaine tout en contredisant l'idée que le peuple juif était le peuple élu. Enfin, il avait renoncé au signe manifeste de cette élection : la circoncision. La nouvelle religion avait pu ainsi devenir universelle et s'adresser à tous les hommes ».

Ce n'est pas une admiration anodine : un grand courant de la théologie fait commencer le christianisme non pas avec la naissance de Jésus mais avec sa mort et fait de Paul le fondateur de la religion chrétienne, en ce que précisément il est le premier à distinguer radicalement les Juifs fidèles à la loi de Moïse de ceux qui resteront fidèles à Jésus. La rupture entre Juifs et Chrétiens brise en conséquence le lien entre l'Ancien et le Nouveau Testament, mais il y a plus : quelle est en outre la continuité existant entre Jésus et Christ ? Toute la question est de savoir si la parole évangélique tient dans le « pas encore » du royaume des cieux ou le « déjà » de la crucifixion et de la résurrection : de savoir si le Christ, qui naît à la mort de Jésus, introduit une rupture radicale, une discontinuité absolue, dans la révélation biblique, de savoir si le temps qui commence entre la mort de Jésus et la résurrection du Christ ne signerait pas la fin des temps humains et l'avènement du temps de Dieu, de savoir pourquoi les titres christologiques de Jésus lui sont toujours attribués par des tiers sans qu'il les revendique jamais personnellement. Ce débat passionnait Wagner et l'Église luthérienne allemande confrontée aux lectures historiques et critiques de la Bible : Jésus est-il le Messie de toute éternité (thèse romaine), ne s'est-il jamais proclamé Messie et ne savons-nous rien, puisque les récits de conversion commencent avec Paul, des conditions dans lesquelles il a endossé ce rôle (thèse luthérienne, dont on trouve la trace dans les parcours de Sachs et Parsifal vers l'illumination) ? Les conséquences allaient jusqu'à la mise en cause d'une continuité entre l'Église romaine et le Christ. Harnack, dont Wagner connut les thèses avant de mourir et qui fréquenta Chamberlain de très près à la Cour impériale, était en pointe à ce sujet : l'obscurcissement de l'essence du christianisme (la prédication du royaume) commençait dès la mort de Jésus avec la réflexion christologique, s'aggravait avec l'hellénisation du christianisme, enfin s'accomplissait avec la fondation d'une Église cléricale et hiérarchisée. Wagner ne rejoignait pas ou n'aurait pas rejoint Harnack en tout, mais au moins sur un point qui doit être ici rappelé : la France, notamment par la plume d'Alfred Loisy, formalisa une radicale opposition aux thèses luthériennes. Les défendre, c'était donc condamner Juifs, Français et ces catholiques romains qui, par la plume de Pie X (*Lamentabili Sane Exitu*, 1907) allaient condamner « les soixante-cinq erreurs du modernisme » d'inspiration luthérienne. Les défendre, c'était affirmer une religion germanique et le Bayreuth de Cosima et Chamberlain s'y engagea.

Quel rapport avec la musique wagnérienne ? Le lecteur se doutera que, ayant titré *Sancta Musica*, je n'ai pas pour objectif de diviniser la musique au détriment des autres constituants de l'œuvre, mais d'affirmer en quoi elle porte la parole du Dieu wagnérien. Je l'ai dit, le redirai : les « dérapages » de l'écriture musicale wagnérienne, au regard de l'écriture académique, n'en sont pas parce qu'ils signent d'abord la vision qu'a Wagner du monde et pas un intérêt de musicien pour l'encanaillement musical. La question de la création des motifs, de leur vie et de leur mort, de leur finalité, de leur capacité consolatrice ou de leur force maligne, doit être pesée théologiquement. De même, la question de la continuité entre motifs du nouveau christianisme et motifs du créé par les Juifs, qui englobent les motifs « français » comme les motifs de l'Allemagne errante. Mais pour ce faire il convient, comme on va le voir, de rebaptiser les motifs.

GRUNDMOTIVE

Pourquoi et comment réorganiser et rebaptiser les *Grundmotive* ?

Lorsque j'ai affirmé mon intention de rédiger un nouveau catalogue des motifs, nombreux sont ceux qui m'ont gentiment averti que j'allais m'attaquer au séquençage de l'ADN du génome humain. Pour rester dans le domaine des comparaisons scientifiques, je crois plutôt rechercher, entre la physique newtonienne que représenterait l'exégèse conventionnelle et la physique quantique figurée par mes études des livrets et des autres écrits, ma propre théorie des cordes.

Plus on multiplie les motifs, moins on comprend leur parenté, leur origine, parce qu'ils prennent des noms parfois très exogènes. Et plus on les accessoirise. Tout se passe comme dans la vie réelle, comme dans la théorie wagnérienne de l'incarné-disséminé. Notre travail est un travail de généalogistes et de chercheurs de gènes. Je crois très nécessaire de ne pas s'obnubiler sur tous ces noms, toutes ces étiquettes, d'en retenir moins : seulement quelques grandes familles donnant naissance à des variantes et permettant alors, je le souligne, à l'analyse musicale de jouer pleinement son rôle.

Je travaille dans deux directions. Tout d'abord, en fonction de ce que je pense du texte et de l'action, de la « philosophie générale » d'un ouvrage, je vérifie le nom courant attribué à chaque motif, je cherche autant que possible à me défaire des sobriquets trop réalistes, trop évènementiels, pour hisser les motifs au rang de concepts ou les inclure dans une famille conceptuelle. J'ai en effet dénoncé la pratique qui consiste à attribuer à un motif un nom tiré du contexte de sa première apparition, sans vérifier que son retour à d'autres moments de la partition n'oblige pas à revoir les choses. Or l'analyse traditionnelle se contente la plupart du temps de cette première approche, renvoyant la suite — le retour des motifs, leurs transformations, leurs combinaisons — à ce que j'appelle le décorticage de la « cuisine compositionnelle », où la dramaturgie s'efface dangereusement. Certes, il est des moments où la citation d'un motif sert de subconscient, de rappel critique, de contrepoint à la parole ou à l'action. Il en est d'autres cependant bien plus nombreux où un motif ne revêt réellement tout son sens qu'en plusieurs expositions : sa récurrence indique alors un lien très fort entre les différentes situations. Le cas du motif dit de la malédiction de l'amour constitue un bon exemple : voyons si l'on peut trouver un nom qui éclairerait à la fois la malédiction de l'amour, l'acte héroïque de Siegmund tirant Nothung de son tronc et d'autres moments importants qu'il nimbe.

En second lieu je cherche, entre les œuvres, des correspondances, afin de reclasser les motifs par familles faisant fi des titres. On doit là avancer prudemment. Les motifs wagnériens ont tous un air de parenté, ils sont très transformables, très malléables, cela ne signifie pas qu'on peut les apparenter n'importe comment : il faut quelques critères solides au-delà des ressemblances superficielles. Wagner n'a pratiquement rien écrit sur cette technique. Il a laissé le soin à Wolzogen de bâtir un catalogue, contestant seulement — mais c'est essentiel — l'appellation *Leitmotiv* qui, malgré tout, est employée par la plupart des commentateurs comme s'il n'existait aucune différence entre « motif source » ou « motif fondateur, fondamental » — *Grundmotiv* — et « motif conducteur » — *Leitmotiv*. Il est extrêmement dommage que le résultat de ses dialogues sur le choix des motifs avec Theodor Uhlig, mis en forme par ce dernier et que Wagner avait envoyé à son propre éditeur en vue d'une publication, ait finalement été perdu. Il n'empêche que, dans les rares moments où il commente ses motifs, comme par exemple dans l'explication fournie à Louis de Bavière du Prélude de *Parsifal*, Wagner fait systématiquement référence à ses écrits théoriques — en l'occurrence *Voulons-nous espérer ?* qui contient ces fameuses vérités que Wagner ne voulait pas confier aux *Bayreuther Blätter* pour des raisons stratégiques : des opinions racistes dont il craignait que, publiées sous son nom, elles choquent les partisans qu'il comptait parmi les Juifs et les Français.

Je ne suis ni le seul, ni le premier à relever de telles parentés entre les motifs : mais contrairement à ceux qui n'y voient que coïncidences, *private jokes* ou simple signature stylistique, j'y pressens — et j'y ai vérifié — l'hypothèse d'un sens. Ce sens, l'analyse musicale classique peut aider à en détricoter la structure, la grammaire, le vocabulaire : mais elle ne pourra pas dire ce qu'il dit. L'accord de *Tristan* restera l'accord de *Tristan*, un accord, le thème de l'épée sera le thème d'un accessoire dont on ne se demande ni l'origine ni la fonction parce que personne ne pense que la réponse à ces questions peut avoir des conséquences musicales, etc.

Ai-je la moindre chance de réformer plus d'un siècle d'habitudes ? Telle n'est pas mon ambition. Je voudrais d'abord fournir un système cohérent, pour le plaisir de l'exercice et une sorte de satisfaction intellectuelle qui se moque bien de la reconnaissance universelle. Puis essayer la traduction de tout cela en scène, seul lieu de la validation des savoirs, avec la complicité d'un chef qui n'en craindrait rien et serait prêt à oser beaucoup de choses, « pour voir ».

Pourquoi s'obnubiler sur ces appellations ? Ne court-on pas le risque de négliger au-delà du possible les questions d'harmonie, de rythme, de couleur, de structure ?

Si le wagnérisme avait donné aux tonalités, aux rythmes, aux formes, un nom comparable à ceux des motifs, la « coutume » nous obligerait à étendre le travail à ces données. Nous le ferons : ce n'est pas parce que le *vademecum* du parfait wagnérien a négligé de les inclure dans le système qu'elles ne s'y inscrivent pas absolument et pour les mêmes raisons que les motifs. Par exemple, on peut définir des *Grundtonalitäten* au sein desquelles brillent, comme des étoiles filantes, des « sous-tonalités » voisines, ou bien un *Grundrythmus*, une *Grundfarbe*. Il n'empêche que le *Grundmotiv* constitue l'aliment de base de l'analyse classique et de l'analyse profane et que l'essentiel des débats tourne autour de son « respect ». Comme il faut bien donner un premier coup de pied dans la fourmilière si l'on veut avoir une chance d'en observer la structure et le fonctionnement, autant commencer par ce que tout le monde connaît. Je ne peux pas dire que ce type de travail connaisse un franc succès dans la musicologie française, au contraire de l'intérêt qu'il suscite en Allemagne.

Comment, renommés selon une dramaturgie, les *Grundmotive* permettent à la musique de tenir le discours que le livret organise sans le prononcer : l'exemple de *Tannhäuser*.

Je suis parti du premier thème entendu dans l'Ouverture de *Tannhäuser*. J'ai montré qu'il est abusivement désigné comme « motif des pèlerins », alors qu'il ne les accompagne pas. Ce thème, emblématique de l'ouvrage, ne reviendra en réalité qu'au dernier acte, pour célébrer le pardon obtenu (retour des pèlerins) et, surtout, la communion de savoirs et d'intérêts divergents au miracle du refleurissement de la crosse pontificale, signe de la grâce accordée à Tannhäuser. J'ai proposé de le nommer « La proposition d'une foi allemande » et de l'inclure dans une famille nommée « L'Allemagne, nation sainte ».

Je précise un point important. J'ai démontré comment et pourquoi la Wartburg s'illusionne en liant le pardon de Tannhäuser au sacrifice d'Elisabeth. Au nom de quoi, dès lors, faire malgré tout référence à l'Allemagne et ne pas simplement baptiser ce thème « La grâce du Christ » ? Ma réponse est la suivante : que l'Allemagne soit prête ou non pour entendre un message qui critique sa faible foi inféodée à l'Église romaine et sa pratique du sacrifice émissaire, voilà qui ne change rien à la visitation, au désir politique de Dieu pour l'Allemagne. Le Christ manifeste sa grâce et cette grâce est une proposition faite à l'Allemagne. Les hommes, eux, pensent que la mort d'Elisabeth a arraché la grâce au Christ et se sentent confortés par le pouvoir qu'ils détiennent ainsi de provoquer des miracles en disposant de martyrs adéquats : comment recevraient-ils cette visitation, cette proposition d'une nouvelle alliance, autrement que comme une approbation divine quant à leur fonctionnement au nom de Dieu ? Il n'empêche que la musique célèbre le message : il appartient au metteur en scène d'inviter à distinguer ce qui relève de l'illusion humaine et ce qui relève de la vérité divine.

Est-ce trop compliqué ? Ne peut-on admettre que la partition décrit franchement la situation ? Je pense effectivement qu'elle décrit franchement une situation, mais que cette situation n'est pas celle donnée par une lecture superficielle du livret. Le livret propose en réalité plusieurs niveaux de conscience d'un même fait. La musique en choisit un, que nul ne peut deviner tant que l'on ne décolle pas la fonction musicale du discours humain dominant, lequel n'est pas selon moi le vrai discours à entendre. À ceux qui ne sont pas convaincus par le sens « supérieur » que je dégage, je poserai plusieurs questions : vous dérange-t-il « en soi », ou parce qu'il confie au metteur en scène le soin de montrer l'articulation des choses, une articulation non prévue par les didascalies ? Craignez-vous tant que le *Regisseur* étende son pouvoir sur la musique ? Croyez-vous vraiment que finir cet ouvrage sur un thème « des pèlerins » apporte un surcroît de sens ?

Ceux qui superposent aux silhouettes des pèlerins les notions de contrition et de grâce le font généralement sans les définir ni en définir les mécanismes et aimeraient conclure en nous disant : devenez tous des pèlerins, sachez vous repentir, vous serez pardonnés par un biais ou un autre, car Dieu corrigera ce que les hommes ne savent. Ils se situent là hors wagnérisme, parce qu'ils nient complètement le tragique du piège social. Pour eux, oui, une mise en scène classique fait l'affaire, parce qu'elle raconte exactement ce qu'ils souhaitent : un défilé glorieux de bures, un optimisme absolu quant à l'obéissance de Dieu, valet des erreurs humaines, une béatification du martyre et de l'au-delà dont la fabrication leur importe peu tant, au fond, ils condamnent aussi Tannhäuser. Preuve que les réalisations aux images les plus anodines véhiculent une idéologie.

Or Tannhäuser se repent, lui aussi, sans être pardonné pour autant par le Pape. Veut-on me faire croire, comme je l'ai parfois entendu, que le Pape est un imbécile mais que la Wartburg, elle, comprend mieux les choses ? Ceux qui raisonnent ainsi sont les premiers à refuser que l'on mette en scène un schisme, une séparation de l'Église germanique d'avec l'Église romaine.

Je dois attirer votre attention sur un autre motif musical. Au *finale* de *Tannhäuser*, le chœur *Erlösung ward der Welt zuteil*, « l'univers a reçu rédemption en partage », donnera naissance plus tard au motif dit du Graal de *Parsifal*. Cette filiation directe, comme les lignes par lesquelles Wagner expliqua le prélude de *Lohengrin* entièrement construit sur la révélation puis l'effacement du Graal, me conduisent à proposer que l'on rassemble ces thèmes en une question adressée à l'humanité : qu'avez-vous fait de la visitation du Christ? L'exégèse en est évidente s'agissant des opéras de chevalerie. Mais le plus intéressant est la parenté de ce thème du Graal avec deux motifs des *Maîtres Chanteurs* dont j'ai déjà expliqué dans *Richard Wagner* le rôle essentiel : le choral du baptême et le choral de Sachs. Si l'on veut bien admettre leur proximité avec le dessin du motif des Maîtres, lui-même fortement relié au premier thème de *Tannhäuser*, si l'on se souvient que motif des Maîtres comme premier thème de *Tannhäuser* concluent en majesté leurs ouvrages respectifs, alors nous tenons bien le *Grundmotiv* de « L'Allemagne, nation sainte ». Plus important encore à mes yeux : Wagner a baptisé ce thème dit du Graal « Promesse de la rédemption par la foi », ce qui convient bien mieux à l'œuvre et au rapprochement avec *Tannhäuser* et *Meistersinger*. Wagner a fort bien su, dans *Parsifal*, reprendre le motif du cygne de *Lohengrin* : il y a retravaillé celui du Graal de *Lohengrin* pour le débarrasser de toute anecdote et, semble-t-il, retrouver une valeur spirituelle déjà inscrite dans *Tannhäuser*. Le Graal est bien autre chose qu'une coupe, la coupe n'est que le vecteur terrestre de cette autre chose dont Wagner pensait avoir trouvé la trace musicale dans un très vieil *Amen*, dit de Dresde, reconquis sur la *Symphonie Réformation* du Juif Mendelssohn, où il figure, pour être rendu à l'Allemagne comme motif de la foi selon Richard Wagner : un « ainsi soit-il » qui sonne comme « *es muß sein* ».

SCÈNE ET TEMPS

Pourquoi toujours montrer ? N'est-il pas suffisant que le bâton reverdi soit produit en scène comme preuve de l'erreur du pontife ? Les spectateurs ne sont-ils pas assez intelligents pour en tirer seuls des conclusions ?

L'intelligence des spectateurs n'est pas en cause : ils peuvent parfaitement comprendre, simplement ils en sont rendus incapables par les dénominations de motifs auxquelles on les prie de se référer, par la mythologie fabriquée autour d'une musique non idéologique, par la poussière accumulée sur la tradition scénique lyrique, enfin par leur connaissance incomplète de Wagner. Alors, oui, je préfère que l'on montre, d'autant plus que la théorie esthétique wagnérienne réserve cette responsabilité à la scène. Je dis bien « à la scène », pas « au metteur en scène » seul. À la scène, conçue comme le lieu de la naissance de l'œuvre et du public, accouchés par les interprètes : metteur en scène, chef d'orchestre, chanteurs. Je n'ai toutefois aucune confiance dans la capacité d'analyse des chefs d'orchestre, entièrement occupés, dans l'écrasante majorité des cas, par leur cuisine musicale. Je ne suis pas étonné que la plupart des chefs préfèrent des metteurs en scène occupés, eux aussi, par des questions de technique, de déplacements, de peinture et d'ourlets plus que par un « message ». Cela ne m'empêche pas de reconnaître qu'il existe beaucoup de metteurs en scène que tourneboule l'obligation de penser le wagnérisme et qui se réfugient dans un ésotérisme de la provocation et de l'esbroufe lamentable. D'une certaine manière, cette remarque vise toutes les époques de la mise en scène wagnérienne.

N'est-il pas un peu facile de reproduire toujours l'opposition entre le metteur en scène et le chef d'orchestre ?

Remarquez que la question du conflit de pouvoir entre texte et musique se pose presque exclusivement au moment de la représentation, comme celle d'un conflit entre metteur en scène et interprètes musicaux. Tant que l'on n'a pas atteint ce stade ultime de l'incarnation de l'œuvre, tout le monde fait semblant de croire que les choses se passent le mieux du monde dans la marmite. Appliqué au wagnérisme comme si le wagnérisme était un objet classique, ce postulat a servi à produire un discours à trois étages ayant trois objectifs. Le premier : *désidéologiser* la musique de telle sorte qu'elle ne devienne pas texte. Le second : détacher le texte des livrets des autres textes de l'auteur. Le dernier : refuser que le texte-reste soit analysé pour être traduit en images.

Je vais essayer de répondre en prenant un peu de hauteur. De nombreuses théories de l'écoute et de la communication musicales mettent l'accent, entre autres *stimuli*, sur les réactions motrices de l'auditeur, que les compositeurs semblent avoir intégrées à leur projet depuis fort longtemps, qu'il s'agisse de réponses aux développements et variations de la forme ou aux gestes des interprètes. La plupart de ces théories relèvent le caractère mental de ce type de perception-communion, elles insistent cependant toutes sur le décuplement de l'intensité de l'expérience musicale permis par les mimiques des exécutants comme par la succession de transes rythmiques. J'ai, dans *Richard Wagner*, étudié la méfiance d'un Adorno relative à de tels transports, les questions soulevées par l'inassouvissement du mouvement et sa répétitivité hypnotique. Selon mon expérience, les adeptes de mises en scène conçues comme le décalque pléonastique des sensations proposées par la musique — ce que j'appelle, en référence aux musiques de dessins animés, le *mickeymousing* — se recrutent chez ceux qui croient à une musique intra-musicale que seul définirait son style et dont la connaissance, par l'auditeur, se limiterait à la réception des signes adressés par ce style. Compte tenu de la façon dont l'écrasante majorité des interprètes musicaux analysent leur propre relation avec une partition, leur propre apprentissage de celle-ci entre culture dogmatique, technique universelle et sensibilité conçue d'abord comme le plus grand respect possible de la sensibilité écrite, il me paraît extrêmement difficile de leur faire admettre l'existence, chez Wagner en tout cas, d'une ambition gouvernante dont la partition ne serait pas la source mais l'outil, l'un des outils. La « liberté » et l'ignorance des règles dont leur semblent jouir potentiellement les gens de théâtre, cette revendication de primauté de dramaturgies bâties sur des *Konzepte* idéologiques que traduit bien le remplacement, dans le langage courant, de l'expression « le *Ring* de Karajan » par « le *Ring* de Chéreau », leur font l'effet d'une irruption de la trivialité et de l'arbitraire là où régnait un ordre quasiment divin. Et sans doute beaucoup de metteurs en scène considèrent-ils la musique comme un simple support plus ou moins bien ajusté à leurs images et mouvements. Je le redis, texte et notes s'articulent dans une relation de modèle-obstacle fondamentalement girardienne, la mise en scène devant en organiser la surenchère dans un sens tiers. Or, je l'ai souvent expliqué à mes interprètes, la moitié d'une mise en scène se conçoit et s'élabore au cours des répétitions musicales, avant même tout geste, toute image. C'est là, dans cet utérus, que se travaille le rapport des mots et des notes selon le Temps, ce n'est pas là pourtant que l'œuvre naît. Je ne plaide pas pour une opposition du chef d'orchestre et du metteur en scène, je ne pense pas non plus que l'exposition en parallèle de leurs approches, à peine nouées de temps à autres par la nécessité technique d'être ensemble, soit dynamique. J'appelle de mes vœux un désir réciproque, qui n'a aucune chance d'exister s'il y est question de pouvoir. Paradoxalement, et pour simplifier, le metteur en scène doit apprendre à se servir de l'outil musical sans en laisser la responsabilité entière au chef, tandis que le chef doit apprendre que cet outil n'est pas une loi intangible fondée sur sa seule existence et s'imposant à tout. Ni Narcisse, ni Écho...

Cependant, Wagner ne prévoit absolument pas qu'on montre autre chose qu'un défilé de bures.

Der alte Sturm, die alte Mühe ! Wagner n'a jamais prévu non plus qu'on dirige *Parsifal* en cinq heures, record qui fait pourtant pâlir d'extase ceux qui pensent qu'une telle direction musicale, par Toscanini, empêchait toute gesticulation et traduisait parfaitement le caractère sacré de la pièce. Wagner a prié Mottl et Porges de noter quantité de recommandations musicales dont plus personne ne se soucie. S'il existe une vérité de la mise en scène originelle, alors imposons aussi aux musiciens le strict respect de ces recommandations. Nous les verrons aussitôt refuser d'opposer à notre progrès une hauteur du diapason historiquement exacte, les coups d'archet et la technicité des créateurs, leur science vocale, leurs effectifs orchestraux et choraux. Aucun ne voudra aujourd'hui reprendre à son compte l'ambition de Cosima et de son collaborateur Kniese, auteur de la formule ahurissante jetée, je crois, à la figure de Levi, je cite de mémoire : il n'existe ni *votre* tempo, ni *mon* tempo, mais LE tempo.

À ceux qui établissent la fidélité comme la reproduction améliorée des productions pionnières, je répondrai : ne prétendez pas qu'il suffirait de traduire, avec la technologie moderne, ce que vous pensez être le cœur du projet scénique de Wagner, à savoir des effets spéciaux et des lieux réalistes. Vous savez bien que vous abandonnerez en route une bonne part des ambitions de l'auteur et je sais que de nombreux commentateurs, plutôt que d'affronter l'idéologie wagnérienne dans sa globalité, préfèrent affirmer qu'il n'y a pas d'idéologie du tout, ou aucune d'assez solide pour mériter une longue attention. Ne vous réjouissez pas, comme s'il s'agissait d'un progrès inattaquable, que l'on ait aujourd'hui appris à « bien » exécuter les partitions : les discographies comparées véhémentes par lesquelles on a opposé à Wagner tant Solti que Böhm, Karajan que Boulez, montrent assez que la fidélité est une auberge espagnole, le nom poli donné à une foire d'empoigne.

Oui, Wagner a écrit des didascalies dans ses partitions, non, il n'y a pas écrit une mise en scène. Wagner a personnellement mis en scène le *Ring* et *Parsifal*. Il n'était pas satisfait du résultat. On prétend que ce sont les pépins techniques qui l'exaspérèrent, manière de suggérer aux metteurs en scène modernes de se préoccuper uniquement de « faire marcher la machine ». En réalité l'incarnation n'avait pas eu le résultat escompté : au-delà de la technique, dont la fluidité espérée aurait dû permettre qu'on ne se focalisât pas sur elle et sur ses dysfonctionnements, il fallait délivrer un message, provoquer une alchimie, une catharsis. Les livrets de Wagner comportent des indications assez soigneuses concernant les lieux, certains détails de costumes et certains déplacements. Ces indications ont été traduites en images et en mouvements par lui-même, dans les conditions d'insatisfaction relative que je viens de rappeler, puis par sa veuve, son fils, enfin les artistes invités par Tietjen. Ces images ont été imposées comme si elles étaient, soit la règle voulue par Wagner, soit sa modernisation ultime, en tout cas l'expression exacte et définitive de la théâtralité wagnérienne officielle. Mais elles ne peuvent être confondues avec les didascalies et considérées comme telles que si on cesse d'en faire de simples « paysages naturels » du wagnérisme et que l'on comprend ce qui se cache derrière. Les images tiennent un discours. Je les prends donc extrêmement au sérieux, mais comme il s'agit de sous-titres, nous devons apprendre à parler leur langue et à la traduire en langage d'aujourd'hui, ce qui n'a rien à voir avec une modernisation de leur technique mais avec leur sens.

Par ailleurs, l'habitude a été prise de faire coïncider certaines ponctuations ou certains passages musicaux avec certains gestes ou déplacements. On bougeait mal, à l'époque de Wagner et Wagner a certainement rendu la gestique théâtrale de son époque plus moderne. Il doit beaucoup au chorégraphe qu'il engagea pour le seconder, Richard Fricke, en qui il voyait le seul homme capable de mettre en scène après lui — mais la postérité a effacé ce nom des tablettes officielles. On sait en outre que Wagner metteur en scène, dans sa volonté de réalisme et de « sentiment », ajoutait quantité de gestes et mimiques qui ne figurent pas dans les didascalies. Au-delà, posons la question de l'existence, chez Wagner, de ce que Warburg nomme les *Pathosfomeln*. Les *Pathosformeln* sont des formes archétypales liées à l'expression du pathos (douleur, désir, deuil). Héritage païen de notre civilisation moderne, ces « gestes » qui traduisent les passions (bras levés, bouches ouvertes, torsions du corps, et autres mouvements superlatifs) ressurgissent d'époque en époque et constitueraient comme un « fond gestuel » dans lequel viendraient s'alimenter les artistes. À l'évidence de telles propositions existent chez Wagner, théâtrales et musicales. On en trouve l'illustration dans les photos des premiers festivals, très proches de l'iconographie héroïque ou des chromos de propagande, comme dans les accompagnements et la vocalité des cires pionnières. Elles ne relèvent cependant pas de l'œuvre mais d'une interprétation, de la monumentalisation provisoire prescrite. De ce point de vue aussi, il est évident que la période nazie, qui diffusa dans l'ensemble de la vie collective de telles manifestations corporelles, put légitimement se considérer comme la révolution attendue à l'issue de laquelle il n'existerait pas de différence essentielle entre la rue et la scène. On imagine volontiers que nous ne sommes pas tenus par ces images difficiles à manipuler aujourd'hui parce que chargées d'idéologie et qui, pour cette raison, furent écartées des plateaux du Nouveau Bayreuth — et pas seulement : le *Regietheater* refusa d'emblée de se livrer à ce pathos devenu suspect, au point que sa reconquête, aujourd'hui, sur les scènes allemandes, s'accompagne d'une réflexion sur « le droit » des Allemands à de tels affects, à de telles extériorisations, telles qu'elles ont été pratiquées sans difficulté sur les scènes américaines de

Seattle au Met. Pourtant (remarque récurrente en ces pages), les productions des frères Wagner ne différaient peut-être pas fondamentalement de celles de l'ère précédente, si l'on excepte la décoration. Mettons à part la narrativité réellement novatrice des *Meistersinger* wielandiens : pour le reste, tout se passa comme si, dans des espaces obscurs autorisant aux spectateurs d'en imaginer d'autres, le respect des mouvements-clés signait la meilleure fidélité possible à l'époque. C'est ainsi que la mise en scène wagnérienne est restée confondue avec son modèle historique, sans que l'on pousse jusqu'au bout la réflexion sur le lien entre didascalies, idéologie et contexte politique : parce qu'on a voulu considérer ces mouvements comme la traduction, en langage public, d'affects fondamentaux, sans s'interroger sur le rôle de ces affects dans la *Weltanschauung* wagnérienne, sans s'interroger sur les sous-entendus d'un retour aux mythes. Il est de ce point de vue intellectuellement inepte et très manipulateur que l'on ait pu soutenir que les productions du Nouveau Bayreuth avaient découvert les images mythologiques les plus pures, la traduction parfaite du mythe pour le siècle qui se rouvrait, sinon même accomplissaient le rêve de l'ancêtre, alors qu'elles rendaient seulement possible, synecdotiquement, le maintien du poison : fidélité suprême ?

Mythe et langages : à nouveau une question théologique.

Au troisième tome de sa *Philosophie des formes symboliques*, Cassirer écrit ceci du mythe : *« Une connaissance intuitive se trouve nécessairement au principe de toute connaissance conceptuelle, une connaissance perceptive au principe de toute connaissance intuitive. Ne doit-on pas chercher l'opération de la fonction symbolique aussi dans ces premiers degrés de la pensée conceptuelle dont l'originalité semble précisément consister en ce qu'ils recèlent une certitude immédiate et non le savoir médiat et discursif ? »*. La réalisation de l'œuvre d'art wagnérienne, de son écriture à sa représentation, est concevable comme activité symbolique. Sa force est d'une part collective, holistique, elle fonctionne par « sympathie », elle organise une dynamique émotionnelle, d'autre part elle catégorise, « objective » l'espace, le temps, la multitude des objets, relations et actions. Le mythe, qui organise une interprétation totale du monde enveloppant l'homme et sa société, présuppose et élabore une « sympathie » profonde entre l'homme et le monde, est investi de la première fonction. Mais au delà des explications mythiques, des opérations rituelles et magiques, au delà du sacré, il existe un domaine pratique, contrôlé par des routines fonctionnelles. C'est, selon Cassirer, l'une des fonctions du langage que d'organiser la réalité sous cet aspect profane, sous le régime des actions sur le monde et en fonction du succès de ces actions : d'organiser la description et l'apprentissage des routines fonctionnelles. L'autre fonction du langage est bien sûr de soutenir émotionnellement le mythe, les rites, la magie et le sacré. Cette polyfonctionnalité est précisément celle que l'on pourrait reconnaître à la musique et aux poèmes, sinon même au théâtre, étant bien compris en ce cas que la représentation joue le rôle de rituel, d'accès au sacré, de magie, sans quoi le mystère demeurera éternellement mystérieux, c'est-à-dire ne sera jamais à-même de remplir son office.

Soutien du mythe, le langage ne se confond pas avec lui. Les concepts mythiques privilégient le *survenir* et le *sentir,* c'est-à-dire la saisie et la potentialisation de l'affect, cependant que les concepts linguistiques gravitent autour du *vouloir* et de *l'agir*, qui actualisent en permanence le survenir et le sentir. En second lieu, la relation entre le tout et ses parties, traditionnellement reçue comme hiérarchique, n'est pas pertinente pour la pensée mythique : *« La partie est encore, dans le langage du mythe, la même chose que le tout, parce qu'elle est un vecteur de l'effet, parce que tout ce qu'elle subit ou ce qu'elle fait, ce qui lui advient de manière passive ou active, est en même temps une passion ou une action du tout »*. Cette équivalence admise entre le tout et la partie explique à quel degré joue l'analogie, dans la plupart des mythologies, entre une unité pluralisée, le corps humain ou le corps animal, et une pluralité unifiée, le monde sensible lui-même. Elle explique aussi, en second lieu, la dissolution fréquente de la distinction entre *qualité* et *substance* lorsqu'il s'agit par exemple de cautionner l'effectivité des rites de purification et d'expiation. Mon lecteur comprendra aisément, à ce stade, comment les trois discours nécessaires à la naissance et à l'efficience du *Gesamtkunstwerk* — à l'enlacement de l'individu à ce qui n'est pas lui et à la référence tierce — sont susceptibles de tenir le rang d'un des quatre concepts définis ci-dessus, et ce sur un rythme d'échanges incessants extrêmement rapide.

Nous avons parlé de la production de miracles : soudains, étonnants, merveilleux. Magiques. Remarquons combien ils se déroulent sur un tempo vif, combien la manifestation de leur pouvoir est si rapide, si subite pour le sujet, qu'elle abolit, virtualise le temps et la distance. Apanage de l'intervention divine : tout le contraire du *faire* humain, englué dans le temps et dans l'espace, dans la durée et la distance, la durée qui diffère et la distance qui éloigne. Partant de cette schize fondatrice entre sacré et profane, toute la question sera alors de savoir comment trouver, sur un tempo humain, la clef de l'intervention divine. Et encore : la question « comment » est sans nul doute une mauvaise question, une question d'ordre scientifique attachée à des réponses où la chronologie joue son rôle. Sans fin, Wagner invite ses héros, ses mondes et nous-mêmes à abandonner de pareilles logiques. Il ne veut pas savoir le comment, il veut nous inciter à voir le « à partir de quoi » et le « vers quoi », c'est-à-dire à comprendre le rôle de la transition entre archéologie et eschatologie, tout en exigeant que la réponse à ces questions se présente avec tous les déterminismes d'une *chose*. La pensée mythique, qui virtualisait temps et distance, virtualise ainsi du même coup la pensée scientifique et conventionnellement logique : ce qui, appliqué à la musique, renforce notre condamnation de la « musicologie de Mime » et de la musique intra-musicale. La survenance de l'objet musical au sein d'une composition d'ordre mythique ne procède pas d'une construction, elle ne repose ni sur la volonté de comprendre l'objet et son apparition, ni sur la décision de les incorporer à un ensemble complexe de causes et de conséquences : il s'agit d'une *possession* de la pensée par l'objet, qui en est *affectée* — qui accède au sentiment suprême par la douleur, *durch Mitleid wissend*. Privé de tout repère de temps et d'espace, le sujet est passivé dans son étonnement. S'il est spectateur, il ne recouvrera ses compétences actives qu'au moment où il récupérera la maîtrise de la durée et de l'éloignement — c'est-à-dire au sortir de la représentation. S'il est l'un des personnages, il va lui falloir affronter l'une des questions que l'analyse musicale classique ne peut pas poser : celle de l'origine de ce qu'il entend.

Car voici bien une donnée qui passe la plupart du temps inaperçue : les personnages wagnériens entendent la musique comme nous. C'est évident, dans le cas de Tristan réveillé par la chanson du berger (« Que vient me dire cette vieille chanson, du fond des âges ? ») ou dans celui de Siegfried écoutant le chant orchestral de l'oiseau (« Que veut-il me dire ? Peut-être un message de ma mère chérie »). C'est en réalité constant. Brünnhilde entend la « colère de Wotan », Wotan entend le thème de Siegfried sous les suppliques de sa fille, et ainsi de suite jusqu'aux situations les plus compliquées. Ils entendent, mais n'écoutent pas forcément ni ne comprennent forcément très bien, ou n'acceptent d'avoir entendu.

Spectateur comme personnage doivent ainsi affronter le schéma narratif comme donnant le sens de la vie et, notamment, d'incessantes situations de crise conçues comme la rupture de circulation entre chair, imaginaire et symbolique. Ils sont en permanence traversés par le jeu des tensions entre le moi et le non-moi, tenus de parvenir à une résolution de ces tensions, résolution qui peut le cas échéant réengendrer une tension. C'est tout le jeu des sommations (du survenir) et des résolutions (du devenir), dont les enchaînements posent en creux la question de la liberté du sujet dans l'ordre triple du croire, du faire et du sentir : est-il actif ou activé ? Le système est chez Wagner extrêmement complexe, du choix des mots, des gestes et des notes et de leur placement : syntagme gigantesque et ensemble de syntagmes, paradigme-*Weltanschauung* (choix des mots, notes et gestes) imbriqué dans son propre paradigme (choix de leur forme). Je suivrai volontiers Fontanille et Silberberg en élaborant mon catalogue des *Grundmotive*, qui tracent le schéma humain — je résume à la hache : aspiration à l'infini et expression du manque, ou comment transformer la démesure, l'excès, le trop, en ce *rien de trop* qui signera l'équilibre de l'apaisement, espéré comme définitif, de l'égalité à soi-même, payée au terme d'un procès, d'un deuil, du prix d'inclusions ou d'expulsions, où Nietzsche lisait la mesure apollinienne et Wagner l'union de Siegfried et Apollon — mais selon le double point de vue du personnage et du spectateur.

Je les suivrai aussi, s'agissant du mystère de l'origine conçu comme le cœur mystérieux de l'être mythique, lorsqu'ils posent que la structure élémentaire de la temporalité ne porte pas prioritairement sur le jeu de l'*avant* et de l'*après,* mais sur l'alternance paradigmatique et la coexistence syntagmatique du long et du bref.

Le jeu tensif du *déjà* et du *pas encore* se noue entre l'explosion brève, rapide, miraculeuse, de l'inaugural survenant (où le théologien Karl Barth voyait la visitation-révélation christique) et les séquences longues ou s'alanguissant d'un devenir en charge d'être le gardien fervent de l'éclat premier et d'en actualiser la saisie (écoutez ainsi le Prélude de *Lohengrin*). La référence théologique n'est pas fortuite. La relation fiduciaire (de confiance dans la valeur inscrite sur le moyen de paiement, qui doit être absolue) du sujet à la constante *survenir* relève de la grâce, celle qui concerne sa relation à la variable *devenir* relève de la foi (ce que nous avons vu par exemple en commentant le final de *Tannhäuser*). Commencement et souvenir actualisé en perpétuelle recherche du « vrai » commencement, des retrouvailles avec le survenu miraculeux : c'est ici toute la pratique du récit de mémoire, entre Janus et Minerve, structure essentielle de l'action wagnérienne, que nous allons rencontrer. Et d'un point de vue musical, l'alternance des temps forts et des temps faibles, des explosions non reproductibles du survenant et des répétitions du devenant, ou plus globalement des séquences de sommation et des séquences de résolution, le rythme en définitive, va éviter au mythe de n'être qu'un choc premier sans onde de choc (à nouveau, écoutez le Prélude de *Lohengrin*) donc de tomber dans l'oubli et au sujet de verser dans l'amnésie (je rappelle ce que j'ai dit dans *Richard Wagner* : la suprême tentation est de faire croire que l'oubli rend pareil à dieu). À nouveau Karl Barth est indispensable, qui affirmait que seul Dieu parle de Dieu, que la connaissance de Dieu ne se fonde pas dans une disposition humaine, que la théologie véritable n'est que l'incessante purification de la parole prêchée par l'Église, purification où il faut avoir le courage de laisser advenir la Parole de Dieu comme une brèche dans le discours théologique. J'avais d'ailleurs écrit, dans *Richard Wagner*, qu'à partir du moment où la quête chrétienne était identifiée comme quête wagnérienne essentielle, il fallait pour dénazifier Wagner, le délier du poison agglomérant Christ et Allemagne, lui fournir, bien plus qu'une explication psychanalytique ou une révision historique censées expliquer l'irruption nazie, une nouvelle pureté théologique, seule capable de nous aménager une réconciliation intime avec lui.

Comme l'écrit Silberberg sur son site, dans l'article intitulé « Aspects du mythe dans la *Philosophie des formes symboliques* de Cassirer » : du point de vue figural, le mythe de l'origine se place sous le signe du compromis et de la transaction : compromis réconciliant la permanence et le changement ; transaction entre la force sans le nombre, la «majesté» même, et le nombre sans la force, la morne uniformité, dans la mesure où la décroissance prochaine de la force est rédimée par la croissance certaine du nombre des répliques.

VITAM INSTITUERE : ÉLÉMENTS D'UNE ANTHROPOLOGIE

J'ai toujours été convaincu que *L'Ecclésiaste*, texte anonyme vraisemblablement écrit au IIIème siècle avant Jésus Christ — mais encore parfois attribué au roi Salomon — avait profondément nourri Wagner. Je ne peux pas le prouver, car Wagner ne le cite jamais, bien qu'il l'ait forcément rencontré dans les commentaires de Luther, chez Voltaire qu'il lisait mais détestait en dépit de son antisémitisme, tardivement chez Renan et, bien entendu, chez Schopenhauer. Son titre original *Qohelet* se traduirait mieux par « celui qui rassemble une foule pour l'instruire », « celui qui enseigne et dirige une *ecclesia* », en allemand *Le Prédicateur*. Il regroupe, comme on le sait, des aphorismes portant essentiellement sur la vanité de l'existence « sous le soleil du Jour » (le *neidischer Tag* wagnérien) et la nécessité de s'en tenir, dans une sorte d'abandon de toute volonté, à une incarnation sans autre certitude que le respect des commandements. Cette préconisation génère une relation assez ambiguë à ce que la plupart des exégètes appellent l'ordre mondain et certains autres, desquels je me rapproche, un double tiers désirant — Dieu, le Roi des hommes. C'est là aussi que l'on trouve la maxime bien connue *vanitas vanitatum et omnia vanita* et encore « rien de neuf sous le soleil », images de l'inanité et de la futilité tout à la fois douloureuses et, si on ne les admet pas comme fondamentalement humaines, dangereuses. C'est sa folie, Wagner écrira *Wahn*, que l'homme joue dans l'articulation de cette sagesse.

J'ouvre la plupart de mes communications en posant que les communautés wagnériennes sont menacées de décadence et d'implosion. Le terme de décadence est ici employé pour décrire un état dans lequel le lien avec les autres (ceux qui appartiennent à la communauté comme ceux qui lui sont étrangers) et le lien avec la divinité totémique sont rompus, en tout cas endommagés, comme une chaîne d'ADN dégradée. La comparaison n'est pas fortuite : ce sont aussi toute une mémoire, une généalogie, un pouvoir de reproduction ou de re-production, qui se trouvent ainsi mis en cause.

Cette décadence se développe sur une corruption de la foi. Que l'on ne croie plus à la représentativité de la divinité ni à sa parole fédératrice, que l'on n'entende plus cette parole, que plus personne ne soit à même d'en être la bouche légitime et crédible, que plus personne ou plus rien n'articule désormais la Loi, la Nature et Dieu, tout cela dit un unique état de fait.

Quant à l'implosion, elle se signale par une série d'évènements annonciateurs. Le plus évident est que l'élue de la communauté, parangon de toutes les vertus, se retrouve menacée d'être emportée ou séduite par les forces du mal, étrangères bien entendu. Les accusations de satanisme sont légion chez Wagner. Erik accuse Senta en ces termes, la Wartburg en accuse Vénus comme Tannhäuser et soupçonne Elisabeth — qui aime et défend son poète — de plaider moins au nom de la compassion divine que de ses intérêts affectifs. Elsa se voit sommée en permanence de prouver que son époux n'est pas un sorcier. Kundry sent manifestement le soufre et même le mage Klingsor, voué au diable, la redoute pour cela. Isolde, après tout, est arrachée à son pays par un ennemi qu'elle aurait dû abattre dès qu'elle l'a reconnu. Il y a quelque chose de diabolique dans la musique de Stolzing, comme on disait du rock qu'il détournait les filles de leur devoir et de la bienséance. Dans le *Ring*, l'amour de Sieglinde pour son frère est condamnable, le basculement de Brünnhilde du côté de Siegmund pourrait la livrer à « n'importe qui », enfin tant Brünnhilde que Siegfried finissent par épouser en toute légalité deux dégénérés contrôlés par le nibelung Hagen.

On ne sait plus, non plus, en ces mondes, qui dirige, tant les ordres et contrordres s'enchaînent au vent du profit immédiat. La pusillanimité de Henri l'Oiseleur en est un bon exemple : il a beau bannir Telramund, le comte et son épouse occupent en permanence le haut du pavé. Rien n'est certain, sûr, indéniable. Le *Ring* ne tient que par des empilages de pactes, contrats, traités, promesses, serments, violés aussitôt que jurés. Rien ne fonctionne vraiment : le jugement de Dieu de *Lohengrin* n'établit aucune stabilité nouvelle, la cérémonie du Graal dans *Parsifal* produit son effet, mais à quel prix ? Le procès d'Alberich tourne à la farce grossière, le Pape de *Tannhäuser* ne sait plus rien de la miséricorde chrétienne, les us de la chevalerie sont foulés au pied, progressivement, par *tous* les protagonistes de *Tristan*. En bref, c'est une pagaille généralisée comme l'est le défoulement collectif qui clôt le deuxième acte des *Maîtres*, où plus rien ni personne n'est à sa place. L'apprenti rosse le maître, le féal couche avec sa reine, le nain avec l'humaine, les héros de Montsalvat — Gawan comme Lohengrin — n'obéissent plus, la walkyrie se rebelle contre son père, l'or permet d'acheter l'amour : au-delà des affaires de morale, au-delà de la désagrégation du Droit, se trouve posée en filigrane la question de la liberté. Ce n'est pas un mince sujet.

On a toujours un peu l'impression que les communautés au sein desquelles se déroule l'action sont parvenues à un point d'équilibre qui pourrait perdurer, si un grain de sable ne venait les enrayer avec des conséquences en cascade que plus personne ne peut maîtriser. Wagner ouvre toujours son rideau au moment où, déjà, il est trop tard. Mais il ne l'avoue pas d'un coup, parce que la question du récit à faire concernant cet instant fatal détermine complètement la nouvelle raison qui pourrait en sortir et structure la progression de l'action : pendant la quasi totalité de la pièce, vont s'affronter des propositions en apparence contradictoires, toutes en fait aussi mensongères ou incomplètes les unes que les autres.

Invoquer un « grain de sable », c'est refuser de reconnaître comment ces communautés se sont fondées : précisément, sur un grain de sable, un petit caillou. On trouve, à l'origine de toute communauté wagnérienne, le scandale — au sens théologique —d'une violence. Et puis vient la violence de la goutte d'eau qui fait déborder le vase, sur laquelle se focalise l'attention de tous. Cependant la violence originelle a permis à un système de s'instituer, que, du coup, nous avalisons comme s'il était naturel. Les exemples ne manquent pas, le plus flagrant d'entre eux étant la scène d'ouverture du *Ring* : on a vraiment l'impression que le vilain nain Alberich va porter le malheur dans le monde, alors que ce monde a été depuis longtemps tout à la fois saccagé et organisé par Wotan. En telle sorte que je renverserais volontiers la formule : ces communautés sont parvenues à un tel point d'ébullition qu'il faut faire baisser brutalement la température. Je dirai la même chose autrement : toutes les sociétés wagnériennes sont en guerre contre un ennemi bien réel ou contre un ennemi de principe, dont l'existence, avérée ou redoutée, justifie tant les mesures préventives que celles d'exception — la violence se donne toujours comme réplique juste à une agression.

Il est indispensable de prendre conscience de deux faits extrêmement importants. Tout d'abord la reconnaissance, par l'œuvre wagnérien, de l'omniprésence de la violence, n'est perçue comme problématique qu'à partir du moment où cette violence n'est pas organisée, canalisée, réservée à des élus : « instituer la vie » est alors refonder un système où s'articuleront à nouveau une économie de la dette, un montage de discours et d'images, un échafaudage juridique, une religion et un État. À tous les étages de ces montages, comme dans les mathématiques fractales, se reproduisent les mêmes étapes fondatrices d'une culture persuadée de son potentiel universel et absolu. C'est pourquoi on ne peut étudier l'œuvre wagnérien sans user, au prix de quelques répétitions ou retours sur un sujet, d'une pensée hélicoïdale. Mais, second point, Wagner arrive bien vite à la conclusion que ces réinitialisations institutionnelles, censées faire retomber la pression violente, restent gouvernées par elle : où trouver, alors, la clef qui permettra d'enfermer la violence à tout jamais ? L'objet du chapitre qui s'ouvre est d'illustrer ce débat plus hégélien que cornélien.

GUERRES, FORTERESSES, ESPACES DU SOI ET DE L'AUTRE

Saintes casernes.

Henri l'Oiseleur vient lever des troupes en Brabant après avoir enrôlé Saxons et Thuringiens. Il a déjà affronté les Danois, il entend porter le coup fatal aux Hongrois et ne fait aucun mystère de sa politique : à l'Est comme à l'Ouest, étendre la puissance allemande. Nul ne prête attention aux réserves exprimées par quelques nobles : pourquoi attaquer des gens qui ne menacent pas ? Le moment choisi par Wagner pour douter, par leur bouche, de la nécessité de nouveaux combats, ne permet aucun débat : les quatre affidés de Telramund, à cet instant, ne peuvent être regardés que comme des traîtres et des couards, sinon même des sots. Lohengrin, en partant, prendra soin de prédire d'écrasantes victoires allemandes.

Les artisans et bourgeois de Nuremberg, lassés d'être moqués et détestés pour leur sens des affaires et leur peu de cœur, décident de blanchir leur argent en offrant à la Muse-Baal leur vierge la plus chère. Qu'ils prennent soin de s'en réserver la consommation ne change rien au fait qu'il s'agit d'une mesure défensive, propice à relancer le commerce. Je veux noter dès à présent que l'enjeu, bien vite, dépassera le marketing pour toucher à la pérennité de l'Allemagne : son organisation sociale, sa culture, sa foi, sa capacité universelle. La musique est très explicite : Sachs, pour décrire les dangers qui menacent sa ville, emblématique de sa patrie, recyclera les formules musicales employées par Pogner pour défendre l'honneur des maîtres bourgeois. Tristan multiplie les exploits : à l'évidence, il s'agit de conquêtes devant en toute logique aboutir à la libération définitive de son pays soumis au tribut irlandais. Lorsqu'il évoque la guerre passée contre les Guelfes, Hermann de Thuringe précise qu'elle était dictée par la conservation d'une liberté et d'un patrimoine.

L'édification de Montsalvat n'est pas celle d'une cathédrale ni d'un monastère mais d'un domaine militaire où se réfugient, pour protéger leurs reliques, ceux dont la foi est menacée par les triomphes païens. De ce camp retranché, quasiment furtif, ils mèneront des expéditions de commando.

Lorsque Wotan découvre son burg achevé, il n'y voit d'abord que la majestueuse affirmation d'un pouvoir éternel et universel fondé sur l'exclusive détention, par les dieux, de la lumière et du principe du vouloir-vivre, l'amour. Par contre, au moment de le baptiser Walhall (littéralement *le château des choisis*, par allusion aux héros que les walkyries recruteront ou déroberont sur les champs de bataille), il en fait aussi le centre de commandement d'une armée de mercenaires censée protéger la cohorte sainte contre les forces de l'obscurité, les Nibelungs. Lorsque j'ai écrit pour Maurice Béjart le scénario de *Ring um den Ring*, j'ai introduit la Chevauchée des Walkyries juste au moment où, dans *Rheingold*, on entend pour la première fois le thème de Nothung. À l'opéra, c'est évidemment impossible : il faut cependant trouver une image qui indique le changement d'affectation du burg, qui transforme à vue une sorte de Versailles et de temple de Freia en caserne. C'est sans doute un moyen de donner un sens dramaturgique fort aux épisodes musicaux de Donner et Froh. Béjart l'avait fort bien fait : Donner, aux accents très militaires de son air — une marche a été écrite à partir de ce thème, que Guillaume II, par ailleurs, employait comme klaxon — inventait un pas de défilé qu'allaient reproduire les guerriers capturés et embrigadés, tandis que Froh déployait des oriflammes. On était loin du naturalisme un peu simplet auquel on assiste en général. Cette débauche de prouesses accomplies sur les éléments — nuées, orage, arc-en-ciel, pont lumineux — a précisément pour fonction de dissimuler la réalité au reste du monde derrière une certaine esbroufe, et je souris toujours de voir comment beaucoup de réalisateurs emboîtent le pas à Wagner et collaborent à sa propagande. Simplement, parce que personne ne s'avise de traduire le nom du château et d'en tirer les conséquences. La façade peut rester celle d'un palais, encore faut-il faire comprendre ce qui se passera derrière. Cela, c'est la musique qui le dit, emboîtée à un texte peu anecdotique et encore mystérieux au final de *Rheingold* : on entend le motif de l'épée.

Mais les premiers auditeurs ignoraient de quoi il s'agissait et un auditeur qui n'a pas lu d'explications préalables l'ignore pareillement de nos jours. C'est un point sur lequel Judith Gautier a titillé Wagner : comment pouvait-on saisir la « grande idée » de Wotan si l'on ne *voyait* pas un indice ? Elle lui a fait ensuite observer que son indication scénique rajoutée au projet originel — Wotan brandit une épée — restait incompréhensible. D'où venait cette épée ? Wagner a inventé une origine nibelung à cette arme : absurde ! En ce cas, Mime devrait savoir la reforger. Il a même précisé que Fafner l'oubliait en partant, détail ridicule d'un « réalisme » qui minore la pensée de Wotan comme le plan d'Alberich, fondé sur l'attrait de tous pour de l'or, pas pour des babioles et surtout pas des babioles puissantes. Doit-on imaginer que Wotan va bricoler cette épée pour la doter de codes magiques nouveaux et la rendre incassable, comme on le dit d'un logiciel ? J'ai entendu de tels scénarios, de la part de défenseurs intégristes des didascalies, c'est à dormir debout. Il est amusant en tout cas de voir Wagner metteur en scène empêtré dans les questions que se pose n'importe quel metteur en scène, finissant par faire un choix de portée immédiate mais dramaturgiquement faux. Ce geste inepte, cependant, a longtemps perduré sur les plateaux inspirés par la fidélité. Quoi qu'il en soit, les braves volés au monde à partir de ces bunkers finissent par aller au Walhall — c'est ce que promet Brünnhilde à Siegmund — et il faut donner au pouvoir wotanien les deux types d'architecture qu'il réclame — les trois, si l'on compte la façade. Il n'est évidemment pas neutre que le nom du burg jaillisse en même temps que le thème de l'épée des Wälsungs, *Wunschgeschlecht*, littéralement race choisie par Wälse, « celui qui choisit ».

Nous n'entrerons toutefois jamais dans le Walhall et ce n'est certainement pas un hasard si Wagner s'est privé de cette image, de la salle des héros que décrit Waltraute à la *Götterdämmerung*. Elle n'est pas l'essentiel : il faut plutôt imaginer comment, en tant que Wälse, Wanderer et autres personnalités qu'il aura empruntées, Wotan possède un peu partout des sortes de bunkers montagnards d'où il dirige ses affaires, en secret. L'irruption de Fricka au deuxième acte de *Walküre* (*Wo im Berge du dich birgst* — « là où tu te caches dans les montagnes ») devrait être un moment d'ahurissement, comme si elle découvrait une garçonnière, un laboratoire secret, son mari tel qu'elle ne l'a jamais vu dans son costume de commandant, en couple avec sa fille, dans un environnement n'ayant rien de commun avec Walhall. J'avais été assez impressionné, dans le même ordre d'idées, par une scène du *Siegfried* réalisé à Copenhague par Kasper Holten : Wotan rend visite à Erda agonisante, et on a le sentiment très fort, insupportablement étouffant, qu'il connaît cette chambre par cœur, que chacun des objets est une mémoire. Tout juste s'il ne débranche pas, en partant, les appareils permettant à sa vieille maîtresse de survivre.

Les ennemis de l'intérieur.

Bien entendu, l'ennemi extérieur bénéficie de complicités à l'intérieur, une sorte de cinquième colonne chargée de semer doute et confusion ou de programmer des attentats. Ces « traîtres » disposent de moyens de propagande et d'action parce qu'ils relèvent d'une autre scène référentielle, d'un autre totem, au fond tout aussi légitimes qu'un autre. Il faut ainsi affirmer que la lignée des Radbod adorateurs de divinités païennes a autant de droits sur l'héritage du Brabant qu'une famille chrétienne. Le *Journal* de Cosima du 21 juillet 1871 nous renseigne d'ailleurs sur le choix du nom Radbod pour la lignée d'Ortrud : *« Il me parle de Radbod, le prince frison qui se précipita hors des fonds baptismaux où il venait juste de mettre un pied quand il apprit qu'il ne retrouverait pas son père aux cieux parce que ce dernier était païen (Siegmund !) ; et c'est pourquoi, dit-il, il a fait d'Ortrud, païenne mal convertie, la descendante de Radbod. La conquête romaine avait été beaucoup plus humaine [que la chrétienne] : ils n'avaient imposé aucune religion* ». Bien entendu, un metteur en scène devrait faire quelque chose de cette information qui n'a pourtant aucune conséquence décryptable dans le livret et qui renvoie vers les échecs de la christianisation forcée : moins à la manière de Freud que pour montrer comment des catéchismes absurdes et légalistes conduisent, comme dans *Parsifal* ou *Tannhäuser*, à des impasses violentes.

Il lui faudra aussi montrer que l'asservissement à l'or est de même nature que l'asservissement à l'amour. Que la poésie selon Beckmesser n'est pas forcément plus ridicule que les envolées de Stolzing ou les chansons de rue de Sachs (dont Wagner ne nous donne rien à entendre d'autre sinon, mais c'est essentiel, un chant inspiré par Luther). Dans *Tannhäuser*, le chant de concours de Wolfram commence par un salut aux nobles et vaillants guerriers allemands, faisant écho au discours de bienvenue du Landgrave qui, explicitement, dénonçait l'existence de dissensions pernicieuses au sein du pays. Dans le *Hollandais*, on peut imaginer que la simple survie économique est un ennemi de chaque jour : je me suis souvent expliqué sur le second choix que personnifie Erik le chasseur, en tant que système nourricier de substitution, cet Erik qui se pose en « souffrant » pour arracher à Senta une promesse inspirée par la compassion — et tant pis si cet ersatz vole en éclats dès que paraît l'original. Au-delà de ces *collaborations* objectives ou subjectives, on assiste surtout à une métastase des mécaniques de désir et d'envie, une contagion extrêmement rapide et de plus en plus trivialement violente.

Alors, des forteresses : de Cicéron à Jean Bodin, de Carl Schmitt à Clausewitz, la robustesse d'un système se mesure à sa capacité dissuasive et agressive. Chaque système est, à l'image de sa divinité, une forteresse : que cette divinité soit effectivement un dieu ou qu'elle soit, par les transferts du religieux vers un monarque ou un dictateur, un homme investi de la fonction totémique. L'Oiseleur, Wotan, Titurel, Sachs, sont des bâtisseurs et des chefs, au vieux sens de têtes. Hermann, Marke et même Daland figurent eux aussi un édifice culturel. Les châteaux wagnériens n'échappent donc pas à la règle. Wartburg, Anvers, Walhall, burg des Gibich, Montsalvat, palais de Marke, Kareol. Mais aussi Nuremberg, dont les représentations sont celles d'une cité fortifiée, le village norvégien entre digues et falaises. Et encore Nibelheim, Neidhöle, le rocher de Brünnhilde, souvent décrit comme une salle entourée de flammes au haut d'un éperon rocheux, la grotte de Mime, celle de Vénus, la tour de Klingsor, la cabane de Hunding. En fin de compte, nous nous trouvons toujours au pied ou à l'intérieur d'un mur. Il ne s'agit pas d'un décor d'opéra classique, d'une simple indication topographique et esthétique, mais bien du décor wagnérien fondamental. Il est peut-être significatif que des gouvernants aussi fascinés l'un que l'autre par l'architecture — bien que fort différents — Louis de Bavière et Hitler, aient aussi été des wagnériens. Wagner envisagea d'ailleurs un temps pour son fils le métier d'architecte.

La cathédrale de Sienne.

Fidi — le surnom de Siegfried — a en fait été promis à quantité de métiers, dont celui de chirurgien qui devait lui enseigner une compassion robuste d'âme. Mais ce que l'on retient surtout des confidences notées par Cosima dans son *Journal*, c'est que Wagner redoutait que son fils passe son enfance entouré de femmes (mère et sœurs) et ne se féminise trop. Il pensait peut-être à sa propre expérience. Il envisagea de placer l'enfant en « internat » chez Nietzsche, qui aurait été son précepteur, pour qu'il ne devienne pas *« un crétin comme le roi de Bavière »* (*Journal* du 5 novembre 1869). Toujours est-il que Fidi est devenu, comme on le sait, bisexuel — et loin de moi la pensée que Cosima en soit l'unique responsable, si tant est que l'idée d'une responsabilité ait quelque sens. Il faut lire en tout cas le *Journal* de Cosima, les récits qu'elle fait des séjours en Italie et des visites guidées organisées pour Fidi avec la complicité de Joukowsky, le décorateur de *Parsifal*, pour mesurer combien Wagner, qui avait un avis docte sur tous les sujets, multiplie les remarques sur la peinture et l'architecture. Je suis certain que Cosima a pris pour argent comptant tout ce qu'elle transcrivait et en a inféré, en tout cas, qu'il était de toute première nécessité de conserver à la décoration son aspect minutieux. C'est d'ailleurs au cours du voyage en Toscane de 1880 que Richard éprouva un véritable choc en découvrant la cathédrale de Sienne et en associa aussitôt le chœur à *Parsifal*. La cathédrale de Sienne a ainsi servi de référence explicite au décor du temple. J'ignore quel était, au milieu du XIXème siècle, l'état des recherches sur le message doctrinal et figuratif de l'édifice. Cette cathédrale en tout cas, notamment par son pavement, ambitionnait de représenter une histoire du temps, de l'homme et de son salut sans hésiter à mêler aux épisodes du Nouveau Testament les figures des grandes Sibylles, Hermès Trismégiste — qui accueille le visiteur — comme des représentations de l'Orient et de l'Occident : en bref une généalogie de la sagesse conduisant imparablement au sacrifice du Christ. Ce décor, caractéristique du Bayreuth pionnier, a fait pendant très longtemps l'objet d'une conservation pieuse, jusqu'à ce qu'on se contente de colonnes et avant de passer à d'autres espaces. Mais il me semble que personne n'y a vu autre chose que de l'architecture, alors que ce bâtiment est une méditation, une médiation, un destin. Wagner, c'est entendu, n'a pas exigé de Joukowsky une reproduction fidèle : il lui suffisait sans doute de citer un extrait de la cathédrale pour en avoir synecdotiquement l'ensemble à l'esprit. Quelque chose lui parlait là, mais sans doute ce message-là est-il passé totalement inaperçu. J'ignore en revanche s'il sut pourquoi cet édifice resta inachevé : la peste frappa la ville, ses habitants y virent une punition divine de leur arrogance et interrompirent leurs travaux en signe de repentir. Déjà ou encore non pas une ruine : plutôt une invitation à peser l'inachevé dans l'art dans son rapport avec l'inachèvement de l'histoire réelle. Une fin qui tarde, ou un commencement qui perdure ?

Eaux et forêts.

À ces murailles répond systématiquement l'espace liquide du « tout peut arriver » — au sens de « tout arrive par là » : la crique de Sandwike, l'océan tristanien, l'Escaut, la plage du Venusberg, le Rhin, le lac ou la source parsifaliens, la Pegnitz comme nouveau Jourdain.

De l'eau, une forteresse — de rocs ou de pierres taillées. Avec cela, on peut jouer tout Wagner.

Et la forêt ? Je sais bien que la forêt est indissociable de l'iconographie attachée à Wagner. Mais regardons de plus près. Pas de forêt dans le *Hollandais*, ni dans *Lohengrin*, ni dans *Les Maîtres*, ni dans *Rheingold*. Celle du premier acte de *Walküre* ressemble à celle où se dissimulent Marke et ses preux : labyrinthe fléché, camouflage, illusion de nature, elle regorge de présences et j'en dirais autant de celles de *Siegfried* et *Parsifal*. Siegfried meurt davantage au bord du Rhin que dans un sous-bois, l'enchantement du Vendredi Saint concerne plutôt des prairies, des fleurs, une *gaste lande* assoiffée, que des futaies. Ces forêts me paraissent donc terriblement humaines, botaniquement artificielles et je les traiterais comme telles sur un plateau. Ce sont des espaces d'envie, d'espionnage, où rôde la mort. Je me souviens de quelques images du film de Robert Bresson, *Lancelot du lac* : ces chevaux errants ou montés par des morts qui, à chaque arbre ou clairière, croisaient des corps mutilés, agonisants. Nul ne peut croire, par exemple, que Siegfried soit le premier à tenter sa chance face à Fafner : Neidhöle pourrait ressembler à un champ de bataille, un cimetière.

Il ne faut donc pas fantasmer la forêt wagnérienne, qui n'est que l'habillage, le camouflage, d'un labyrinthe ou d'un domaine violent, quand bien même le printemps y viendrait parfois suggérer une chance, très illusoire ou fort peu naturelle, d'échapper au destin. Gardons-nous de confondre l'avril, saison de durée limitée parmi d'autres saisons, avec un renouveau transcendant et libre de tout lien. Son irruption nous invite en revanche systématiquement à méditer les affaires de retour, de recommencement, de vouloir-vivre et de généalogie, c'est-à-dire plutôt des montages devenant catastrophiques s'ils ne sont pas éduqués à la Raison, aux interdits, à la perte — à l'altérité et au rôle de l'entité qui articule l'autre et soi au sein d'un système.

Le thème de l'Arbre me paraît en fait plus important que celui de la Forêt. L'arbre à la Vierge de *Tannhäuser*, le chêne de la justice dans *Lohengrin*, le Frêne du *Ring*, le tronc qui soutient la cabane de Hunding, le sapin de Brünnhilde, les branches où niche l'oiseau de *Siegfried*, le sureau et le laurier des *Maîtres*, sont des variantes d'arbres de la sagesse et de la généalogie — ce qui revient au même. On peut facilement concevoir, comme l'avait fait Jean-Pierre Ponnelle à Bayreuth, que Tristan et Isolde se réfugient au deuxième acte sous de gigantesques ramures ou que Tristan agonise au pied d'un tronc fracassé. On peut aussi, comme dans beaucoup de productions, remplacer le jardin ou la clairière de *Parsifal* par un arbre unique. Tout cela fait sens. Le terme de sagesse, que j'emploie ici, est équivalent de celui de Raison, tel que déjà défini.

Des espaces jumeaux, opposables deux par deux.

Forcément, l'existence d'interdits, de limites, révèle l'existence d'une norme, d'un Droit. Et avec eux de juges et de codes (au moins tacitement) reconnus par tous. Elle fixe les conditions de l'inclusion et, plus encore, des exclusions par lesquelles les cultures définissent leur propre identité — l'identité n'étant jamais qu'une relation. Les sociétés wagnériennes manœuvrent ainsi puissamment quantité de contrats et de lois, de promesses et de malédictions. Elles font aussi un usage forcené du récit identitaire et généalogique : qui impose sa vision des causes et des effets, son origine référentielle, son « au nom de », son idée de l'Histoire, détiendra, selon l'usage qui en sera fait, les clés du pouvoir ou du salut.

Les wagnériens ont toujours aimé un certain manichéisme : le blanc s'oppose au noir. En réalité, les forteresses s'opposent et se ressemblent, se copient, jouent une perpétuelle surenchère. Elles sont le modèle et l'obstacle les unes des autres. Aucun de ces binômes n'est équilibré en soi : l'équilibre n'existe que dans un mouvement perpétuel de transformation, comme un jeu de main chaude infini mû par l'espoir d'écraser définitivement la main d'en-dessous. Le choix n'est pas donné, sinon en apparence ayant pour fonction de susciter l'apparence du neuf, de préférer tel burg à tel autre. Le seul choix qui pacifierait vraiment consisterait à mettre un terme à la logique d'imitation. À cette seule condition on cesserait de tomber de Charybde en Scylla, et réciproquement. La communication entre ces pôles est incessante : elle est le véritable trafic humain, elle empêche la réalisation de tout compromis viable durablement. On peut donner à la tour de Klingsor une autre forme qu'au temple du Graal, mais en vérité nous sommes dans des espaces superposables et j'en dirais autant de tous les pseudo-binômes repérables.

Le désir envieux joue pleinement ici son rôle : chaque système désire quelque chose de l'autre. Chacun ne vise au fond que la promesse d'un pouvoir absolu et universel : de détenir d'une seule et unique poigne tout et son contraire, à la manière de Wotan écartelé entre Wotan, Wälse et Wanderer, contraint de penser et agir sans fin contre et pour lui à la fois. Sur un mode comique : à la manière de Beckmesser, persuadé que l'union de la poésie volée — qu'il imagine être de Sachs — et de ses propres notes de musique réalisera le Grand Œuvre alchimique. Je me retiens de citer ce que Wagner écrivait du talent artistique juif, ses commentateurs ne se sont pas sentis illégitimes en condamnant comme ils l'ont fait la musique dite dégénérée avec des mots que l'on croirait directement empruntés au *Journal* de Cosima.

Texte et notes enfin, je le rappelle, sont aussi deux forteresses. Leur union en partition ne constitue pas une œuvre en soi mais le socle d'une œuvre, le lieu du trafic désirant, de l'imitation-opposition. Il n'existe d'œuvre qu'interprétée, c'est-à-dire médiatisée par un tiers capable non seulement de traduire la copulation des mots et des sons dans un autre langage — celui des signes visibles et de leur ritualisation — mais de prendre en charge ce transfert vers les spectateurs. C'est dire à quel point l'œuvre est une mise en abîme.

Des tombeaux.

Le statut des morts est l'autre face de la monnaie humaine et les nouvelles forteresses, celles qui renaissent à la fin des œuvres, ou ce qu'il en reste, sont comme les tombeaux des prophètes : ceux dont le Christ dit aux Pharisiens « vos pères les ont tués et vous, vous bâtissez sur ces tombes ».

Au jeu de la guerre, il y a des morts et des survivants, des sacrifiés et des victimes collatérales. On peut aisément décrypter les mécanismes par lesquels tombent les victimes, y compris avec leur propre assentiment. La dramaturgie se focalise sur elles, développant un discours de la souffrance, du renoncement libérateur, de l'abandon salvateur, qui permet d'occulter la théorisation, par les survivants, de l'aventure : sa récupération, sa réécriture à des fins édifiantes, au sens littéral du terme. C'est là d'ailleurs que le théâtre contemporain a semé le doute, refusant de tenir pour acquise la conversion des systèmes visités.

J'ai repéré, comme l'un des premiers symptômes de décadence, l'enrôlement des héros principaux, au moins un temps et au moins selon l'opinion des communautés auxquelles ils appartiennent, au service de ce que, pour l'instant, nous appellerons les forces de dérèglement. En s'attachant à ces rebelles, en décrivant par le menu leurs affres, Wagner ne donne à voir qu'une partie des cartes qu'il joue : celles que manipulent les sublimes perdants. Il masque ainsi la réalité des enjeux, qui concerne bien davantage l'avenir collectif que le destin de quelques individus. Qu'importe, par exemple, que Stolzing et Eva s'entendent bien en ménage ou, même, se marient, dès lors que la *Festwiese* a couronné Sachs et expulsé Hanslick — pardon : Beckmesser. Qu'importent les véritables causes de la mort de Tannhäuser et Elisabeth, de Tristan et Isolde, puisqu'une autorité tire pour eux et en dépit d'eux la leçon officielle de l'aventure, celle qui permet un futur. Je veux poser que les vainqueurs ne sont pas ceux qui meurent mais ceux qui survivent, car c'est à eux qu'il appartient de tirer les leçons. Nous faisons partie des vainqueurs en tant que spectateurs et, parmi nous, les médiateurs (metteurs en scène, chefs d'orchestre, chanteurs) ont une responsabilité majeure. Je veux dire aussi que les notions de renoncement, de régénération, de rédemption, de délivrance, doivent être considérées du point de vue des survivants autant que du point de vue des morts, et que les deux discours ne se recouperont pas forcément. L'ambiguïté du message wagnérien est tapie là, au demeurant.

Rêves et regards, une prémonition de l'altérité.

L'espace du rêve prend, chez Wagner, des formes multiples. Beaucoup de personnages se rencontrent en rêve avant de se voir dans le réel. Senta passe ses jours à soupirer devant le portrait du Hollandais. Erik, dans un cauchemar, voit l'union de Senta et du Hollandais. Le Hollandais avoue que, « du fond des âges, l'image de cette jeune fille vient vers lui ». Elsa s'endort en priant et voit Lohengrin en songe, debout dans sa nacelle tirée par un cygne. Eva remarque la ressemblance de Stolzing avec le portrait de David peint par Dürer, qu'elle ne cesse de regarder. Stolzing de son côté trouve le sujet de son *Preislied* dans un rêve qu'il vient de faire. Sieglinde voit plusieurs fois son frère Siegmund en rêve. Parsifal entend sa mère prononcer son vrai nom pendant qu'elle rêve. Tannhäuser décide de quitter Vénus parce qu'il a rêvé de la Terre. Brünnhilde endormie ne rêvait que de Siegfried.

Le rêve est une autre forme de mémoire, au sens wagnérien où la remémoration actualise passé et futur. C'est un passage. Un couloir conduisant à l'incarnation, à un bref instant de présent authentique où le temps se suspend brièvement parce que soudain tous les temps humains se superposent. Lisez en ce sens les délires de Tristan, où il raconte ce qu'il a vu tant qu'il était plongé dans le sommeil, entre la vie et la mort.

Proche du rêve et des tableaux, le miroir d'un ruisseau où Siegfried se regarde, prenant conscience de son être, de ce qui est lui et de ce qui n'est pas lui — de ce qui est Nibelung et de ce qui est Wälsung, de sa filiation par conséquent. Le rôle de ces espaces dans l'établissement d'une généalogie est absolument manifeste.

Existe encore le regard. De nombreuses didascalies en font mention, que la musique souligne. Celui qu'échangent Tristan et Isolde contient tout : le coup de foudre, la certitude immédiate que rien n'est envisageable entre eux, le désir, aussitôt, de mourir pour échapper à cet enfer, l'impossibilité de tuer l'être aimé ou de le livrer. Ceux qui lient d'emblée Siegmund et Sieglinde, qui portent dans leurs yeux, remarque Hunding, « une même étincelle ». « Mes yeux te virent et je sus que tu étais innocente », dit Lohengrin, et tant pis si ce n'était pas à lui d'en décider : comprenons que le désir de Dieu pour l'innocence d'Elsa le brûle lui, comme s'il s'instituait là le rival de Dieu. Je ne dresserai pas la liste de tous les exemples. Ces rêves sont des scènes où tout est possible, où l'homme peut se croire maître de l'absolu, carrefour de tous les temps et de tous les espaces. Ni vie, ni mort, ils doivent à un moment revêtir un corps, endosser la problématique de la chair, du vouloir-vivre, et au même moment apprendre que, incarnés, ils ne pourront conserver tout leur pouvoir. Je le redis : un seul a l'apanage de cette globalité. Dieu.

Le diable dans le bénitier.

Dieu. C'est ainsi que peut s'expliquer la formule de *Parsifal*, « ici le temps devient espace », la cérémonie du Graal convoquant tous les chemins, tous les moments, dans l'unité de la compassion universelle. Mais bien sûr, ce n'est pas ce que voit Parsifal. Il voit un vieillard autoritaire, agonisant éternellement, qui humilie et punit son fils, il voit un prêtre qui souffre quand tous exultent, un contact avec Dieu qui stigmatise atrocement, des chairs purulentes, un pardon qui ne vient jamais alors qu'on vient de l'admonester pour le meurtre d'un cygne. Cette théâtralisation, cette scène socialisée, est épouvantablement violente. Entre la scène du rêve et celle-ci devrait intervenir le tiers garant, une figure de Père, une figure divine, un emblème-totem, le Graal : or le Graal est contraint, asservi, réduit à sortilège, et appelle au secours en dénonçant les mains souillées qui le manipulent.

Cette dissociation des corps physiques, cette dissociation du corps divin représenté par l'association de la lance et du Graal, traduit un chaos effroyable où le diable lui-même pourrait parvenir à faire luire le Graal, mais surtout la dissociation de la communauté qui n'a plus d'autres repères temporels que l'heure du bain et des onguents, plus d'autre ennemi avéré que son prêtre entêté, prêt à tout entraîner dans son suicide. La plus extrême sauvagerie règne ici, ce n'est pas le moindre des paradoxes que de voir la confrérie la traquer chez les étrangers — Kundry, Parsifal — pour l'extirper violemment si possible. Nous sommes hors de la Raison. Entendez ce terme comme il convient : un espace où les interdits, l'inceste, ne sont pas la règle délirante. C'est au fond une assez convenable traduction pour le *wissend* de la formule *Durch Mitleid wissend, der reine Tor* — « par compassion s'instruisant, le pur dépourvu de malice ». Conquérir cette Raison, qui doit être à la fois la Raison du monde et la raison de vivre, est le challenge vital auquel s'essaient tous les héros wagnériens. Tant que la Raison du monde est pour eux une raison de mourir, interrogeons-nous : quel élément de l'équation devons-nous modifier ?

Le diable lui-même pourrait parvenir à faire luire le Graal : telle est l'ambition affichée par Klingsor, mais je vais aller plus loin. Par l'intermédiaire de cette blessure que nulle médecine humaine ne peut refermer, le diable s'est invité comme hôte permanent aux cérémonies de Montsalvat. C'est lui qui fait marcher la machine, qui fait bouillir la marmite sacrificielle. Personne ne le montre ainsi — sauf moi, dans une mise en scène à Nantes — mais ce que j'écris là est éminemment théologique et renforce la *tiefste Klage* du Sauveur entendue par Parsifal en son cœur. Le Christ, en faisant éclater aux yeux de tous son innocence, en refusant tous les miracles de représailles violentes qu'on lui suggère, dénonce le mécanisme des boucs émissaires, de la violence mimétique, par lesquels Satan tient le monde. Il dénonce la fabrication, par ces sacrifices, de dieux de la revanche et de l'envie, superficiellement pacificateurs. La cérémonie du premier acte de *Parsifal*, je le redis, est extrêmement sacrificielle, dans un sens presque païen. Je l'avais montée comme une répétition de la crucifixion, Amfortas fouillant la plaie du Christ pour en extirper le Graal. Pour glorifier cette victoire du Christ, Dante a écrit que, sur la croix, ce n'était pas Jésus qui agonisait, mais le désir, l'envie, qui avaient été cloués. Je pense que le signe de croix par lequel Parsifal ruine le jardin aux désirs de Klingsor pourrait être traduit par une crucifixion du mage, mais encore faudrait-il que personne n'y voie un bon vieux lynchage — quelque chose de plus mystique. Remarquez enfin que, au troisième acte, lorsque Amfortas réclame de mourir sous le glaive des chevaliers dans le plus pur sacrifice victimaire qui se puisse, dans un usage de la violence « à l'antique », Wagner renvoie en soutien toute la musique de Klingsor. Dans le cas de *Parsifal*, le terme de l'équation qui doit être changé est en tout cas l'organisation de la première cène, qui en reflète le sens caché.

À cette affirmation, certains wagnériens m'opposent systématiquement : « ce sont les thèses de René Girard que vous reprenez là, mais Wagner n'a jamais rien écrit de tel ». Wagner a écrit un livret que bien des commentateurs ont essayé d'ouvrir avec différents couteaux de camping intellectuel : rosicrucien, maçonnique, eugéniste... Mon application, à Wagner et en particulier à *Parsifal*, des thèses de Girard que je reprends entièrement à mon compte d'auteur, a l'énorme avantage de fonctionner, de ne forcer aucune serrure et de les ouvrir toutes. À mes contradicteurs je répondrai que si, dès que l'on parle de théologie, ils m'opposent des conventions lyriques sans signification, je me demande bien pourquoi Wagner a écrit un livret si bavard, si truffé de concepts incompréhensibles par qui n'a pas lu ses textes théoriques. En revanche, si dès que l'on touche à un moellon du décor d'origine, ils exhibent les lois qui protègent les monuments historiques, j'éprouve des difficultés à lier les deux attitudes. Mettons, je vous en prie, le sérieux à sa place et l'accessoire à la sienne.

Le sacrifice de soi à un État chrétien. Vers une nouvelle fondation religieuse.

Pour décrire les mécaniques de fondation et de refondation des systèmes wagnériens, je cite souvent la phrase de René Girard : faire du sacré sans procéder à des sacrifices. Je pense qu'il est clair pour tout un chacun que les sacrifices à bannir sont ceux, collectifs, de victimes émissaires expiatoires, dont la mort rituelle ramène une paix provisoire au sein de la communauté et qui, pour cette seule raison, sont déclarées d'inspiration divine. Il faut insister sur un point : ces victimes sont innocentes des crimes dont on les accuse. Wagner en était convaincu, voici par exemple un extrait du *Journal* de Cosima, en date du 2 août 1878 :

« Au petit déjeuner, [R.] s'amuse beaucoup de l'expression de Strauss : 'L'histoire ne saurait que faire' d'un Jésus innocent. Le rapport absurde de l'histoire à ce personnage et le mode d'expression l'amusent beaucoup ».

Toutefois, il y a toujours quelque chose à sacrifier pour parvenir au salut — gardons ce mot pour le moment : quelque chose d'intérieur, d'intime, où niche le propre rapport de l'élu(e) à la perte d'un désir de toute-puissance, sa soumission à un tiers référentiel. Il s'agit du mécanisme fondamental de toute organisation religieuse et, même, de toute organisation humaine : la laïcité n'est qu'un transfert de compétences qui, en principe, met à égalité toutes les religions devant l'État — c'est un point sur lequel nous devrions méditer aujourd'hui. Autant la culture laïque tire son origine de l'organisation de l'Église romaine, laquelle a pillé le droit romain inemployé, et donc fonctionne avec cette Église en terrain connu, autant il est presque impossible à nos sociétés occidentales d'intégrer, sans leur demander de renoncer à une part d'elles-mêmes, les deux autres religions monothéistes que sont le judaïsme et l'islam. Et ce pour une raison très simple : ces deux religions ne font aucune différence entre leur texte sacré et leur code juridique, entre une vie spirituelle et une vie civique, tandis que la religion chrétienne, en se déjudaïsant, a dû inventer un Droit, une technicité juridique, un mode d'emploi au quotidien du groupe, qui n'occupent pas, dans les grands textes des origines chrétiennes, la place occupée dans le Coran ou la Torah.

Pierre Legendre insiste beaucoup sur l'importance de cette séparation de l'Église et de l'État, qui recouvre la distinction entre la gouvernance des âmes et celle des corps et renvoie la première à un assouvissement au-delà du réel. Je m'interroge cependant sur un fait très simple : le testament christique fixe un cadre à la loi humaine extrêmement contraignant, celui de l'amour du prochain, qui devrait guider notre rapport à l'altérité, dont les Tables de Moïse ne sont en définitive que le brouillon. Contraignant et radical, à tel point qu'il semble hors de portée. Peu importe ici que le Droit judaïque et le Droit islamique, tels qu'ils sont interprétés, répondent ou pas à leurs textes fondateurs. Nous autres Occidentaux sommes mal placés pour en juger, tant nous avons envie que ces textes soient solubles dans le nôtre. Je veux simplement souligner, d'une part le passage obligé par une interprétation — et ceci concerne n'importe lequel des montages dogmatiques humains — d'autre part qu'une certaine interprétation du christianisme pourrait *de facto* aboutir à une révolution totale. Or Wagner, avec son esquisse *Jésus de Nazareth* dont je redis qu'elle contient les fondamentaux du wagnérisme, n'en est pas loin. Voici un nœud supplémentaire au mouchoir de nos réflexions, d'autant plus important qu'il est nié par l'essentiel de l'exégèse, ou ramené — ce qui revient au même — à un catéchisme enfantin d'opéra bondieusard qui jure fortement avec l'intérêt majeur pris par Wagner à ces débats comme avec le contenu de ses livrets, tous marqués par la quête chrétienne. Je dis bien : *tous*, y compris celui du *Ring*. Partant de là, la *réromanisation* de l'Occident chrétien tient moins selon moi à une faiblesse de la loi christique qu'à une hésitation paralysante devant les conséquences jusqu'au-boutistes de toute traduction normative de son message. Quelque chose gît là du reniement de Pierre, premier pontife, désigné tel en toute connaissance de cause par le Christ. Et ce quelque chose nous aidera à éclairer l'antipapisme wagnérien, terme qui peut recouvrir l'évêque romain de *Tannhäuser* comme Titurel. Nous constatons un peu le même problème avec Wagner : son exigence christique fait peur, on hésite à la mettre en scène et, pour la remplacer, on s'embarque dans des montages laïcs qui achopperont forcément à l'ultime moment. Je suis en tout cas extrêmement frappé par les efforts déployés pour, d'un même élan, *dégermaniser* Wagner — le défaire de l'Allemagne dangereuse — et le déchristianiser. On prétend, par cette magie, l'universaliser : or rien n'est plus universel, en tout cas rien n'est plus occidental, que ce que représente l'Allemagne et que le christianisme, sinon sans doute l'héritage des Grecs. Cosima, que l'on ne lit décidément pas assez, était on ne peut plus claire pourtant. Pour motiver ses appels de fonds, elle annonçait en

1893 que, en présentant *Tannhäuser*, *Lohengrin* et *Parsifal* au programme du Festival, elle allait montrer « *notre* » (celle de Wagner et du wagnérisme) « *vision de l'Allemagne chrétienne* ».

Je cite les travaux de Pierre Legendre sur ce qu'il appelle la *schize* de l'Église chrétienne : lorsque, se séparant de son judaïsme originel, elle doit inventer un Droit et l'emprunte aux Romains. Wagner savait-il tout cela ? C'est amusant : ceux qui me reprochent de parler au nom de Wagner et de plaquer sur lui des systèmes analytiques exogènes, ceux qui me réclament de m'en tenir à Wagner, n'ont pas vraiment lu Wagner et se réfèrent souvent uniquement à quelques textes abordés de seconde main. Wagner était extrêmement intéressé par les débats théologiques : sa bibliothèque, ses écrits privés ou publics et le *Journal* de Cosima en témoignent. Vous trouverez par exemple dans *Le Livre brun**, en date du 26 janvier 1882, les lignes suivantes :

« *Le christianisme originel ne se préoccupait pour ainsi dire pas du tout de l'amélioration de la vie en société, au contraire des juristes romains inspirés par la philosophie et au contraire de ce que prétendent faire aujourd'hui avec beaucoup de sagesse certains de ceux qui nous gouvernent. Ce christianisme primitif croyait au déclin total de toute la civilisation qui l'environnait, fondée sur l'absence d'amour et sur l'injustice qui sont de nos jours encore à la base des règles qui nous sont imposées. Si quelque chose veut émerger aujourd'hui, comme ce fut le cas jadis, ce quelque chose ne peut rien avoir de commun avec le développement historique qui fut le nôtre, il doit s'en détacher absolument et trouver ce qui pourra conduire vers un nouvel avenir capable de provoquer l'amélioration espérée* ».

Je voudrais rapprocher ces lignes — cousines de beaucoup d'autres — de l'interrogation de Chateaubriand : quelle religion remplacera le christianisme ? Il ne s'agissait pas d'une proclamation athée mais de la question fondamentale concernant le montage conjoint d'une *religio* et d'un État de droit. L'équivalent est à rechercher, chez Wagner, dans des textes comme *Héroïsme et Christianisme* ou *Voulons-nous espérer ?*

Certains commentateurs, pour dédouaner Wagner de toute religiosité autre que théâtrale, citent souvent un extrait d'*Une Communication* :

« *Quand par exemple, en me plaçant non pas du point de vue d'une théorie esthétique abstraite mais de celui de mon expérience en tant qu'artiste, je dis du principe chrétien qu'il est l'ennemi de l'art ou tout du moins incapable de générer de l'art, ces critiques me mettent sous le nez la contradiction où je me trouverais alors par rapport à mes ouvrages antérieurs, lesquels, en effet, sont pleins d'une certaine présence du principe chrétien, liée à notre époque. Mais il ne viendrait pas à l'esprit de ces critiques de reconnaître que, s'il s'agit de deux points de vue effectivement différents, ces deux points de vue n'en sont pas moins consécutifs, de telle sorte qu'il serait beaucoup plus honnête d'expliquer le nouveau par l'ancien que de condamner l'ancien au nom du nouveau [comme s'il y avait là inconséquence de ma part] ».*

Une Communication est un texte par lequel Wagner se défend contre les attaques de ce qu'il appelle « la critique historico-juridico-politique », en particulier celles de Ludwig Bischoff, inventeur de la formule — ironique — *Zukunftmusik*, « musique de l'avenir », à laquelle Wagner répliquera avec son *Œuvre d'art de l'avenir*. Bischoff, directeur de la *Rheinische Muzikzeitung*, est avant Hanslick le chef fantasmatique de « *cette cabale de journalistes entichés de judaïsme* » dont Wagner se pense persécuté. La *Communication* a été écrite alors que le pamphlet *Le Judaïsme dans la musique* était frais. Wagner sait de quoi il parle, à qui il s'adresse, et considère que tout le monde en est informé : nous ne le lisons plus dans ce contexte, il nous faut pourtant le connaître. Je me suis déjà longuement expliqué dans *Richard Wagner* des notions auxquelles renvoie l'extrait de la *Communication* le plus souvent cité hors contexte : le christianisme institutionnel — j'insiste : il s'agit de l'Église — comme fossoyeur de l'art grec, la décadence de l'empire romain sous les coups de la morale des esclaves judéo-chrétienne et de la perte d'un art signifiant, la nécessité de retrouver le sang puissant des peuplades allemandes qui survécurent à cette décadence et surent, aussi, préserver une foi forte, la théorisation de l'Histoire comme *Weltanschauung*. C'est une vision assez augustinienne des choses. Mais Wagner entend surtout retracer le parcours de cette foi jusqu'à lui, expliquer comment on doit, à son époque, la refonder. Nul ne peut en conséquence utiliser ce passage sans citer la suite, sans se référer aux futurs textes théoriques. Depuis la figure de Siegfried née de l'abandon de *Jésus* — le récit s'en trouve plus loin dans la même *Communication* — jusqu'à *Parsifal* en passant par le luthérianisme des *Meistersinger*, en aucun cas je ne lis ici le dénigrement ou le reniement d'une quête chrétienne.

S'agissant du christianisme, je crains que les commentateurs ne redoutent d'être ringards ou naïfs s'ils s'y intéressent. Le wagnérisme teuton avait un avantage : celui d'exposer une barbarie triomphante, des chevaleries mal dégrossies et naïves sous le rapport de la foi, une pompe spirituelle qui magnifiait en quelque sorte le rituel opératique. Mais rien qui vaille d'être considéré avec sérieux. La France par exemple avait besoin de leçons primitives, pas de sermons sur la montagne germanique alors qu'elle était, sur ce plan, encore une fois fille aînée. J'ajoute que la plupart des exégètes n'ont jamais très bien compris quelle était la religion privée de Wagner, s'embrouillent dans les courants de la foi allemande et, pour ce qui est de l'époque contemporaine, préfèrent débattre anthropologie et mythologie que chrétienté, comme si un tel distinguo avait quelque valeur. Le positivisme et tous les *-ismes* ont évacué de la réflexion sur l'Occident européen, bien plus sûrement que Hitler et Staline n'auraient pu le rêver, la question de l'héritage chrétien. Comme ils n'ont guère étudié l'héritage romain balayé par l'efficience américaine et n'ont, du judaïque, retenu que la très caricaturale culpabilité, on peut s'interroger : de qui pensons-nous être les descendants ?

Les Grecs ?

La mythologie grecque a fourni quelques blasons à la psychanalyse pour les nuls, mais qui la lit ? Qui lit encore les philosophes et les tragiques grecs qui nous sont parvenus ? Qui sait comment nous les avons hérités des sciences humaines et de la littérature allemandes du XVIIIème siècle ? Que savons-nous du théâtre romain, sans lequel Shakespeare — un des modèles de Wagner — ne s'explique pas ? Il m'est assez indifférent — ici — de réformer l'enseignement des Humanités, en revanche je ne peux laisser les exégèses wagnériennes accumuler des clichés sans chercher ce qui se cache derrière.

Par exemple, le chœur grec. Wagner s'est rêvé nouvel Eschyle, ce qui ne signifie pas seulement « grand auteur ». Il a, directement ou par la plume de Nietzsche, fait parler l'histoire et l'organisation du théâtre grec dans un sens qui préparait ses propres ambitions. Quoi que l'on puisse penser du bien-fondé scientifique de ses théories sur la question, il a décrit un théâtre image du monde, image de la cité, image de l'individu, dont les éléments constitutifs seraient, en quelque sorte, en perpétuel big-bang. Il a conçu Bayreuth en partie sur le modèle d'un amphithéâtre, ce qui pour lui allait plus loin que le choix d'une architecture. Ainsi, et pour de multiples raisons supplémentaires, la « piste grecque » lui a été essentielle à la modélisation de sa personnalité artistique et demeure, pour nous, un axe d'étude dramaturgique incontournable.

À quoi ces racines helléniques ont-elles servi ? Une part non négligeable des commentaires a voulu conférer à la musique la fonction du chœur grec, qui est de commenter l'action et d'y réagir dans un sens auquel le public — que le chœur représente — est prié d'adhérer. L'orchestre, tapi dans ce qu'on a appelé « l'abîme mystique », aurait dès lors tout ensemble le rôle du dramaturge, celui du metteur en scène et celui du chauffeur de salle — sinon même celui des rires post-enregistrés dans les shows. Le pas a été vite franchi pour dénier au metteur en scène le moindre droit de ne pas reproduire la chorégraphie ainsi réglée par l'auteur ou, simplement, de la commenter. La musique atteint là au statut de vérité absolue, élevant d'un coup au même rang toutes les appellations dont les *Grundmotive* ont été affublés. Elle atteint au même statut que celui du rituel musico-chorégraphique où Florence Dupont voit et cantonne l'essence de la tragédie hellénique, considérant le texte comme secondaire et toute tentative d'interrogation dramaturgique aristotélicienne comme perverse.

On a aussi prétendu, justement, mettre en scène « à la grecque ». Ce n'est pas un hasard si la réalisation de *Lohengrin* que Wieland Wagner signa à Bayreuth en 1958 est devenue un objet de culte. L'étagement géométrique du chœur de manière indifférenciée, sa réduction au rôle d'une ponctuation sonore, ont lavé l'œuvre de toute violence, de tout affrontement, de tout décryptage visible du texte, de tout un environnement décoratif. Un tel nettoyage avait pour but, on le sait bien, d'assourdir des fracas d'armes et de slogans qui au contraire, de cinquante à quinze ans plus tôt, électrisaient les spectateurs allemands. La « théâtralité grecque » a ainsi été, surtout, une *déthéâtralisation* politiquement correcte, un vernis antigermanique, mais pas une réflexion sur l'irruption tragique dans un lieu donné, devant aboutir à une nouvelle donne dogmatique.

Au bout du compte, on le voit bien, les termes génériques comme « grec », « chrétien », « allemand », « opéra », « amour », « rédemption », « foi », sont souvent posés comme allant de soi. Ils réfèrent à une sorte de sens commun n'invitant pas à plus ample interrogation. Sans doute, à l'opéra de répertoire, cela suffit-il. Pas ici. Que le sang du *tragos*, celui de la Passion, deviennent des accessoires de la brocante lyrique et, en conséquence, de notre culture occidentale, traduit assez notre perte de racines.

LA DETTE HUMAINE

Il ne peut exister de désir autonome.

Tout désir s'adosse à un autre qui lui sert de modèle et d'obstacle à la fois. Il ne s'agit pas d'une situation figée, au contraire elle est en perpétuelle évolution. Cette surenchère empêche que l'on puisse penser, autrement qu'en fantasmant, l'existence d'un désir auto-fondé qui ne devrait rendre de compte à personne. C'est ce que René Girard appelle le désir mimétique, mais il faut comprendre qu'il n'existe *que* du désir mimétique, facteur de violence et d'envie. Wagner était, avec d'autres mots, parfaitement conscient du phénomène, qu'il opposait à l'attitude inébranlable du saint : pour lui, il ne pouvait exister d'évolution, de changement, dans les affaires de foi et tous ceux qui y croyaient, « *même Luther* », manifestaient par là des « *conceptions israélites* » de la foi (*Journal* de Cosima, 21 septembre 1878).

À ceux qui me demandent si Wagner pouvait avoir la moindre conscience des phénomènes girardiens, je voudrais citer le *Journal* du 18 juin 1869 : Wagner estime que les « pauvres », chez lesquels sommeille, comme en tout être, l'aspiration au bien, jalousent les « riches » qui, eux, peuvent le pratiquer parce que leur culture et leurs conditions d'existence les libèrent des soucis quotidiens. Les « pauvres » alors veulent voir le monde à leur image : parce qu'ils souffrent, ils veulent que tous souffrent comme eux — ainsi agit, selon Wagner, Alberich. *« Et c'est à nouveau cet instinct inconscient de l'égalité qui instaure l'insurmontable division. Seul le saint peut dépasser cette division dans la mesure où il ne fait pas le bien mais se transforme lui-même en pauvre, en prisonnier »*. Cette leçon sur la bonne imitation, la *Mitleid*, est éminemment girardienne : je renvoie à *Richard Wagner*.

Le fantasme de l'échange merveilleux.

La misère est sans doute l'ennemi mortel qui menace la communauté du *Hollandais Volant*. Wagner, à cette époque de sa vie, en fuite de Riga vers Paris, devait en sentir l'haleine sur ses talons. Calixto Bieito — auquel on doit, à Stuttgart, une très remarquable mise en scène de *Parsifal* — a mis en scène le *Hollandais* dans le même théâtre. Il a bien vu une chose : que l'œuvre pourrait être transposée dans notre système économique déboussolé. Malheureusement, en faisant du Hollandais la simple victime d'un licenciement et de mœurs managériales cruelles, il se trompe, même si le complot qu'ourdit son personnage pour prendre sa revanche en excitant l'avidité de ses ex-collègues et leur voler leur fille pourrait fournir la matière d'un film hollywoodien. En partant des mêmes bases, il est tout de même plus simple, et tout aussi parlant ou acide, de respecter les positions d'origine.

Quelles sont-elles ? En rencontrant le Hollandais, Daland touche un incroyable jackpot. Qui serait assez riche, demande-t-il, pour vendre un bien valant les trésors offerts ? Et il s'aperçoit qu'il possède ce bien : sa fille, dont il ne peut ignorer qu'elle n'est pas tout à fait normale et que la marier ne sera pas si aisé. Ce marché le met définitivement à l'abri du besoin, des courses en mer, des éléments, et avec lui tout le village. Le voici sédentarisé, rentier. Ce sont bien Daland et son petit commerce que le Hollandais sauve de l'incertitude.

Nous retrouverons pareil enjeu dans tous les opéras de Wagner : les communautés visitées par un riche étranger éprouvent, toutes, le besoin d'assurer leur survie et sont prêtes, pour y parvenir, à offrir ce qu'elles possèdent. S'il gagne le concours de chant, Tannhäuser pourra revendiquer un prix « aussi haut qu'il le désirera ». On comprend bien qu'il pourrait s'agir de l'héritage total du Landgrave : pure fantasmagorie, digne des contes de fées. Lohengrin, en cueillant la virginité d'Elsa, s'octroie « une récompense des plus enviables », qui comporte le royaume, les biens et, « s'il en veut », la jeune fille par-dessus le marché. De même Stolzing, en épousant Eva, épousera la fortune du père, orfèvre et principal mécène de la ville : une perspective qui met l'eau à la bouche de tous. Tristan accumule les exploits, cède toutes ses conquêtes à son oncle — y compris, donc, la nouvelle suzeraineté sur l'Irlande — qui lui promet que tout lui reviendra à sa mort, excitant la jalousie des pairs du royaume. Parsifal, devenant roi du Graal, possède les armes absolues de la grâce, certes, mais surtout de l'immortalité. Enfin, il n'est pas besoin d'insister sur le *Ring*, qui lie explicitement l'exploitation par le travail, l'avidité financière et la puissance sans limite d'un système universel et éternel : une vraie description du capitalisme, dont Siegfried, Trésor du monde lui-même, devient l'héritier idéal autant que la personnification.

En réalité, ce troc d'apparence équitable est un piège. Toute rémunération crée en fait de la dette chez celui qui la perçoit, parce qu'il ne s'agit pas d'un paiement pour service rendu mais de l'achat, par le riche ou puissant étranger à la communauté, de la satisfaction de son propre désir. La communauté peut bien s'offrir tout entière, elle n'offre rien en vérité qui ne doive être payé à chaque instant.

Il ne faut pas longtemps à Daland pour comprendre où, chez son partenaire, blesse le bât. L'étranger le lui suggère d'ailleurs assez fort pour que le dernier des sots le devine : un toit, des amis, une femme fidèle. Daland en rajoute : bien sûr, elle sera fidèle, puisqu'elle est fidèle à son père. Qu'est donc cette fidélité à l'époux qui serait de même nature que la fidélité au père ? En insistant sur la rareté de cette fille fidèle, marchandise inerte juste priée de se montrer caressante et soumise, Daland rend le Hollandais débiteur (« tu offres des bijoux, mais le bien le plus précieux, une femme fidèle, c'est moi qui le fournis »). Voici un mécanisme essentiel : d'une certaine manière, jamais le Hollandais n'en finira de payer sa dette. En achetant Senta — aucune mise en scène n'est assez violente dans la peinture du maquignon Daland — le Hollandais ne fait que reconnaître son endettement vis-à-vis de la société.

C'est une constante chez Wagner. Les affaires de cœur et de sexe y sont indissociables de leur contexte. Elles sont en interaction avec celui-ci. La réussite ou l'échec d'un accouplement se mesurent d'abord à la réussite ou à l'échec de son inscription dans un ensemble codifié. Tout couple qui entend exister en marge, sans cette bénédiction, risque de tout faire exploser ou de provoquer la ruine de tous les montages institutionnels. C'est au demeurant très banal, même pour notre temps, en dépit des aménagements constants de la norme juridique dans le sens d'une dérégulation des affaires de filiation et de généalogie où le hors-norme devient la loi. Tout couple doit jouer la perte de quelque chose au profit de la société, et ce quelque chose est le désir fantasmatique de la toute-puissance, de l'auto-fondation, dont l'infranchissable limite est l'endettement par rapport au système.

Économie de l'intégration et fantasme du refus de se soumettre.

Tannhäuser imagine que ses talents d'artiste, sa capacité à émouvoir le cœur d'Elisabeth, suffisent à son couronnement. Fatale illusion. Dans sa représentation d'elle-même, dans sa mise en scène d'elle-même par le biais des compétitions de chanteurs, la Wartburg organise l'inassouvissement du désir en faisant miroiter sa satisfaction absolue. On croit gagner l'enjeu suprême, alors que, en réalité, la communauté n'a aucun intérêt à s'en priver puisqu'il est l'aiguillon de tous les désirs. Or ces désirs convergent moins sur Elisabeth, qui sert de leurre, que sur la Wartburg, organisatrice de compétitions censées la glorifier, la justifier. Si Tannhäuser ne comprend pas qu'il doit moins courtiser Elisabeth que ses maîtres, Wolfram, lui, ne commet pas l'erreur. À ceux qui s'étonnent de ce que, pour gagner la jeune fille, on doive chanter une poésie du renoncement à elle, je réponds qu'il s'agit avant tout de renoncer à la conquérir directement sans passer par la case sociale. Même si l'on est le meilleur des poètes, on doit en abdiquer d'emblée le pouvoir et le remettre entre les mains du groupe. Wolfram, imité en cela par tous les autres Minnesänger, sauf Tannhäuser, commence par exalter l'Allemagne, ses nobles et ses guerriers, ses victoires militaires, par se faire humble et soumis. L'essence de l'amour, puisque tel est le thème du concours, c'est l'essence de l'amour légal, c'est ce montage qui permet à un amour d'exister.

Tannhäuser est donc en dette vis-à-vis de la Wartburg : une dette qui remonte à loin, puisque son départ du château provoqua le retrait d'Elisabeth, muse inspiratrice du désir, de toute compétition. Mais il est aussi en dette vis-à-vis de Vénus, autre inspiratrice possible. L'exégèse traditionnelle oppose un amour désincarné à un amour charnel : je crois qu'il faut aller plus loin. Nul à la Wartburg n'imagine sérieusement que le mariage de Tannhäuser et d'Elisabeth, s'il avait lieu, resterait chaste — pas plus que le mariage de la jeune fille avec n'importe lequel des Minnesänger. Dans ses didascalies, Wagner prend soin d'insister sur l'adhésion d'Elisabeth au chant *érotique* de Tannhäuser, adhésion dont elle ne modère l'expression qu'en remarquant combien le reste de l'assemblée s'offusque et gronde. En déclarant sa flamme à, soit Vénus, soit Elisabeth, Tannhäuser se déclare en réalité en désir d'un système ou d'un autre, d'une mise en scène fondatrice ou d'une autre, d'une culture ou d'une autre, mais pas forcément en les opposant : au Venusberg il désire Marie, à la Wartburg Vénus, tentant une conjonction interdite plus qu'impossible. C'est là le point essentiel : le lien indénouable unissant une prétention amoureuse à une adhésion politique — au sens le plus large du terme. Non pas que les deux systèmes, le vénusien et le wartburgeois, soient fondamentalement différents : ils reposent sur des mécanismes comparables d'asservissement du désir à un but religieux supérieur.

C'est la même chose dans le *Ring*. Wotan promet Freia aux géants, cette déesse de l'amour qui incarne la valeur suprême pour un bout de laquelle chacun travaille à mort. Mesurez-vous le faible prix réel de Freia, si elle ne vaut, comme dit Fasolt, que des tours et des murailles ou, au contraire, l'inestimable valeur du château ? Bien entendu, Wotan ne peut réellement la céder au terme d'un troc honnête, sinon les géants prendraient la place des dieux, maîtres de la dette et devant le demeurer : il cherche donc un ersatz, un produit de substitution, un salaire simple, mais l'or du Nibelung va servir de nouveau moteur au désir universel, emportant tout avec lui.

En mettant parallèlement sur le marché la valeur « or », Alberich introduit en bourse une société qui prétend rivaliser avec celle, jusque-là en situation monopolistique, indexée par Wotan sur le culte de Freia. À ceci près que, l'or semblant préférable à l'amour aux yeux désirants du Nibelung, son OPA fonctionne impeccablement, bien avant la malédiction : les dieux se mettent à désirer, Fafner démontre que l'important n'est pas de posséder Freia mais d'en priver les dieux, puis admet que le trésor est un bien plus intéressant dans la conquête du pouvoir, enfin on paie Freia avec de l'or, preuve indubitable que, au cours du change, le taux de la valeur-déesse a singulièrement chuté. En définitive, il faut choisir d'acheter des actions « Alberich » ou des actions « Wotan », ce qui ne change rien à l'esclavage : simplement, on passe d'un système où le travail est rémunéré à un nouveau purement financier.

Dans les *Maîtres*, explicitement dérivés de *Tannhäuser*, nous verrons pareillement comment Stolzing imagine avoir tous les droits au mariage dès lors que Eva partage ses sentiments et frémit à ses envolées : il est pour lui hors de question d'en passer par les étapes hiérarchiques et généalogiques de la Tabulature et les règles d'ascension artistico-sociales dont David fait le pénible apprentissage. Même à l'instant de son triomphe, il se permet de refuser sa maîtrise, niant sa dette envers ceux qui le couronnent, ce qui permet à Sachs, comme on sait, de lui expliquer que sa victoire n'est ni celle de son rang, ni celle de son blason, ni même celle de son chant, mais celle d'une communauté éprise d'art allemand et, plus simplement, d'Allemagne :

lorsque Sachs cherche « la juste mesure » permettant d'évaluer le chant de Stolzing, si rebelle aux critères en vigueur, il trouve la réponse en découvrant la juste mesure politique nécessaire à l'art allemand. Je ne reviens pas sur la leçon de musique administrée par le cordonnier, au terme de laquelle on comprend qu'un véritable chant de maître, un bar, reproduit une cellule familiale agréée : un couplet pour le père, un pour la mère, un envoi pour les enfants.

La situation d'endettement de Tristan est évidente. En désirant Isolde, il cesse de désirer Cornouailles parce que, selon les règles de la vassalité, tout ce qu'il désire doit être désiré au nom de son suzerain Marke : c'est d'ailleurs en ce sens qu'il corrige le tir, lorsqu'il revient chercher la princesse irlandaise pour le compte de son roi. Même transgression tout au long de sa relation cachée avec celle qui est devenue sa reine, sa tante par alliance. Il faut redire que Tristan et Isolde tombent amoureux l'un de l'autre au premier regard, sans intervention de la moindre magie, du moindre philtre. Ils ne voient pas moyen d'échapper à ce désir qui fait d'eux des traîtres, alors ils envisagent, secrètement, de partager un breuvage mortel. Les choses sont cependant un peu plus alambiquées. Lorsque Isolde désigne la fiole empoisonnée à sa servante Brangaene, elle ne précise pas, ou seulement à demi-mot, qu'elle entend s'en réserver la moitié. Brangaene, obnubilée par des récits qui ne parlent que de honte, de faiblesse, et pas d'amour, croit que sa maîtresse entend enfin venger son honneur perdu ou bafoué. Alors, elle exhibe le philtre d'amour. Non pas pour que Tristan et Isolde tombent amoureux : pour que Tristan, et lui seul, soit ravagé d'amour au point de se dresser, plus tard, contre son roi. Elle n'agit pas là de sa propre initiative : avec des airs finauds, elle révèle que la présence de ce breuvage dans les bagages est due aux bons conseils de la mère d'Isolde, laquelle a certainement prévu une revanche politique et le rétablissement de l'Irlande dans sa suprématie sur Cornouailles. Il s'agit ni plus ni moins de créer subrepticement une dissension fatale au royaume de Marke. Lorsque Isolde récuse la manœuvre et désigne le philtre de mort, Brangaene s'épouvante : un meurtre est bien trop voyant, les deux femmes y risquent leur tête et les affaires d'Irlande seraient définitivement ruinées. Ainsi, pour Tristan et Isolde, payer leur dette envers leur patrie se dira « que rêvais-je de la honte d'Isolde, que rêvais-je de l'honneur de Tristan ? » ou, tout simplement, « le Jour », envieux et meurtrier. Comme le précise Isolde, la dette n'a pas été payée entre eux deux, ce à quoi Tristan, ironiquement, fait mine de répondre bêtement : « si donc Morold t'était si cher... ». La dette, entre eux deux, n'est évidemment pas de même nature. Ils se doivent l'aveu, ils se doivent l'amour, et ils sont parfaitement conscients de l'impossibilité dans laquelle ils se trouvent de vivre cet amour en toute légalité. Jusqu'au moment où

Brangaene avouera au roi le partage du philtre d'amour, fournissant un alibi de premier ordre à tant de trahisons, à tant de désordre, à tant d'ébranlement de l'édifice social : mais on ne racontera plus dès lors qu'une partie de l'histoire, celle qui commence sur le bateau, en occultant le premier regard échangé.

Le fantasme de l'auto-fondation du désir, avec toutes ses conséquences en matière de filiation, de généalogie, d'endossement d'un destin et donc d'asservissement à un groupe, traverse tout le *Ring* de manière révolutionnaire. Il provient directement de l'esquisse *Jésus de Nazareth.* Voyez : au moment où Brünnhilde vient faire miroiter aux yeux de Siegmund les merveilles qui suivront son trépas, quelle n'est pas la surprise de la walkyrie d'entendre le Wälsung refuser et préférer « la faible créature qui gît là, entre ses bras » — Sieglinde — puis, lorsqu'il apprend que son propre père a voté cette mort, décidé de retirer tout pouvoir à l'épée promise et conquise selon cette promesse, le maudire et se vouer au néant, à l'Hella ! Siegmund applique là la seule loi énoncée par l'avatar libertaire de Wotan, Wälse : refuser la loi des autres, leur culture, leur civilisation, si ces normes ne valorisent pas des choix amoureux strictement personnels, c'est-à-dire compatissants. Cette application du commandement christique, esquissée par Siegmund dès les récits qu'il livre de sa vie errante, contamine Brünnhilde : au nom de l'amour illégal que son père porte à cette race, elle protège son demi-frère, met Sieglinde en sécurité. J'explique, dans *Richard Wagner*, comment le *Grundmotiv* dit de la rédemption par l'amour, entendu pour la première fois à cet instant, devrait être baptisé « le Paraclet ».

Dans la journée suivante, nous verrons Siegfried refuser tout désir qui ne serait pas autonome : il faut beaucoup d'astuce à Mime pour le conduire chez Fafner, une astuce qui va faire défaut à Wotan. Face au rejeton des Wälsungs, le dieu voudrait rencontrer l'ami-ennemi, celui qui de sa propre initiative désirerait ce que seul le dieu désire mais dont il ne doit souffler le désir à quiconque, un être libre de l'envie — donc jamais rival — mais pas libre de désirer, malgré tout : simplement inconscient de l'origine de son désir. Siegfried envoie... promener le Voyageur, refuse *de facto* d'aller réveiller Brünnhilde *avec* l'autorisation de ce vieux questionneur qui, effectivement, ne tarde pas à se placer comme obstacle. Techniquement, que le désir de ceux qui guident Siegfried soit un obstacle ou un modèle n'à aucune importance, parce que c'est un seul et même mécanisme qui joue. Ce qui compte, c'est que Siegfried croit qu'il n'obéit qu'à lui-même, selon un bon plaisir absolu. Il le répétera d'ailleurs aux Filles du Rhin : « Je sais le pouvoir de l'anneau. Pas plus que ma vie, que j'use à ma guise et puis à tout moment jeter comme une motte de terre, il n'a de valeur à mes yeux. Pour les joies de l'amour, je pourrais le troquer. Mais vous me menacez : dès lors, il reste à mon doigt ». Et il ajoute : « quant au fil des destinées » — donc de l'endossement des généalogies, des devoirs de filiation — « mon épée, qui tua un dragon et brisa une lance » — celle des traités, de la loi — « saura bien le trancher ».

Nous devons réfléchir à la valeur de l'ignorance ou du refus d'une généalogie contraignante : ironisant sur l'attrait de ses électeurs pour l'histoire germanique et viking, Hitler prédisait que son Allemagne millénaire n'avait pas de passé et affirmait l'inutilité de toute recherche en ce sens. L'extermination des Juifs allait d'ailleurs plus loin qu'un simple massacre à grande échelle : les nazis exterminaient des noms, des morts (les cimetières), autant que des corps. Le fascisme possible de Siegfried ne réside pas dans sa blondeur aryenne musclée, mais bien dans l'ambiguïté de sa relation au passé. Paradoxalement, que ce jeune homme élevé par une caricature de Juif selon le plan de Wotan partage avec les sémites, lui qui n'a ni pays, ni parents définis, ni nom très certain, le fantasme d'un ralliement aux hommes, d'une intégration absolue, d'une dépersonnalisation tellement aboutie qu'il se déguise en Gibichung, doit nous faire réagir. Le tragique de cette existence promise au sacrifice n'est-il pas dans son destin de Juif ? Siegfried, endossant tous les péchés du monde wotano-alberichien, n'endosse-t-il pas la judéité universelle pour en nettoyer l'univers à la manière du Jésus wagnérien ? N'est-ce pas ainsi qu'il rédime le monde des dieux germains et, dans les premières rédactions du projet, leur permet de continuer à régner ? Le « renoncement » wotanien à ce qui l'écœure et qu'il lègue à Hagen, est-il un renoncement aux hochets sémites du pouvoir sur le monde ?

C'est une scène intéressante de la *Götterdämmerung* que cette rencontre avec les ondines où Siegfried manifeste une pensée philosophique héritée des limbes du projet à laquelle rien, dans la journée précédente, ne nous avait préparés. Au final de *Siegfried*, le héros avait certes entraîné Brünnhilde sur la même pente. Elle se jetait dans ses bras en rejetant tout savoir quant aux besoins de l'univers divin, « disparais, Walhall, fausse splendeur, Siegfried m'aime et cela suffit », mais on restait sur l'impression que Siegfried, refusant toute théorie et tout discours, n'agissait qu'à l'instinct sans même s'occuper de revendiquer en mots une telle liberté. Je fais cette remarque pour souligner combien la parole est un lien qui, obligatoirement, noue à un univers codé, réfère à un tiers instituant. Tant que Siegfried refuse toute parole, ne sait affirmer que des oppositions, il reste libre. Dès qu'il se met à parler en « adulte », c'est-à-dire dès le prologue de la *Götterdämmerung*, le voici qui se lie, qui s'emberlificote dans des échanges et des serments, avec Brünnhilde, avec Gunther, avec Gutrune, sur la lame de Nothung, sur la lance de Hagen, devant tous les vassaux et, donc, au cours du troc raté avec les ondines. Je ne peux pas croire que Wagner n'était pas conscient du phénomène. Il faudra donc, comme on sait, attendre la scène d'immolation pour que Brünnhilde solde toutes les dettes accumulées.

Mais, pour en finir avec l'illumination progressive de Siegfried, prêtons grande attention à ses paroles d'agonie que nul, en général, ne considère. À cet instant, se souvenant du frisson de la mort qui le parcourut lorsqu'il but le souffle de Brünnhilde pour l'embrasser, « et tant pis si je meurs moi-même » (équivalent siegfriedien du « jusque dans la mort désirer mais ne pas mourir de désir » tristanien), le Wälsung qui cette fois meurt vraiment en rêvant qu'il crut jadis mourir pose enfin la question : Brünnhilde, sainte épouse, qui t'endormit un jour ? La question est très inattendue de la part de celui qui, ayant refusé tout récit de la part de ceux qu'il a rencontrés et écartés, incapable de faire remonter son propre récit vital plus haut que l'existence d'un nain, devient à son tour *weise im Sterben* — « sage dans la mort ».

J'ai consacré, dans *Richard Wagner*, de longues pages à décortiquer l'alliance entre peur, savoir, désir, mort et filiation, que je vais résumer. La peur est quelque chose qui s'apprend : elle est donc enseignée et, selon Wagner, tout enseignement est imitation. Qui faut-il imiter ? Apprendre la peur, c'est apprendre d'où on vient, qui on est, quelle est son essence. C'est en même temps apprendre qu'on est né d'un désir, de l'Envie. Qu'on les porte en soi. Que faire de cette révélation ? À quelle forme de savoir renvoie la non-peur ? Évidemment à une connaissance compassionnelle, non égoïste, qui saurait relier sa propre souffrance à une souffrance universelle. Accepter de mourir n'est pas désirer une fuite, n'est pas haïr l'idée de vivre, mais refuser une conception de la vie et un héritage ancestral qui condamnent à vouloir tuer, posséder et, finalement, mourir à quelque chose de supérieur. Ce quelque chose est Dieu. L'erreur humaine est de sacrifier Dieu en sa mémoire, d'imaginer que l'oubli rendra divin.

La dette de Lohengrin.

Elle le lie bien entendu à son père, à Montsalvat, au Graal, qui l'ont pourvu d'attributs de puissance — l'invincibilité, la vision prophétique, l'immortalité — à la stricte condition, paraît-il, qu'il n'en révèle pas l'origine. Qu'est-ce que cela signifie ? Lohengrin ne fait pas mystère de sa mission divine : c'est *durch Gottes Kraft*, « par la force de Dieu », qu'il terrasse Telramund au cours de l'ordalie, et cette puissance référée est parfaitement conforme. Là où blesse le bât, comme je l'ai démontré, c'est que Lohengrin voudrait faire souche parmi les humains. Or il n'a pas été envoyé pour épouser Elsa, ni pour tomber amoureux d'elle, ni pour hériter le Brabant. Il prend soin, d'ailleurs, de lâcher un peu de lest en refusant la couronne, croyant ménager la chèvre et le chou. Il désire donc quelque chose qu'il n'a pas mission de désirer, un amour humain, il oublie le désir qui doit seul le guider, la gloire du Graal, mais il voudrait préserver ses pouvoirs magiques le temps que le petit prince disparu soit rendu par le Graal à son pays comme héritier légitime et, ensuite, les abandonner. Alors, il invente les questions interdites, ou peut-être seulement les détourne, au profit de ses affaires conjugales, de leur objet premier, sans préciser pendant combien de temps ni pourquoi elles resteront telles. Le problème est qu'il n'a absolument aucune possibilité de renoncer à ces pouvoirs, de renier ses origines, sa filiation, son destin. L'amour humain, lui, exige que pour être époux et père on soit « fils de ». Lohengrin refuse à sa femme et à la société de sa femme l'accès à ce savoir fondamental. Il prétend être aimé « pour lui-même », ce que l'exégèse traditionnelle traduit comme l'essence absolue de l'amour absolu, ce qui est délirant : seul Dieu peut être aimé ainsi, il n'est aucun romantisme dans cette histoire. Je ne crois absolument pas à l'interdiction éternelle, par le Graal, de dire qui on est. Elle n'a aucun sens. Lorsque le prince Gottfried reviendrait, devrait-il, lui aussi, cacher qu'il fut recueilli par le Graal et *désensorcelé* ? Comment contrer les sortilèges wotaniens de Ortrud si on ne leur oppose pas les miracles de Dieu ? C'est d'ailleurs ce que Lohengrin est finalement contraint de demander, au moment où tout bascule et risque d'échouer, au moment où, comme une Vénus, Ortrud proclame la force supérieure des dieux qu'on a rejetés : il prie pour obtenir immédiatement ce qui n'aurait dû se produire qu'un an plus tard, parce que sinon l'échec divin sera total. Non : cette interdiction ne colle absolument pas à la trame de l'œuvre, à ses enjeux. La seule chose à dire est qu'on ne peut pas être immortel et mortel, chaste et mari, chevalier de Dieu et duc de Brabant, même par intérim : il faut donc, pour faire exister un statut, cacher l'autre dont on ne peut se défaire. Si Lohengrin avoue ses origines, il avoue qu'il n'a pas le droit d'épouser humainement Elsa et tout son désir s'effondre, voilà tout. Lohengrin vit effectivement comme une malédiction le fait d'être au service de Dieu, ce qui est extraordinairement apostat.

On me dit que Wagner n'a jamais écrit quoi que ce soit qui va dans ce sens. Si : il a écrit son livret. Où prenez-vous que les personnages d'opéra ne mentent pas ? Croyez-vous aux fables par lesquelles Telramund accuse Elsa, aux fables que sert Ortrud à Telramund ? Non. Et cependant, Wagner n'a rien écrit sur la question, il laisse l'auditeur comprendre, déceler les contradictions dans les accusations et les promesses, sans qu'aucun autre personnage se mêle de les mettre en doute. Assez génialement, il dévie même le discours : dès qu'un argument juridique fait long feu, Ortrud et Telramund en viennent à la pure intimidation et Lohengrin se comportera exactement de la même manière. Il n'est de droit humain que du plus fort. Pourquoi pensez-vous que Lohengrin ne ment pas ? Parce qu'il est « le héros » et les autres « les méchants », parce qu'il a une belle armure, un cygne, des airs magnifiques ? Vous croyez à la magie de Lohengrin, vous êtes prêts à lui donner le Bon Dieu sans confession, vous croyez que l'habit fait le moine. Vous ne l'écoutez même plus parler. Vous êtes comme le peuple de Nuremberg qui n'écoute pas ce que chante Stolzing, tant le jeune homme est avenant et inspire confiance : vous jugez sur la mine, pas sur les qualités artistiques. De même, vous allez estimer que Lohengrin forme avec Elsa un couple digne de *Gala*, et il faut reconnaître que Wagner vous y aide puissamment. Non seulement le dernier acte appartient, musicalement, à ce Lohengrin qui a très peu chanté jusqu'ici, mais Elsa n'y a plus droit à la parole et ne peut l'accuser de l'avoir manipulée. Au contraire, c'est elle qui, une fois de plus, passe en jugement.

Certainement, l'œuvre est en partie autobiographique, comme toutes les œuvres de tous les auteurs : Wagner, ruiné et proscrit, marié à quelqu'un qu'il n'aimait pas et qui l'engluait dans la médiocrité, souffrait vraisemblablement de ne pas avoir droit au bonheur humain qui, selon lui, était dû à son génie, et dû sans compter. Si l'on veut fouiller dans cette direction, on va tomber sur des choses extrêmement triviales de la biographie wagnérienne, sur son rapport hystérique à l'argent, au confort, au luxe, à la générosité sans limite qu'il attendait de ceux qui croyaient en lui. Rien qui sonne très poétiquement. Je combats ici l'exégèse qui tend à présenter *Lohengrin* comme une métaphore de la vie d'artiste maudit, en termes baudelairiens l'aventure de l'albatros échoué sur terre : une forme bêlante de la biographie.

S'agissant de biographie, van Hoochlanden a établi une courte liste des traumatismes, violences intimes, interdits et situations récurrentes que les personnages semblent avoir empruntés à Richard : la mort du père, le conflit entre plusieurs pères, l'angoisse un peu écœurée de la maternité, l'aveu des origines, l'interdiction du théâtre confondu avec le domaine féminin des sœurs, une sexualité mal épanouie. Tout ceci culmine dans une formule éclairante : « si je dis qui est mon père, si je dis d'où je viens, aurai-je droit au bonheur sur terre ? ».

Je crois aussi, s'agissant de *Lohengrin*, que Wagner se laisse prendre à la beauté de sa propre musique et s'apitoie un peu facilement sur un personnage en lequel il projette beaucoup de lui-même. Ce n'est pas non plus la seule fois où nous le verrons enrober de magnificence vocale et orchestrale des situations très problématiques. Sans fournir une confession totalement franche, la rédaction originelle du Récit du Graal, en deux couplets, était un peu plus claire, tout comme ahurissent les absurdes accusations portées par Lohengrin contre cette Elsa « coupable » de l'avoir séduit et détourné du droit chemin. Mais ces passages sont traditionnellement coupés et, de toute façon, personne ne les lit ni ne les écoute : le deuxième couplet du Récit était objectivement peu inspiré musicalement, quant aux accusations de Lohengrin contre Elsa, elles requièrent une véhémence sans génie dont les ténors ne soutiennent pas forcément la vaillance. Et puis, comment le dire ? Je pressens une conjonction d'intérêts dans ces coupes ou ce refus de lire le texte : personne n'a envie de démasquer Lohengrin, de ternir sa gloire, Wagner le premier — en dépit de ce qu'il écrit, par exemple dans *Une Communication*, sur le caractère révolutionnaire d'Elsa : des lignes directement inspirées de l'esquisse *Jésus de Nazareth*. L'exégèse traditionnelle, au fond, divinise Wagner en le confondant avec son héros.

Vraiment, on fait difficilement plus autoritaire. Lohengrin impose à tous le silence en l'imposant d'abord à sa future épouse, sous peine de catastrophe, sous la menace d'un départ immédiat. Aussitôt, il recrée de la dette sur le compte d'Elsa, à laquelle en quelque sorte il confie les clefs du coffre. Il le fait, bien entendu, pour protéger son silence à lui, sa dette insolvable à lui, et tout le monde s'y laisse prendre. Au troisième acte, pour contrer l'inquiétude grandissante d'Elsa, Lohengrin assènera des arguments dignes du pire quotidien domestique : j'ai cru en toi sans preuve, à toi d'en faire autant. Mais où a-t-on vu que Dieu agit ainsi lorsqu'il accorde sa protection et sa grâce ? Où a-t-on vu que c'est au chevalier de croire à la place de Dieu ? Elsa est de toute évidence innocente : personne n'en doute sérieusement, seules des considérations de basse politique pourraient la faire condamner. Elle croit en Dieu, sa foi est telle que le miracle se produit : c'est donc la preuve que Dieu croit en elle, croit à son innocence. Honnêtement : quel est ce Dieu qui négocierait alors son aide ? Certainement pas le Dieu chrétien.

Elsa n'achète pas son innocence, elle pense qu'il lui faut rétribuer un avocat sans réaliser que Dieu vient de lui en commettre un d'office pour contrer la justice humaine gouvernée par des païens en mesure de légiférer en Son nom. D'où Elsa tire-t-elle le pouvoir d'obliger Lohengrin à répondre ? Après tout, on pourrait concevoir que Lohengrin interdise à quiconque les fameuses questions sous peine de rupture du contrat, sans pour autant promettre que, interrogé, il répondra. D'ailleurs, l'information selon laquelle il s'exécutera si Elsa l'interroge ne figure pas dans le contrat *Nie sollst du mich befragen* : c'est Ortrud qui la révèle à Telramund au début du deuxième acte, avant que Lohengrin ne confirme en fin du même acte. Tout se passe par conséquent comme si Lohengrin protégeait Elsa en faisant croire qu'elle n'a aucun moyen de l'obliger à briser son silence. Nous parlons là de rupture de contrat. Précisément : la foi n'est pas un contrat, ni dans le sens croyant/Dieu, ni dans le sens Dieu/croyant, les paraboles sont extrêmement claires à cet égard. Le contrat que Lohengrin impose à Elsa et au Brabant est un contrat de mariage, pas autre chose, rien qui ait à voir avec la foi.

Bien sûr, on peut se contenter de prendre les choses comme elles viennent, comme elles sont énoncées, et de dire « c'est comme ça ». Outre le fait que nous allons nous heurter à beaucoup de contradictions insolubles, il va alors falloir *montrer* ce à quoi on aboutit : par exemple, que le Dieu chrétien à la manœuvre est un sacré blouseur, qui n'hésite pas à arracher à l'humain, pour prix de son aide, des engagements inhumains. Un peu comme un banquier accorderait un crédit dont il sait qu'il mettra sur la paille le demandeur coincé par une urgence immédiate. Je ne suis pas certain que le public soit très satisfait de ce qu'il verra sur scène, dans cette pièce comme dans les autres. Le « c'est comme ça » peut décrire des faits, pas les imposer comme un naturel ni une vérité incontestables.

Je le dis une fois de plus, parce qu'il s'agit d'un impératif absolu : lorsque nous rencontrons des termes comme « grâce », « foi », « rédemption », « amour », nous sommes obligés de les définir. Nous sommes tenus de fixer, quelque part, une référence à l'aune de laquelle seront analysés les comportements et les discours des personnages. Si nous ne le faisons pas, nous entrerons dans un système où il n'existe plus de hiérarchie morale, seulement des stratégies aussi changeantes que nécessaire. Mais on ne peut pas davantage poser des définitions renvoyant au sens commun et refuser en même temps que ce sens commun soit un minimum cohérent, stable.

Précisément, il faut lire le livret bien plus attentivement que ne le fait l'exégèse traditionnelle, laquelle mélange les causes et les effets dans la perspective émotionnelle qui est celle des contes, quand bien-même les contes fournissent toutes les informations utiles. À son arrivée, Lohengrin n'accepte de rester et combattre, d'endosser et proclamer l'innocence d'Elsa, qu'en échange de la promesse du silence. Chacun comprend que, si Elsa ne jure pas, le chevalier repartira aussitôt, mais nul n'est prévenu de ce qui se passera si elle pose les questions après. Je l'ai rappelé : nous n'apprendrons le pouvoir d'Elsa d'obtenir les réponses que par voie détournée, à l'acte suivant : encore ne nous est-il pas dit, alors, que la révélation des origines se traduira par un départ, Ortrud énonce seulement que l'envoyé sera alors aussi faible qu'un nouveau-né. Ce n'est qu'au beau milieu du *Récit du Graal* que Lohengrin fera mention de l'obligation, pour tout chevalier démasqué, de regagner Montsalvat. Personne ne peut donc prétendre qu'Elsa, lorsqu'elle prête serment, sait ce qui se passera en cas de parjure.

Pourquoi tant d'embrouille, pourquoi rien ici n'a-t-il la moindre chance de fonctionner ? Tout simplement à cause de la confusion des enjeux. Lohengrin, dès son entrée, paie sa dette au roi, un peu comme Wolfram ouvrait son chant d'amour par une apologie du régime et des gouvernants de la Wartburg. Dès cet instant, la question de l'innocence d'Elsa se trouve en quelque sorte recouverte par une autre question bien plus fondamentale, d'autant plus fondamentale qu'elle correspond strictement à la vraie mission de Lohengrin, dont le sauvetage de la pucelle ne constitue qu'un préalable. Or personne n'écoute les choses ainsi dans le public, où l'on s'attache à l'affaire amoureuse en reléguant au rang d'accessoires d'opéra le salut guerrier du héros : la foule de l'œuvre, en revanche, entend fort bien les choses, tout comme les Allemands les entendirent de tout temps. C'est là que l'échec ou la réussite de l'histoire amoureuse devient la réussite ou l'échec d'une politique, d'un désir politique de Dieu. C'est là que s'affirme le pouvoir supérieur de l'instance supérieure du désir.

Les questions interdites, je le rappelle, portent exclusivement sur des affaires de filiation : qui je suis, d'où je viens, quelle est mon essence — et cette essence cachée, c'est celle d'un être immortel. J'interroge une fois de plus : imagine-t-on le Christ, maître de Montsalvat, refuser de dire qui il est, d'où il vient et quelle est son essence ? Imagine-t-on l'un de ses apôtres, l'un de ses prêtres, l'un même de ses croyants, s'y refuser ? Quelle est alors la secte qui gouverne Montsalvat ? Une sorte de GIGN chrétien dont on doit préserver l'anonymat ? Si vraiment la loi du Graal interdit que l'on parle du Graal — ce qui soulève aussitôt quantité de questions, sur la portée de cette visitation, de ce témoignage, par exemple — alors il ne peut y avoir de Récit du Graal : seulement un départ. Je vais mettre les pieds dans le plat avec toute la naïveté voulue : si Lohengrin est obligé de répondre à Elsa, c'est peut-être parce qu'il est obligé par la loi du Graal de dire tôt ou tard qui il est quand il arrive quelque part, de telle sorte qu'il n'y ait aucune ambiguïté sur les rôles de chacun — à commencer par le rôle de Dieu dans le désir politique de contrer la prise de pouvoir par les païens. Sauf que, je me répète, répondre à la question empêche tout mariage.

Tout de même, me dit-on : dans ce cas, il n'y a plus d'histoire. Les contes et légendes regorgent d'épisodes comparables et on sait bien qu'à la fin intervient la révélation. C'est une convention. Prenons-nous Wagner trop au sérieux ?

Les contes et légendes ne sont pas forcément un modèle de récit authentique, fiable, crédible, qui s'imposerait comme vérité. Au contraire, je pense qu'il s'agit de formes popularisées, abâtardies, désamorcées, de quelques épisodes antérieurs beaucoup moins anodins — Wagner en dit la même chose dans *Une Communication*. D'où prenez-vous que l'on ne doit pas interroger les contes et légendes mais respecter naïvement leur fonction divertissante et fantasmagorique ? Lohengrin n'est pas Rumpelstilztschen, ou alors Wagner se trompait sur sa création et nous a tous trompés, avec sa prétention à délivrer des messages philosophiques, politiques et religieux. Si, au nom de la convention d'opéra, nous devons fermer les yeux sur la structure des textes, nous posons qu'il ne s'agit pas de théâtre, ni de littérature, mais de n'importe quoi juste bon à écouter de la belle musique, avec de beaux costumes. J'avoue ne pas comprendre où se place alors la limite entre « prendre au sérieux », « ne pas prendre au sérieux », « trop », « assez » et « pas assez ». Je vois le sérieux avec lequel les wagnériens débattent, y compris d'étourdissantes banalités : où est le danger de poser les questions que je pose ? J'ai parfois le sentiment, face à certains auditoires, d'être devant des enfants auxquels je révèle que papa et maman couchent ensemble. Pardonnez la relative brutalité de la formule : il serait temps que nous adoptions, vis-à-vis de l'œuvre wagnérien, une attitude adulte.

Comment la dette est un héritage, celui du désir de vie inoculé par les parents.

Dans tous les opéras de Wagner, l'un au moins des héros vit coupé du monde auquel il rêve de s'intégrer. Herzeleide, la mère de Parsifal, réussit mieux que Mime, qui garde lui aussi Siegfried de toute relation avec l'extérieur. Elle fait de son enfant un meilleur sot que le nain n'y parvient avec le Wälsung. Pas de nom signifiant, pas de filiation, pas d'arme du père, aucune éducation religieuse, un contact malsain avec la chair et les étreintes de la femme. On n'ose imaginer les mensonges servis à chaque interrogation : les modèles littéraires précisent d'ailleurs que, si Parsifal se retient de poser la moindre question au château aventureux, c'est parce que sa mère lui a appris que cela ne se faisait pas. La dette de Parsifal est donc contractée par sa mère, à son insu : lorsqu'il s'interroge fiévreusement « qu'ai-je encore oublié ? », c'est cela qu'il nous signifie. Herzeleide lui a versé dans l'âme l'oubli. Tout s'efface au fur et à mesure, son esprit est une plage sans cesse balayée par la vague, il est sans cesse attiré par ce qui semble neuf et lui permet d'enfouir toute hypothèse de traumatisme, donc de compassion. Herzeleide en sera la première victime : un jour, il part et ne revient plus, sans imaginer plus d'une seconde le chagrin mortel qu'il cause ainsi à sa mère. Kundry lui apprend la mort de son père : il n'y réagit pas. Elle lui narre les derniers instants de sa mère : l'instant d'après il n'y pensera plus. Au temple, il entend la plainte de Dieu, il voit les douleurs d'Amfortas, la détresse des Frères, et le voilà qui part chez les Fleurs sans piper mot.

Pourquoi ? Parce qu'il est très difficile de relier la douleur universelle à ses parents, au désir des parents l'un pour l'autre, d'où on vient. C'est une réflexion qui occupe presque tout le troisième acte de *Tristan*, elle n'est pas neutre chez Wagner.

La dette de chaque homme, c'est donc d'abord le crédit *revolving* qu'ouvrent pour lui ses parents en le mettant au monde. On naît enfant du désir, on commence à accumuler les dettes de désir — ce que Tristan appelle ses exploits, sa gloire. Tout le problème va consister à regrouper ces crédits, mais pas auprès de n'importe quel organisme bancaire. Les sociétés, les communautés, s'offrent comme interlocuteur privilégié et, la plupart du temps, proposent deux comptoirs en apparence opposés : Venusberg/Wartburg, Walhall/Niebelheim, etc. Rien d'étonnant : elles vivent de ces dépôts, elles ont donc tout intérêt à les encourager, à tant consentir de crédit qu'elles les rachètent en liant toujours davantage l'endetté et même, comme dans les dérèglements actuels de la finance mondiale, en misant contre les créances qu'elles détiennent. Le seul lieu où l'on ait quelque chance d'échapper à cette *infernale* spirale, je pèse le mot, est ce qu'on appelait le Mont de Piété. Prenons cette enseigne dans le sens le moins usurier du terme. Seul le dépositaire d'une grâce infinie, infiniment offerte en rémission, peut accueillir la dette. Il s'agit de Dieu, le vrai Dieu, pas le Dieu des Églises constituées et temporelles : de ce point de vue, Titurel et Klingsor ont fondé des églises concurrentes mais pratiquement jumelles.

Titurel a reçu en dépôt les reliques, le Graal et la lance, mais s'en imagine le maître parce qu'il en ignore la symbolique et, forcément, l'usage juste. Il emploie le Graal à des fins d'immortalité, comme Wotan les pommes de Freia, une immortalité qu'il préfère à l'éternité. Quel croyant véritable refuserait comme il le fait de rejoindre son Sauveur et se satisferait d'une vie au tombeau *[sic]* indéfiniment prolongée mais inutile ? Klingsor a beau jeu de dénoncer la violence faite aux reliques et de rêver d'en faire autant. Le mage n'est pas un athée. Il croit en Dieu, il croit au diable, il ne croit plus à la pitié des hommes et n'a pas eu la chance d'un miracle. Il a été littéralement désespéré, au point de se châtrer — où, ailleurs que chez Wagner, trouve-t-on pareils personnages ? Klingsor comme Titurel sont des jouisseurs impuissants qui usent du désir des autres à leur unique profit. Eux seuls capitalisent, laissant à leurs esclaves, Amfortas et Kundry, le plaisir de la honte ou la honte du plaisir — comment dissocier les deux ? Wagner, selon le *Journal* de Cosima du 2 juin 1878, disait de lui : *« il ignore la Bonté, il est exactement comme les jésuites ».*

La dette de Parsifal lui explose ainsi au flanc au premier baiser d'amour. À cet instant il devient capable de relier sa mère, ce qu'il a vu au temple, les filles en leur jardin, Kundry, la détresse des hommes, les cérémonies sacrificielles sans fin recommencées, l'exemple christique, la compassion et le pardon. Avec quelques nuances, mais tout de même. C'est une conversion aussi forte que celle de Paul, un acte de foi. Un crédit absolu accordé à Dieu seul, pour paraphraser Paul Valéry. Wagner s'en amusait (*Journal* de Cosima, 19 septembre 1878) : *« [le pauvre garçon] veut tout de suite tout convertir, alors que les choses viennent tout juste de se révéler à lui »*. Tout le contraire des arrangements de la Grâce auxquels se livre Titurel.

Amfortas et Kundry paient eux aussi, avec usure, les intérêts de leur dette originelle : de n'avoir pas, en rencontrant le Christ, renoncé à se diviniser eux-mêmes. Lui en a reçu une caricature de stigmate qui hurle à chaque fois que la cène véritable opère, elle pense qu'une heure entre ses bras rendra un pur divin parce qu'elle a cru, recevant le doux regard du Christ en réponse à son rire moquant la crucifixion, qu'il l'appelait pour une consolation charnelle à ses chairs meurtries.

Économie du rachat, économie du salut.

Que Wagner établisse une différence entre le rachat des pécheurs et celui des pécheresses, qu'il n'offre pas le temps à Parsifal d'affirmer la réforme des cérémonies et prenne le risque de laisser croire à une restauration de l'ordre ancien, sans le désordre causé par la présence d'une femelle sur le saint domaine, relève d'un autre chapitre. La formule finale, *Erlösung dem Erlöser*, dit en tout cas le processus d'échange permanent mis en place. Cette formule a fait couler beaucoup d'encre. L'exégèse traditionnelle trouve commode et globalement conforme à un wagnérisme primaire de la traduire par « rédemption au rédempteur ». Je serai plus prudent en choisissant une variante du verbe *erlösen*, celle qui dit « libérer », « délivrer ». Quelque chose comme : « que soient brisées les entraves emprisonnant celui qui a brisé les nôtres ». Au-delà de la traduction, forcément une interprétation, on voit ici poindre le problème de la représentation, de l'imagerie de ce moment crucial : celle que s'en fait la société au sein de laquelle le miracle a lieu, celle que nous, metteurs en scène, allons proposer *après* Wagner et *d'après* Wagner. L'espace de la rencontre n'est pas une partition mais une scène — où, à nouveau, il va falloir « y croire », croire tout simplement, faire crédit à l'auteur, oui, mais aussi à l'interprète, au médiateur.

Le salut passe par la renonciation à la prétention universelle. C'est ce que signifie l'acceptation d'un sacrifice au profit d'une instance ternaire, d'un tiers désirant qui oriente notre désir vers lui : non seulement tout désir devient un désir *au nom de*, mais aucun désir ne doit prendre le pas sur notre désir de l'instance tierce. Il y a, dans notre civilisation occidentale, une culture du sentiment politique, j'entends par là d'un transfert amoureux vers, au choix, la Rome pontificale ou impériale, la République, la nation, la patrie, la constitution, le village, un chef, un dictateur ou même, désormais, une marque, une entreprise, un produit. Ou encore « la Terre ». Vous imaginez sans peine que ce transfert a besoin d'être organisé, institué, et que cette institution passe par des cérémonies, des représentations, toujours susceptibles d'être ou de devenir des montages de marketing. Nous devrons nous interroger sur la place accordée à la nouveauté au sein de ces montages ayant pour vocation leur propre survie, leur propre conservation — celle en tout cas de ceux au profit de qui s'exerce le transfert. S'agissant de Dieu, nous devrons vérifier si le discours qui lui est prêté est le sien ou une interprétation destinée à légitimer sa représentation par un homme, un groupe, investis du pouvoir d'authentifier l'humain. À l'inverse, en effet, il est prêté à cette instance un désir politique, celui d'une organisation humaine conforme ou préalable à un accomplissement qui s'épanouira ailleurs, plus tard, dans l'au-delà.

Aimer, désirer, c'est contracter une dette. Non une dette entre deux individus, comme si leur aveu d'amour et leur accouplement les légitimaient automatiquement et soldaient la créance : il s'agit bien d'une dette éternelle envers la communauté comme envers l'instance tierce, une dette qui ne peut jamais être rachetée et qu'on se passe de génération en génération. Un jeu de mistigri sans fin. On s'accouple en tant que fils et fille de, on procrée de même : toute union mobilise une généalogie qui recouvre aisément la communauté entière jusqu'à ses fondateurs originels. Cette communauté ne tient elle-même debout, instituée, que par le biais de son abandon d'absolu au profit de l'instance tierce. La boucle se boucle ainsi.

Pour que le désir constitue une dette acceptable, il doit être débarrassé de toute violence mimétique. Sinon, il pollue l'amour, le corrompt. Je dis « l'amour », je peux écrire « la relation à l'altérité », au Prochain si vous voulez. Ceci condamne l'usage de victimes émissaires — d'exclusions — comme réponse à l'altérité, comme ferment d'identité, comme outil de consolidation communautaire. Cet usage est une mauvaise monnaie : ce sont les deniers de Judas, le salaire de l'envie, l'impôt dû à César mais non à Dieu. Dieu ne prélève aucune taxe, aucun tribut : il demande crédit absolu, foi, un amour sans limite ni marchandage. Si la « rédemption par l'amour » a un sens, c'est celui-ci. L'imitation du Christ est en fait la seule imitation qui ne débouche pas sur de la violence, parce que le Christ échappe au processus de surenchère et de représailles. Il rend le Bien pour le Mal, comme l'énonce Gurnemanz. C'est cette conversion, au sens où on le dit d'une monnaie, qui brûle Kundry. Elle rit au spectacle de l'Homme des Douleurs, or voici qu'il lui jette un regard d'amour en retour. Comment désirer le Christ ? Là est la question. Mais croire en un sauveur, chez Wagner, n'est pas exactement la même chose que croire en Dieu : c'est croire à l'existence d'êtres capables de renoncer à l'envie violente, pas leur accorder sa foi sans limite comme s'ils étaient le Père. Le Christ, *Erlöser*, a besoin d'être *erlöst* par le Père, de même que tous ceux qui l'imiteront.

UN DISCOURS QUI TIENT DEBOUT

Au-delà de l'émotion, à quoi sert-il de produire un discours ambitieux ?

Ambitieux ou pas, le verbe est le propre de l'homme et de lui seul parmi les créatures terrestres. La parole est ce qui fait tenir ensemble les choses et leur nom, c'est-à-dire l'homme et ce qui est lui comme l'homme et ce qui n'est pas lui. Parler, c'est diviser, séparer, identifier, définir d'un même mouvement ce qui est autre et ce qui est soi. C'est inclure et expulser, tant on ne peut définir l'identité *que* comme une relation à soi *et* au non-soi.

Le langage est surtout une dette de sens. On fait *crédit à*, on parle *au nom de* : au nom d'un corpus linguistique partagé, commun à une culture, une table, en français, se dira « table ». Le langage, du coup, légalise le sens en référence à ce corpus : au nom du français, une table ne se dira pas « chaise ». Ce sont des exemples assez simples. Les choses se compliquent quand il s'agit d'exprimer des affects et, surtout, des valeurs positives et négatives, ce qui constitue l'essentiel du discours. Le *au nom de* renvoie toujours bien sûr devant une instance supérieure, maîtresse de la Parole, qui en posant les interdits et les limites applicables à la partie d'Humanité qu'elle gouverne, institue une norme, des règles, un ordre, dont les discours se font l'écho. Les mots partagés par la communauté fixent ainsi, simplifions, le Bien, le Mal, le Viable et le Déviant, ainsi que les conditions du rachat. Ils peuvent évoluer si l'instance supérieure évolue elle-même dans l'appréciation qu'elle porte sur les agissements humains : il y a place, dans le langage, pour une certaine négociation, pour une interprétation, sans parler d'une contestation radicale tendant à renverser l'autorité au nom de laquelle on parle — la *licence* poétique ou artistique fait partie de ces exceptions, avec plus ou moins de violence.

Cette autorité supérieure, vous le devinez, est de nature religieuse de par sa place fondatrice, qu'elle soit une divinité ou bien une entité ayant pris la place de la divinité — les valeurs républicaines, les valeurs de tout État, un dictateur divinisé, une révolution déifiée. Toute société se présente ainsi comme un assemblage de discours, écrits ou oraux, un entrelacement des mots, des règles et des hommes. Et comme les règles concernent essentiellement la limite humaine, l'abandon que tout homme doit faire d'une partie de soi au profit de l'autorité suprême, nous voici ramenés à l'idée de la perte nécessaire, de la dette à reconnaître, du transfert à l'autorité de tout désir de puissance absolue — au sens de : qui s'auto-fonderait, s'auto-légitimerait. Seul l'absolu est dégagé de toute dette, de toute limite.

Le langage wagnérien, parce qu'il est un langage, n'échappe pas à la règle qui guide toute prise de parole. C'est pourquoi il est si important, selon moi, de définir en termes très précis un certain nombre des concepts utilisés à la va-vite ou en dépit du bon sens pour caractériser la pensée wagnérienne. C'est pourquoi il est indispensable de revoir la terminologie des *Grundmotive*, afin de vérifier si, sur le plan du sens, nous ne serions pas depuis longtemps hors-la-loi. Nous : Wagner peut-être, nous-mêmes, Wagner et nous d'un même pas ou de deux pas différents. Je vais donner l'exemple du *Grundmotiv* de *Parsifal* baptisé « amour » par Wagner et, imperturbablement, « cène » par des générations d'exégètes.

Le mot « amour » réfère au commandement christique de « l'amour du prochain » et non à une quelconque affection. Si le français « cène » renvoie à l'expression allemande *Liebesmahl*, littéralement « repas de l'amour », expression manifestement altruiste et christique, il est fort mal choisi parce qu'il superpose à un commandement moral fondamental l'image envahissante et très décorative du groupe des douze autour du Christ, telle que la peinture l'a popularisée et déclinée, celle d'une cérémonie eucharistique catholique déjà marquée par le sacrifice et l'idée de transsubstantiation. Or Wagner, protestant, ne croit pas à la transsubstantiation. De quelle cène va-t-il s'agir ? De la cène telle que l'homme Wagner la conçoit ? De la cène telle que l'a vécue le Christ ? De la cène telle que l'Église romaine l'a fixée ? De la cène instituée par Titurel ? De la cène réformée par Parsifal ? De la cène imaginée par Toscanini ? Knappertsbusch ? Barenboïm ? Boulez ? Tel ou tel metteur en scène ? Tel ou tel spectateur depuis 1882 ?

Se dire.

S'il existe un langage normatif, existe forcément aussi un langage rebelle. Or la méfiance éprouvée par certains personnages à l'égard du langage, ou à tout le moins le rapport ambigu qu'ils entretiennent avec la parole, vont nous permettre, en creux, d'aborder la question essentielle des grands récits remémoratifs.

Le premier et, sans doute, le plus concerné, est Siegfried. Il relève d'un sacré traumatisme, puisqu'il a dû battre Mime comme plâtre pour que le nain lui apprenne à parler. Et comme Mime ment mal mais constamment, Siegfried a les meilleures raisons du monde de douter, de refuser de prendre pour argent comptant quelque parole que ce soit. Que cache Mime ? Toutes les informations concernant la filiation, la généalogie et l'héritage de Siegfried, toutes celles qui pourraient mettre l'enfant dans les traces de son père, au contact de son grand-père. Mime se fait ici le complice objectif de Wotan et de son plan d'ami-ennemi. Les autres expériences de la communication ne seront guère meilleures pour le jeune Wälsung. Avec le dragon, les choses tournent aussitôt à l'affrontement (« Assez de paroles creuses ! ») et, dès que le dialogue s'installe, Fafner se lance dans des explications incompréhensibles concernant des dieux, des géants, un or maudit, meurt enfin au moment où Siegfried pose la seule question qui le taraude : « pourquoi suis-je nommé Siegfried ? » — or, comme on sait, le nom, chez Wagner, contient le secret de la naissance et de la destinée. L'oiseau de la forêt, dont il espère qu'il est un messager envoyé par sa mère pour apaiser sa tristesse et sa solitude, se révèle créature de Wotan. Wotan, qui l'accueille au pied du rocher de Brünnhilde, lui pose quantité de questions exaspérantes, des questions de généalogie tendant à lui faire comprendre qu'il est son grand-père, à lui faire poser — comme on fera à Parsifal plus tard — la « bonne question » : qui a endormi cette femme et pourquoi ? L'affaire tourne court, Siegfried passe outre, n'achève même pas celui qu'il vient d'identifier comme le meurtrier de son père et l'oublie : il ne racontera vraisemblablement pas l'épisode à Brünnhilde. La walkyrie, à peine éveillée, entame à son tour un récit de tout ce qui a précédé, auquel Siegfried, entièrement à son désir, ne comprend rien et qu'il balaie dans sa transe érotique. Au milieu de toutes ces informations refusées, celles que lâche Mime, dont les paroles mielleuses sont soudain compréhensibles grâce au pouvoir conféré par le sang du dragon — une magie qui fera long feu : « fils de Loup », « Wälsung », devraient provoquer une étincelle, un « pourquoi », mais sont ravalées au rang de bobard, noyées qu'elles sont dans un tissu de mensonges. Constatons avec ahurissement que tous les autres personnages, même les Gibich, en savent plus loin que le Wälsung sur lui-même, tant ses exploits ont fait le tour du monde ou tant sa vie est de notoriété publique : que Siegfried, jusqu'au bout, demeure ignorant est une fameuse gageure de l'auteur Wagner.

Si parler, c'est d'abord dire qui on est, fixer l'identité, le père, le rapport à ce qui n'est pas soi, séparer, diviser, sur ce plan Siegmund était plus performant. Prié de décliner son identité, il fournit trois noms qui ne sont que des esquisses, mais surtout il prouve, en trois récits, qu'il est un ennemi du clan de son hôte, défendant d'autres valeurs, qu'il est l'ennemi public numéro un : un hors-la-loi hors-le-culte-de-Fricka. Je ne reviendrai pas sur le silence de Lohengrin. Je rappellerai juste que, lorsqu'on demande à Parsifal de « dire quelque chose qu'il sait de lui », il parle de sa mère — ou, après la cérémonie, se tait pour les raisons que j'ai déjà exposées.

Se taire.

Il serait fastidieux de dresser la liste de tous les exemples possibles. « Tu es trop bavarde », reproche Flosshilde à sa sœur qui révèle comment on peut, en contractant avec le Rhin, s'affranchir du système wotanien. « Cesse ton sot bavardage », intime Fafner à Fasolt qui argumente contre les dieux. « Tais-toi pour toujours », inflige Wotan à cette Erda qu'il faisait semblant de venir consulter. « Assez d'arguties : qu'il meure ! », assène Hagen pour contrer les hésitations de Gunther. « Ne parle plus de la race interdite ! », hurle Wotan à sa fille. Toute parole rebelle ou dénonciatrice de l'ordre officiel se voit ainsi muselée violemment.

Dans *Tristan*, au premier acte, Isolde brosse un récit des évènements dont elle demande à son vainqueur de s'expliquer. Elle s'attire la réponse suivante, que personne ne décrypte sur le coup : « La maîtresse du silence m'enjoint de me taire : si je saisis ce qu'elle a tu, je tais ce qu'elle n'a saisi ». Ce qui signifie : Isolde s'est tue la première en ne révélant pas qui j'étais, et c'était par amour. Elle a tu cet amour, contraire aux intérêts de son peuple, elle l'a tu encore quand, pour que la paix soit signée, elle a obéi à l'ordre d'épouser Marke. Comment Tristan pourrait-il avoir avoué son amour pour une femme qu'il devait destiner à son roi de par les us de la chevalerie et de par les intérêts supérieurs de la politique, autant que pour ne pas devenir un puissant roi d'Irlande excitant la jalousie de ses pairs ? Comment, aujourd'hui, pourrait-il en faire l'aveu ? Il sait qu'elle l'aime, mais si elle ignore que cet amour est réciproque, il ne pourra le dire.

Le silence, en définitive, n'est que la parole interdite par un système, ou le refus — sinon l'impossibilité — de se déclarer « fils de ». Le silence est une énigme. C'est pourquoi je n'aime pas du tout les « analyses psychologiques » du niveau de celle que s'autorise, par exemple, Dominique Jameux dans son commentaire musical de *Tristan* publié dans *L'Avant-Scène Opéra*. Pour qualifier l'attitude de Tristan lors de sa première confrontation avec Isolde, il se contente d'un « il est lourd à la détente » qui ne me choque pas en soi — il existe des personnages bornés — mais dans ce contexte.

Tous les personnages wagnériens consacrent un temps incroyable à raconter le passé : une constante que Nietzsche et Shaw ont brocardée.

Ce n'est assurément pas ce qu'ils ont fait de plus intelligent. On ne comprendra rien à l'opéra wagnérien si l'on n'admet pas que l'action gîte dans ces récits qui actualisent le passé et les potentialités d'avenir. Tout le principe du *Grundmotiv* réside d'ailleurs là. Se contenter de résumer la trame des livrets selon l'enchaînement d'évènements repérables est totalement secondaire mais, malheureusement, c'est à ces enchaînements classiques que s'attachent bien des spectateurs et bien des commentateurs-vulgarisateurs. D'où l'idée que les opéras wagnériens sont inutilement longs, ou seraient insupportables s'il n'y avait la géniale musique. D'où l'idée qu'une mise en scène wagnérienne devrait se contenter d'exposer ces bribes d'agissements et, pour le reste, laisser agir la magie sonore.

Effectivement, tous les personnages wagnériens entrent en scène pour raconter leur version des évènements. Ils ont chacun la leur, au point que des commentateurs pleins d'humour et de bon sens ont relevé combien ce passe-temps les rapproche des Juifs discutant le Talmud en voulant s'écarter de « la parole déjà parlée ». Chacun de ces récits contient sa part d'ombre, de dissimulation, sa logique de causes à effets, ses solutions pour sortir de la crise. Parfois, au cours des scènes, les personnages changent de discours. Parfois, ils se coupent. Ces récits organisent donc un affrontement de mémoires : celle qui s'imposera aux autres triomphera et ramassera provisoirement la mise du pouvoir, de la vérité officielle, de la généalogie institutionnelle. Elle deviendra celle au nom de laquelle tout un chacun devra s'exprimer, vivre et mourir. Il va de soi que cette lutte d'influence se traduit aussi musicalement, non seulement de par la répartition non exclusivement redondante des *motive* sous les mots mais aussi de par leurs transformations et leurs propres affrontements. Lorsqu'on se souvient que ces *motive* portent des noms, on mesure à la fois la richesse du procédé et la nécessité de réévaluer ces noms pour être certain du discours qui est tenu. Notons enfin que cette mémorialisation incessante de la douleur et des catastrophes rapproche elle aussi Wagner de la pratique juive du récit.

Wagner, bien entendu, est le maître d'œuvre du montage. Il choisit ce qui sera dit et tu, il choisit le commentaire musical, il choisit aussi l'ordre dans lequel ces récits interviennent. Je vais donner un exemple parmi tous ceux que j'étudie dans mon livre. *L'Or du Rhin* ouvre sur une scène où l'on voit un nain hideux et priapique moqué par les ondines qu'il courtise et qui, au comble de la frustration, maudit l'amour et s'empare de l'or. Tout le monde reste sur cette première impression, très forte, tendant à présenter le nain comme le responsable de la catastrophe qui va balayer l'univers. Ce n'est que très progressivement, par petites touches prudentes, que les langues se délieront : nous allons apprendre que l'ensemble des races ont été asservies par Wotan, obligées de se plier au culte de Freia, nous allons découvrir que l'amour dont les dieux ont fait la suprême valeur ne fait rêver qu'en apparence, nous allons comprendre pourquoi le nain a saisi l'occasion de dénoncer le système en s'en affranchissant pour en créer un qui parvient au même résultat, le désir, sans même plus mentir ni s'enrober de lumière magique et d'éternelle jeunesse. Surtout, nous devrons attendre la *Götterdämmerung* pour entendre les Nornes raconter comment, avant Alberich, quelqu'un précipita l'univers vers sa perte en saccageant le frêne du monde : Wotan lui-même, venu tailler la branche maîtresse de l'arbre pour y graver ses propres lois imposables à tous. Que cette information ne nous parvienne qu'une fois la fameuse lance brisée n'est pas neutre : il n'empêche que la désignation d'Alberich à la haine de tous, si conforme à la vérité officielle wotanienne — à sa propagande — nous entraîne nous aussi, de par la volonté de Wagner, comme créatures asservies par l'Albe clair.

Le choix du metteur en scène devient ici spécialement compliqué : dénoncera-t-il les artifices structurels du discours ou jouera-t-il le jeu wotano-wagnérien ? J'ajoute à cet enjeu la responsabilité du chef d'orchestre et de l'interprète d'Alberich. Résumer cette première scène en liant la frustration sexuelle d'Alberich à sa conquête de l'or est, psychologiquement et tactiquement, en-deçà de ce que dit la musique. On trouve vraiment trois sections très distinctes dans ce tableau : l'une qui narre les pitoyables efforts du nain pour parvenir à ses fins, une qui lui démontre que l'on peut désirer autre chose (l'adoration de l'or caressé par l'aube), une dernière dont le climat orchestral et vocal change complètement, avec un Alberich maître de lui, calculateur, froidement décisif : soudain politique — même si le plan qui lui vient à l'esprit vise d'abord à se venger de sa frustration. J'en profite pour rappeler qu'il ne vole pas le métal mais qu'il l'achète en toute légalité : tout comme Wotan a payé d'un œil le pouvoir obtenu au pied du grand frêne, emballé dans le papier de soie de son mariage avec Fricka et son clan si puissant. L'idée d'un rapt fait partie de la propagande des dieux.

On lira à la même loupe les récits de catéchisme de Gurnemanz, tous orientés par la volonté de faire tenir debout, par la parole, une communauté qui s'effondre. Tenir debout : instituer, fabriquer de l'État.

Du sexe pour détourner de l'or.

Flosshilde affirme que le Rhin a ordonné de garder l'or *pour empêcher son vol*, Woglinde dit *Nur wer der Minne Macht versagt, nur wer der Liebe Lust verjagt* — « seul celui qui renie le pouvoir de l'amour, seul celui qui rejette le plaisir de l'amour ». À quoi le nain renonce-t-il vraiment ? Je reconnais que Wagner laisse la confusion s'installer, et pourtant on peut démêler tous ces nœuds. Les ondines s'étonnent de ce que le Nibelung n'ait jamais entendu parler de l'or, cependant elles le renseignent parfaitement. Pourquoi ? Parce qu'elles ne peuvent pas tenir leur langue ? Parce qu'elles estiment ne courir aucun danger ?

La mise en garde du *Vater-Rhein* vise uniquement selon moi un vol « banal » commis par un *Falscher*, pas le troc « informé » qui va avoir lieu. Mais, réplique Wellgunde, pourquoi s'inquiéter ? L'or est protégé, en quelque sorte, par un logiciel incassable, dont seul connaît le code celui qui maudit l'amour. Qui volerait l'or sans pouvoir en user autrement que comme d'une babiole ? Qui maudirait l'amour ? Sûrement pas ce nain ! Les ondines se sentent donc autorisées à révéler le sortilège, tant elles se sentent en sécurité, et en profitent pour frustrer encore davantage le nain sur le thème « tu aimerais être maître du monde, pourtant tu es enchaîné comme tout un chacun à l'amour, même si tu ne peux nous plaire ni nous saisir ». Nous pouvons nous contenter de cette psychologie, qui établit pour le nain soumis la limite à son propre désir.

Essayons cependant d'aller plus loin. Ce que je vais dire là n'est pas explicitement posé par Wagner mais existe en creux. De quelle arme les ondines disposent-elles pour empêcher le rapt de l'or ? Le silence n'est pas tout. Elles servent techniquement de leurre, tant elles sont désirables : celui qui viendrait avec de mauvaises intentions se trouverait aussitôt pris dans les filets d'une envie sexuelle supérieure à toute autre envie. Elles protègent l'or de leur corps, littéralement. Pas un instant elles n'envisagent que les choses puissent tourner autrement : elles proposent au nain de venir « se débaucher avec elles » — *schwelge mit uns* — dans la lumière de l'or « qui le rend beau ». Moquerie, certes, mais il suffit que le nain le croie. L'or est une sorte de baume érotique aussi illusoire qu'un produit de sex-shop. D'une certaine manière, l'image des prostituées sur leur barrage, qui ouvrait le *Ring* de Chéreau, se justifie ainsi — et restait trop sage.

Le Rhin est-il partie prenante du système wotanien ? Les ondines, en floutant la puissance potentielle du métal, protègent-elles ce système ?

Le Rhin est l'autre endroit magique du monde, à l'instar du Grand Frêne, où il est possible de venir fonder un système en payant pour cela. Tout le monde n'était pas prêt à s'éborgner pour posséder la lance, les candidats au renoncement à l'amour ne franchissent pas davantage le Rubicon.

Nous devons partir de l'aventure wotanienne. Nous disposons de deux récits. Celui des Nornes narre comment un dieu hardi vint à la source et laissa un œil en paiement d'un savoir lui permettant de transformer une branche en lance couverte de runes asservissant les races. Celui de Wotan est plus simple : il renonça à un œil pour pouvoir épouser Fricka.

Wagner a maintenu dans le projet définitif cette scène des Nornes qui n'était pas indispensable, sauf en ce qu'elle propose une autre version des faits, dont nous devons moins douter que nous ne douterons des arrangements avec la vérité multipliés par Wotan. Nous devons ajouter, à ces deux récits, celui par lequel Wotan ouvre son grand monologue dans *Walküre* : « quand le plaisir des amours de jeunesse se dissipa en moi, j'aspirai à la puissance [...] sans vouloir rien lâcher de l'amour [...] et Loge, avec ruse, me circonvint ». Je ne crois pas que Fricka compte au nombre des conquêtes juvéniles de Wotan. Je pense que, guidé par Loge, l'albe clair vient à la source pour mettre la main tout à la fois sur le clan de Fricka et sur la lance. Il aurait pu aller au Rhin, dont il a entendu conter merveilles, mais Loge ne l'y a pas mené — puisqu'il voulait conserver l'amour. Maître de l'amour, esclave de l'amour : Wotan bâtit son empire sur le culte de Freia et les règles domestiques de Fricka — aux yeux de Wagner, l'association est stérile, impossible à respecter, porteuse de toutes les trahisons.

L'impossible alliance de Freia et Fricka.

Le mot *Lust* ne vient pas ici par hasard. La langue française est moins riche que la langue allemande. Wotan, fatigué du plaisir, aspire à la puissance mais veut *die Minne*, être aimé et aimer avec le cœur plus qu'avec le corps. De ce doux sentiment, pourtant, il ne pourra jouir : il aime les Wälsungs, il aime Brünnhilde, mais il demeure leur maître, il attend d'eux qu'ils aiment comme lui, qu'ils changent d'avis quand il en change, qu'ils vivent dans leur être ses propres tourments et ses propres contradictions. Il aime ses rebelles, nés hors les lois, mais doit les contraindre à respecter ces lois qui s'imposent à lui. Wotan est ici le digne héritier de ces héros que nous avons déjà rencontrés, mais il en éclaire le parcours autrement. Comme Tannhäuser, il veut fuir l'ennui d'un plaisir sans fin offert, rêve sinon de l'interdit en tout cas de *l'obstaculaire*, tout à la fois de rencontrer la femme qui l'aimera pour lui-même et non parce qu'il est le meilleur des chanteurs ET de conquérir cette femme en dominant la Wartburg promise. Comme Lohengrin, il veut conserver ses pouvoirs ET ne pas être désiré pour ceux-ci. Comme le Hollandais, il entend que rien ne lui résiste MAIS se rend compte que le véritable amour ne s'achète pas. Comme ces trois-là, il ignore tout, en définitive, de l'amour humain, parce que l'amour humain est révolutionnaire, au sens de : incompatible avec un aménagement normatif. Lorsque Alberich maudit l'amour, il ne maudit pas grand-chose au fond : simplement d'être *désiré* pour lui-même. Je serais tenté de dire que l'amour, tel qu'il subsiste dans le monde, est de toute origine maudit parce qu'il est confondu avec le plaisir, avec l'envie, avec les mécanismes du désir désintéressé. L'initiation à un amour d'une autre nature va s'opérer dans des convulsions très douloureuses, exiger un renoncement à l'envie plus qu'au pouvoir.

C'est pourquoi Alberich n'hésite pas : *erzwäng ich nicht Liebe, doch listig erzwäng ich mir Lust ?* — « je ne pourrais contraindre personne à m'aimer, mais je pourrais, par ruse, l'obliger à me donner du plaisir ? » C'est logique, une logique à laquelle les Filles n'ont pas pensé en menaçant qu'il lui faudrait renoncer à la jouissance. Devant Loge et Wotan, il vouera toutes les déesses à un destin de putains esclaves et c'est, comme nous le raconte Wotan dans *Walküre*, en promettant le trésor à Kriemhild qu'il concevra Hagen. Par parenthèse, on ne sait pas ce que devient cette Kriemhild, mais je suis toujours frappé par le gémissement de Gunther : *Hilf, Hagen, hilf meine Ehre, hilf deiner Mutter, die mich auch ja gebar !* — « À l'aide, Hagen, secours mon honneur, secours ta mère qui m'a enfanté moi aussi ! » On peut en inférer que cette mère n'est pas morte et qu'elle a élevé son bâtard comme le fils préféré, le plus précieux en tout cas — à sa manière un *Hort der Welt*, un trésor du monde, comme on le dit de Siegfried.

Quoi qu'il en soit, Alberich ne fait que prendre conscience du leurre, le révéler à tous. Il a trouvé la faille, il comprend que le prix à payer n'est pas si exorbitant que cela — il n'est pas, comme Wotan, épris d'une rencontre féminine idéale. Lorsque Wotan reconnaît : *Alberich brach ihren Bund* — « Alberich brisa les entraves [des lois gravées sur la lance, qui le liaient comme toutes les autres créatures] », il indique bien en creux le processus d'asservissement : celui qui veut jouir doit se soumettre aux lois de la relation amoureuse, aux valeurs qui lui sont rattachées et que décrivent autant Fasolt que Mime : « Nous peinons, transpirant, les mains calleuses, pour gagner une femme qui, aimable et douce, habiterait avec nous, pauvres gens » et « Forgerons insouciants, nous fabriquions jadis des bijoux pour nos femmes, de gracieux jouets de Nibelungs, riant heureux de notre peine ». Toute l'économie de l'univers repose sur un bonheur domestique dont le soin mobilise une attention permanente, personne ne se préoccupe de grandes ambitions. À ceci près que tout le monde, y compris Wotan, rêve de s'affranchir de cette loi divine. Fafner parle sans fard : posséder Freia est moins important que l'arracher aux Dieux car, s'ils la perdent, ils n'auront plus accès aux pommes de jouvence qu'elle cultive, vieilliront et mourront. Le géant pense plus « politique » qu'Alberich, dont la première ambition est de transformer le monde en bordel à son usage, par le biais tout de même d'un remplacement de la valeur « travail » par la valeur « finance » : « alléchés par l'or, c'est lui seul que vous convoiterez » — en oubliant l'amour de vos femmes. Au risque de faire hurler les musicologues, j'avouerai ne pas voir de différence essentielle entre le thème des « géants » et celui de la « forge », qui se lient aisément à la « servitude » et au « Tarnhelm ».

Se met ainsi en place, par touches successives, un discours instituant. Le problème vient de ce que nous n'assistons pas à la sédimentation dans l'ordre chronologique, nous sommes obligés de nous livrer à un travail d'enquête très minutieux.

Le plan de Wotan pour sortir de la crise.

L'amour des Wälsungs, enfants adultérins de Wotan-Wälse, jumeaux incestueux et adultères, cet amour hors-la-loi n'est évidemment pas de même nature que celui auquel aspirent les créatures liées par les traités. L'amour compassionnel que Brünnhilde va porter à Siegmund et Sieglinde est, lui aussi, d'une autre nature. Ce que Wagner démontre, c'est qu'on ne peut fonder un monde viable, susceptible de se survivre, ni sur un lien entre amour et pouvoir (travail, finance, lois), ni sur l'idée d'une liberté amoureuse inconsciente de son contexte (les couples Siegmund/Sieglinde, Siegfried/Brünnhilde, pensent échapper au monde).

Cette prégnance du contexte, Wotan essaie de s'en affranchir deux fois en vain. Avec les Wälsungs, il espère qu'une sorte de manipulation génétique lui permettra de concevoir, en tant que Wälse, des enfants dont la prise de conscience généalogique les amènera à devenir enfants de Wotan. C'est impossible, évidemment. Il croit détenir ensuite, avec Siegfried, un être sans racine. Il mise, pour le tenir en laisse, sur la nécessité inhérente à toute créature de remonter le fil de sa lignée. Le stratagème fonctionne plutôt bien, d'autant mieux que Wotan balise le chemin de son petit-fils en programmant l'élimination de tous ceux qui pourraient lui en apprendre trop, jusqu'à l'instant ultime, qu'il se réserve, celui de leur rencontre. Ce n'est pas Wälse pourtant que Siegfried trouve devant le rocher de Brünnhilde — imaginez ce qui se passerait si le Voyageur se déclarait grand-père aimant ! — mais Wotan : le dieu avoue tout l'amour qu'il porte aux Wälsungs, il avoue aussi qu'il est leur ennemi. Et là tout s'effondre.

Wotan avait conçu un plan : Siegfried récupérait la bague de sa propre initiative, pas parce qu'il aurait été *conçu* pour défaire ce que Wotan ne pouvait défaire (reprendre l'anneau légalement donné à Fafner, marché conclu sur la lance garante des traités par lesquels tient le pouvoir divin), il le donnait à Brünnhilde qui, parce qu'elle avait bien écouté le grand récit de Wotan dans *Walküre*, accomplissait « l'acte rédempteur » — rendre l'or au Rhin. La menace d'Alberich disparaissait.

Que se passe-t-il en fait ? Il faut d'abord garder à l'esprit une donnée capitale : depuis que l'anneau a été maudit, seul Alberich peut s'en servir. Tout le monde l'oublie : Mime, Hagen, seraient tous deux condamnés au destin de Fafner — « que tous convoitent la bague, que nul n'en puisse user, qui le possède n'en tire nul profit mais attende craintif l'assassin envieux ». *Wer ihn besitzt, den sehre die Sorge, und wer ihn nicht hat, den nage der Neid* — « qui le détient se ronge d'inquiétude, qui ne l'a pas se consume d'envie ». L'envie, voilà la clef. L'amour tel que Wotan l'institue en instituant la valeur « travail », tel qu'Alberich le prostitue en instituant la valeur « or », est insécable de l'envie. Ce n'est pas un hasard si les ennemis de Siegmund sont les Neidings, les Envieux, si l'antre de Fafner s'appelle Neidhöle, la grotte de l'envie, si la qualité principale de Siegfried est d'être *ledig des Neides*, « insensible à l'envie ». Wotan le sait. Il reconnaît, dans Walküre, qu'il ne peut fuir la malédiction : il a touché l'anneau, il ne peut faire autrement que le désirer et, pour cela, il est prêt à tuer ceux-là même qu'il aime, ses propres enfants. Devant Siegfried, il sent monter en lui l'effroyable sentiment et implore : *heut' nicht wecke mir Neid* — « aujourd'hui, n'éveille pas en moi l'envie ».

Soulignons autre chose d'extrêmement important. Si le plan wotanien fonctionne, si l'anneau revient aux ondines, qu'advient-il du pouvoir des Dieux ? Wagner a, vous le savez, rédigé de multiples versions du final. Dans les premières, la restitution de la bague permet la restauration des Dieux hors tout danger. Le sacrifice émissaire de Siegfried y est décrit comme l'acte qui devait être accompli pour que Wotan règne désormais sans partage, bienheureusement, délivré de l'envie. Wagner a par la suite beaucoup réfléchi, lu Schopenhauer, travaillé sur le Christ, augmenté le rôle de Wotan au détriment de celui de Siegfried. Il est parvenu à la conviction que le vouloir attache égoïstement au vouloir-vivre, à tous les hochets du créé. Il a trouvé cela désespérant. Alors, il a inventé un vouloir altruiste qui permettrait de vivre et de concevoir un exercice du pouvoir, une sorte de royaume des cieux sur terre, et a couronné Wotan, un peu vite, roi du renoncement. Voici le deuxième concept fondamental du wagnérisme, aussi peu explicité que celui de l'amour, tout aussi dégradé.

Dégradé ? Le wagnérisme courant brosse de Wotan un portrait tragique mais flatteur. Il reconnaît les erreurs du Dieu mais exalte sa prise de conscience, sa capacité d'effacement, son sacrifice. Pourquoi pouvons-nous refuser d'adhérer à cette vision ?

Discours du renoncement.

Les Filles, bien que le nain ait respecté les règles de l'échange, crient pourtant « au voleur ». Elles vont se plaindre à Loge en ces termes, auxquels nous nous sommes tant habitués — et Wagner lui-même dès ses premiers contacts avec la légende, avant qu'il la récrive — qu'il est très difficile de les critiquer. Par exemple : dans quelle mesure les ondines ne sont-elles pas allées trop loin face au Nibelung, qui peut jurer qu'elles n'ont pas désespéré sa demande bien au-delà de la protection du métal et que, en réclamant justice là où il n'y a pas eu dol, elles ne dissimulent pas leur propre faute ? Narrant l'affaire aux Dieux et, surtout, devant les géants, Loge, qui garde toujours pour lui-même certaines informations utiles, ne va dévoiler la puissance conquise par Alberich que pressé de questions par Fafner, Wotan et Fricka — cette dernière rêvant d'employer le pouvoir de l'anneau pour enfermer son époux à la maison. Il ne parlera de vol que pour fournir à Wotan un prétexte à une descente de police intéressée, s'esclaffant : *« voler un voleur, quoi de plus simple ? »,* justifiant l'intervention divine par la nécessité de rendre la justice, de restituer le métal à ses gardiennes. Sans doute a-t-il compris le danger que court tout le système à laisser un système concurrent se développer et veut-il sortir les géants du jeu. Wotan, en réplique, se montre tacticien obtus : sans saisir la perche légaliste qui vient de lui être tendue, il avoue crûment qu'il gardera pour lui le fruit de sa rapine.

Ces réticences tactiques dans le discours de Loge, dont on ne sait trop si elles servent ses maîtres ou réservent son propre avenir, ne nous aident pas à suivre : on voit bien que, pour le faire vraiment parler, il faudrait lui tordre le cou en se méfiant de tout ce qu'il dit. Tout en appréciant les compositions scéniques de plus en plus performantes dans le déjanté auxquelles les interprètes modernes se livrent avec délices, je regrette que l'on ne montre pas Loge pour ce qu'il est, un être revanchard, aigri, foncièrement mauvais. Les admirateurs de Wotan devraient exiger que l'on respecte cette didascalie du poème inscrite au monologue de *Walküre* : *listig verlockte mich Loge [...] unwissend trugvoll übt' ich Untreue* — « Loge, avec ruse, me circonvint [...] trompant absolument sans en avoir conscience, je m'employai à des traîtrises ». Voilà qui dédouane partiellement le dieu. Mais si l'on croit le *Journal* du 12 décembre 1870, entre autres citations, Wagner est plus lucide dans la vie que dans le poème dont on a un peu le sentiment qu'il le comprend progressivement : *«* L'Or du Rhin *a l'avantage de nous présenter aussi clairement qu'un procès de paysans la faute et la condamnation de Wotan et la nécessité contraignante de son renoncement au monde ».*

Je range Loge dans la catégorie des Juifs. Pourquoi Wotan lui confiera-t-il la responsabilité de protéger le sommeil de Brünnhilde ? Je trouve parfois adorables les petits enfants wagnériens. Ils aiment bien Brünnhilde, alors ils pensent que celui qui la protège est un être gentil et sympathique, au moins autant que son cheval Grane. En fixant l'errant, Wotan ne crée qu'une pyrotechnie, une pancarte « attention ! danger ! » à l'intention de ceux qui obéissent aux panneaux ou qui en ont peur. Pour franchir les flammes, il ne faut pas ne pas les craindre : il faut « être plus libre que le Dieu » et « ne pas craindre la lance des pactes » : je renvoie à la démonstration, dans *Richard Wagner*, de la corrélation existant entre peur, savoir, désir, loi et filiation.

N'imaginez pas pour autant que Loge, ainsi enchaîné au rocher, trouve là une forme de rédemption qui effacerait son caractère mauvais. Loge n'est pas un philosophe. C'est un stratège que seule sa basse extraction empêche de parvenir à la plus haute marche du trône, quand bien même il en rêve — en voulant conserver pour lui le Tarnhelm, en souhaitant dévorer ses maîtres. C'est un traître. Pourtant, ce traître demeure esclave. Il n'est pas le grand purificateur de l'univers, il en est l'un des fossoyeurs, il ne peut faire autrement que se retourner contre le système qu'il a inventé et vendu au brave Wotan. Loge et les dieux, au final de la *Götterdämmerung*, s'entredévorent enfin et c'est Brünnhilde qui les jette dans l'arène, le temps pour le Rhin de tout nettoyer. Qui fait alliance avec les Juifs périra par les Juifs. J'ajoute : et tout spécialement par leurs bâtards. Loge, mi-nain, mi-dieu, Hagen, mi-nain, mi-homme, expriment toute l'angoisse écœurée éprouvée par Wagner à l'idée d'un mélange des races, dont le cri de Siegfried refusant l'hypothèse que Mime soit son père et sa mère porte témoignage. Il est d'ailleurs frappant de constater que les deux héritiers, la walkyrie et le Wälsung, sont mis en couveuse chez des Juifs, Loge et Mime.

Je n'aime guère qu'on représente Wotan en capitaine d'industrie sans scrupule, en chef de bande mafieux : il n'est pas davantage un Dieu qu'on puisse adorer, il est, comme Créon, un tyran. Je me méfie aussi de ceux qui en feraient facilement une victime, assez naïve au fond, de la soi-disant méchanceté d'Alberich et des réelles manipulations de Loge. Naïve, oui : on ne saurait dire que ses calculs prouvent un génie stratégique particulier, au contraire il fonce avec entêtement dans toutes les impasses imaginables — mais, bien sûr, la musique nimbe tout cela d'une aura magnifique. L'exégèse traditionnelle prétend ainsi que Wotan, au deuxième acte de *Walküre*, renonce à son pouvoir — à toute envie par conséquent — et se prépare à devenir le Voyageur, un personnage qui n'intervient plus dans les affaires du monde. C'est absolument faux, voici encore une manipulation.

Il faut plutôt considérer que le tournant se situe dans la scène finale de *Walküre* et tout d'abord dans le dialogue avec Brünnhilde. Brünnhilde prétend que sa désobéissance a été, en réalité, une obéissance absolue. Wotan réalise progressivement tout le parti qu'il peut tirer de la donne nouvelle créée par la prochaine naissance de Siegfried. Il va préserver les apparences — et son pouvoir — en appliquant la loi (punir la rebelle), mais dans des conditions qui ménagent une porte de sortie, un retournement de la situation à son avantage. Il accepte le feu protecteur contre tout lâche (l'orchestre, qui sonne le thème de Siegfried, indique que Brünnhilde et lui sont sur la même longueur d'onde, même si le nom du héros est légalement imprononçable), puis grave une nouvelle loi : « que seul franchisse le feu celui qui ne craint pas cette lance » — à nouveau, sur le motif de Siegfried.

Devons-nous, tels des enfants un soir de 14 juillet, être aveuglés par la pyrotechnie ? Le Voyageur existe depuis belle lurette, c'est par exemple déguisé en Voyageur que Wotan est venu ficher Nothung dans le tronc qui soutient la cabane de Hunding — pas vraiment l'acte d'un observateur. Wotan enfile à nouveau le costume, mais toutes ses interventions dans *Siegfried* vont avoir d'importantes conséquences. Il gagne la tête de Mime, promet que Siegfried la coupera, met le nain sur la voie de la solution à l'énigme « qui reforgera Nothung ? », détourne la haine d'Alberich de Siegfried vers Mime, avertit Fafner que son meurtrier approche (pas de dialogue possible), programme l'oiseau sans lequel Siegfried ne prendrait ni le Tarnhelm, ni la bague, ni le chemin qui conduit à Brünnhilde (et à Wotan). En tous ces épisodes, la lance sert. Comme Wotan le rappelle à Alberich : « je tiens encore l'arme qui te dompte ». Bien sûr, le Voyageur prétend ne pas agir, seulement regarder et laisser faire : poudre aux yeux, ne nous laissons pas éblouir par la propagande.

Le poids des lois, traités, malédictions, est absolu chez Wagner. Il va donc falloir à Siegfried passer outre la lance. J'en suis on ne peut plus d'accord : à l'ultime instant de *Walküre*, Wotan programme le moment où il lui faudra savoir renoncer. Sauf que, puisque renoncer implique casser la lance, les choses ne peuvent pas être aussi faciles que Wotan ne le rêve en racontant le *pitch* à Erda. Il ne cède pas en joie, il s'accroche à son pouvoir : « je tiens la vierge en mon pouvoir, la réveiller, la conquérir, c'est m'ôter toute puissance », crains-moi et recule ! Tout simplement parce que l'envie l'a rattrapé et qu'il ne pouvait en aller autrement.

Le *Ring*, matrice d'une refondation chrétienne.

La dénomination du *Grundmotiv* « malédiction de l'amour » mérite d'être revue : non seulement parce qu'une définition de l'amour ainsi abjuré est indispensable, mais parce que ce thème va servir dans des moments où peu de gens le repèrent, par exemple lorsque Siegmund arrache Nothung du tronc et la baptise, ou lorsque Wotan donne à Brünnhilde le baiser qui va l'endormir. Ces deux exemples m'incitent eux aussi à penser que la « malédiction » d'Alberich n'est que la proclamation d'une sécession : en réalité, depuis longtemps, il n'y a plus d'amour qui ne soit soumis à l'envie. L'amour, érigé par les dieux en valeur suprême, est maudit depuis le jour où Wotan fonda ce système. La loi *empêche* l'amour plein, à défaut de le *maudire*, mais où est la différence ? Wagner est ici profondément pessimiste. Comme il l'explique dans l'esquisse *Jésus de Nazareth*, il pense que l'amour est le seul sentiment né avec le big-bang, l'unique sentiment de la Genèse, mais que la confrontation de l'humain à cette perfection se traduit immanquablement par un désir de légiférer, d'organiser, de faire violence, d'exclure et posséder. Les sécessions dont je parle, celle du nain, celle du rebelle Siegmund persuadé qu'en retirant l'épée il tient sa revanche, celle de Brünnhilde dressée contre l'ordre divin, sont des illusions de révolution : elles retombent dans la besace du Pouvoir qui est de toute origine l'ennemi de l'Amour.

Un lecteur m'a écrit : « Pourquoi ne pouvez-vous accepter que Wagner nous avertit tout simplement que la malédiction menace l'amour des Wälsungs ? ». La question est ambiguë. Dire « la malédiction », c'est introduire une confusion entre la malédiction de l'amour et la malédiction de l'anneau. Oui, la malédiction de l'anneau menace tout ce qu'entreprend Wotan, y compris sa capacité à aimer et à concevoir des enfants promis à l'amour. C'est très clair dans le livret, je résume un passage de *Walküre* : « j'ai touché la bague, je l'ai désirée, je dois tuer ceux que j'aime, trahir ceux qui me font confiance, en toute chose que je crée je ne trouve que moi, je ne puis concevoir d'être libre, je ne me pétris que des esclaves ». C'est un aveu d'une force incroyable, mais plus encore au-delà des apparences. L'anneau est un peu comme le philtre de *Tristan*, une sorte d'alibi commode, l'âne chargé des péchés du monde : ce n'est pas parce qu'il désire un anneau maudit que Wotan devient monstrueux, voilà bien longtemps qu'il trahit, ment, exploite. Voilà bien longtemps que, maître des pactes, il en est l'esclave. En second lieu, ce n'est pas parce que l'anneau est maudit qu'il était inoffensif de le désirer avant la malédiction. Certes, désormais, tous ceux qui le désireront — c'est-à-dire potentiellement la terre entière sauf Siegfried et Brünnhilde — seront voués à la mort. Mais il ne s'agit que d'un effet secondaire, pas de la souche du mal, ce que Wagner a un peu plus de difficulté à avouer qu'il n'en éprouve à exhiber son méchant nain. La malédiction de l'anneau, je le redis, n'est qu'un constat, un révélateur chimique qui dénonce la présence, dans le liquide étudié, d'un composant invisible : ici, que tout désir de pouvoir se dresse contre l'amour et la liberté. Elle est une mutation mortelle d'un vieux virus : l'amour a été tout aussi bien expulsé par Wotan que par Alberich, sa légalisation par Wotan comme sa délégalisation par Alberich sont une seule et même chose.

Si l'on admet cela, alors, oui, l'irruption inattendue du thème dit de malédiction de l'amour pour enchâsser l'évènement que tout le monde attend depuis le lever de rideau de *Walküre* — et depuis bien plus longtemps, pour ce qui est des protagonistes — prend un sens : pour que ce sens éclate aux oreilles de tous, il est indispensable de ne pas associer « malédiction de l'amour », « anneau » et « Alberich ». Il faut être plus large de vue, retirer Alberich et la bague de l'équation, poser uniquement que « malédiction de l'amour » = « désir de pouvoir ». Nous ne pouvons pas traiter à la légère la position éminente de ce thème qui sonne, dans *Rheingold* et *Walküre*, en même temps à la voix et à l'orchestre — configuration qui ne se trouve qu'en des moments exceptionnels. Nous sommes tenus de superposer la recette fournie par l'ondine, *nur wer der Liebe...*, et le baptême de l'épée : mot pour mot, ces deux périodes disent forcément une seule et même chose, lient le désir au désir de pouvoir, le désir de pouvoir à l'incarnation en un monde de lois, la loi à la mort sacrificielle — relisons le texte du baptême, tous ces mots y figurent. Alberich, en cette affaire, est très secondaire, l'or et l'anneau doivent être mis dans le même sac que la lance et le culte de Freia. Je le redis : le culte de l'amour est un culte, c'est-à-dire un ensemble de lois au nom desquelles on travaille et au nom desquelles on condamne l'illicite, l'inceste et l'adultère des Wälsungs comme la déviance d'Alberich, reconnu coupable de « vol » et de « perversion » (obtenir le plaisir par des relations forcées ou par paiement de « prestations » au lieu de le gagner à la sueur de son front). C'est cela que je veux voir en scène : personne ne peut prétendre que Wagner ignore ce qu'il fait en surexposant ainsi ce motif à ce moment décisif.

Mais Wagner n'en a rien fait, scéniquement parlant. Non, pas de didascalie. Je crois que le théâtre, à son époque, ne servait pas forcément à cela. On faisait confiance au texte pour dire les choses, qu'il soit de paroles ou de musique. On ne disposait pas de la technique théâtrale suffisante (jeu des corps, espaces non réalistes, second degré, etc). Et puis, Wagner avait pour théorie que nous devons, pour le comprendre, nous laisser pénétrer par le sentiment, le ressenti, la compassion. C'est un point sur lequel notre époque est plus généreuse que lui, parce qu'elle montre sans cesse, prenant d'ailleurs le risque de tout mettre sur le même plan d'émotion possible. Remarquons pourtant que l'émotion essentielle qui devrait nous saisir à la compréhension du liage entre désir, amour, loi, mort et pouvoir, est singulièrement caviardée par l'émotion secondaire que surexpose Wagner, celle éprouvée au spectacle de deux héros rebelles promis à quelque splendide nuit de noces.

Alors, quel est l'amour qui sauve ? Seul l'amour altruiste, d'inspiration christique, permet une telle réconciliation. Un salut. J'emploie ce mot dans un sens bien précis : mettre fin à la spirale infernale, sortir de la logique du système. Les affrontements de mémoires fonctionnent comme tous les affrontements : la violence de l'un nourrit celle des autres, incite à la surenchère, sans cesse on espère trouver le mot qui fera taire l'adversaire. Un mot-bombe atomique en quelque sorte, une violence verbale telle qu'elle restera sans réplique, inimitable, qu'elle échappera à tout retour avec usure. Il faudrait, pour sauver, cesser de mentir, lier honnêtement les causes et les effets, définir des enchaînements responsables, mais pas pour punir, expulser, venger : pour pardonner, inclure, aimer. Ce n'est pas plus facile dans les opéras wagnériens que ça ne l'est dans la vie réelle, et toutes les communautés n'y parviennent pas. C'est cependant la quête wagnérienne essentielle, celle qui occupe l'auteur d'une œuvre à l'autre, au point que l'on pourrait prétendre qu'il ne raconte en fait qu'une seule et même histoire en dix méga-groupes de récits. Il n'est d'ailleurs pas neutre que quantité de *Grundmotive*, d'un ouvrage sur l'autre, semblent sortir de la même matrice et pouvoir être classés dans des familles qui font fi des frontières entre les titres.

Toute la question est de savoir si la vérité qui jaillit au dernier moment n'est pas une illusion supplémentaire, une récupération par la communauté visitée d'une vérité effleurée mais qu'on va rhabiller pour l'intégrer alors qu'elle exige une révolution. Le *Ring*, sous des dehors de fin du monde barbare, délivre un message chrétien à l'univers. Trop tard, hélas, au prix de beaucoup de morts et de sacrifices émissaires. Mais si Brünnhilde ne prédit pas quel sera le meilleur avenir pour l'humanité, elle montre ce qu'il ne faut pas faire si l'on veut un avenir. C'est au fond la conclusion la plus optimiste possible, celle qui préserve le mythe de dialoguer avec une Église ou un État particuliers mais lui permet de s'opposer à toutes et à tous, passé(e)s et à venir. On n'attendait tout de même pas que la walkyrie prône un système politique ou une religion, car Wagner sait que toute religion fait naître une Église et que les Églises, comme les États en charge d'un idéal politique, basculent très facilement dans l'autoritarisme et l'intégrisme, c'est-à-dire l'exclusion, l'oubli du commandement emprunté à Jésus. Pourtant, bien des commentateurs et des spectateurs sont frustrés de ce qu'on ne leur dise pas à quoi doit ressembler l'avenir, alors qu'ils ont la réponse sous les yeux. Mais cette réponse, comme la réponse christique, est très difficile à admettre.

Il était certainement très important pour Wagner de refonder un christianisme allemand aux sources de cette légende et non par importations en provenance de Rome, Paris ou Jérusalem. De ce point de vue, le *Ring* reste extrêmement fidèle à ses ambitions affichées : plonger l'être allemand Wotan dans le chaudron de la tragédie grecque, l'extirper de l'axe franco-juif.

Les *Meistersinger*, parabole du renouveau national.

Les *Meistersinger* s'achèvent triomphalement, artistiquement parlant, religieusement parlant, en apothéose nationaliste. Retenons tout d'abord ce que j'ai déjà dit du sacrifice : Sachs cède sa toute puissance potentielle à l'idée qu'il se fait de l'art, de Nuremberg, de l'Allemagne, de Dieu, alors qu'il pourrait parfaitement briguer la main d'Eva, remporter le concours et devenir le chef des Maîtres, adulé par le peuple, éliminant son jeune rival et son vieux rival d'un seul coup. Parsifal fera le même genre de sacrifice. Au contraire des sacrifices consentis par les autres personnages, qui abandonnent tout espoir de vie sur terre et offrent leur vie pour le rachat de l'être qu'ils aiment — Senta, Elisabeth, Brünnhilde, Tristan et Isolde — nous avons ici affaire à des actes qui permettent de *vivre* dans une harmonie retrouvée. Il nous faut sortir *Lohengrin* de toute comparaison : personne, dans *Lohengrin*, ne se sacrifie pour le rachat de l'autre, personne ne meurt d'amour altruiste. Elsa meurt de désespoir, de folie quasiment, presque retirée par Dieu — à qui, selon les didascalies, elle rend son âme — d'une situation où elle a été trompée, martyrisée, volée, et dont on ne voit pas comment elle pourrait supporter d'y survivre. Quant à Lohengrin, j'ai déjà longuement expliqué pourquoi il est contraint de partir : ce n'est pas du tout un sacrifice qu'il fait en se retirant d'un jeu à la table duquel il n'aurait jamais dû s'asseoir, auquel il a de plus honteusement triché. Il n'est certainement pas anodin que ce gâchis absolu de la grâce et de l'amour s'achève sur le mot *Weh*, « malheur » et il reste pour moi inconcevable que tant de mises en scène nous proposent de jouir de cet échec comme s'il était essentiel pour Wagner d'exciter nos glandes lacrymales.

Cependant, deux points restent délicats dans les *Meistersinger*. Le premier concerne le devenir de Beckmesser, moqué par tous, dont on ne peut imaginer ce que sera désormais la vie, voleur d'un bien quasi-sacré dont il va faire un usage aussi égoïste que piètrement caricatural, chassé de la prairie sans didascalie de retour, de réintégration. « À de tels actes de coquin il doit être mis fin », dit Sachs. Beckmesser est-il mort à la communauté ? Bien sûr, nous sommes dans une comédie, on bastonne le vilain greffier mais on ne va pas faire sur lui le signe de la croix. Et pourtant : son destin me fait irrésistiblement penser à celui de Klingsor. Le deuxième point est la récupération par Sachs de tout ce qui est nouveau, révolutionnaire, dans le chant de Stolzing.

Stolzing, qui revendique son autonomie, est vertement remis à sa place et encaisse une leçon d'histoire. Pas n'importe laquelle : Wagner ne croit pas à la représentation linéaire du temps, il croit à une accumulation de sédiments. Les mémoires qu'il convoque sont comme des carottes de glace : on ne conteste pas la réalité des éléments de la carotte, on se bat quant à l'interprétation. Jouons avec des mots qu'ignore la musicologie mais que Spengler a travaillés : l'intégration de la musique de Stolzing au grand plan de Sachs est-elle une pseudomorphose ou une périmorphose ? Il s'agit de termes géologiques décrivant la modification de la formule chimique d'un minéral sous l'effet d'altérations — de crises, en quelque sorte. Dans le cas des périmorphoses, le nouvel élément conserve la mémoire de la forme de l'ancien minéral, dans le cas des pseudomorphoses classiques, les altérations de l'ancien minéral font en quelque sorte la place à un nouveau de forme différente, qui progressivement peut avoir vocation à éliminer tout de l'ancien mais qui, pendant un temps, se trouvera enchâssé par lui. Remarquez comment les questions que se pose Sachs quant à la bonne manière de prendre la juste mesure — de juger — le chant de Stolzing tournent toutes autour d'une seule idée : « cela sonnait si neuf, et pourtant si ancien », idée née de la revendication, par le jeune homme, de l'héritage des Minnesänger. Il faut comprendre que Walther von Stolzing n'a cependant aucun moyen de s'inspirer de la musique des Minnesänger, dont il ne connaît que la poésie courtoise : c'est du *statut* de « chanteur de l'amour » qu'il se sent proche car, pour ce qui est de la musique, il l'a apprise des bois et des ruisseaux, des oiseaux au printemps. Ce statut, il le revendique par exemple en refusant de choisir, pour thème de son chant d'entrée, un sujet religieux (« ma religion, c'est l'amour »). N'oublions pas que Stolzing a été conçu comme un pendant décrispé à Tannhäuser.

Qu'est-ce qui sonne « ancien » chez Stolzing ? Bien malin qui l'expliquera d'un strict point de vue compositionnel : il s'agit presque d'une parodie de Wagner par lui-même, qui tranche sur les vieilles formules réinventées réservées aux Maîtres. La réponse n'est pas d'ordre musicologique : ce qui sonne ancien, c'est le souvenir d'une jeunesse enfuie, de désirs impérieux, de libertés espérées. La jeunesse de Sachs revient lui fredonner aux oreilles et lui rappelle tout à la fois qu'il aimerait encore aimer et qu'il fit un rêve pour sa ville, jadis, dont il ne lui reste peut-être plus que la formule creuse *blüh' und wachs'*, « fleuris et grandis ». Revoici le vieux choix entre ordre et illusion, l'antique déchirement, la vieille dette. Qu'a-t-il donc fait pour Nuremberg ?

Reprenant Lacoue-Labarthe, Jean-Luc Nancy explique que la mimésis n'est ni une copie, ni une imitation. Elle re-produit, produit à nouveau, du neuf, elle réanime la vérité de la chose et recrée l'émotion. Encore cette idée de « sentiment », mais chez Wagner l'affaire est d'abord politique : rien de *nouveau* ne naît, qui puisse se confondre avec le *moderne* aux mains des Juifs et des Français. Cette distinction sémantique, rappelée en de très nombreuses fois par le *Journal* de Cosima (par exemple 26 octobre 1878), est essentielle. Par parenthèse, il nous faudrait examiner la mise en scène des *Meistersinger* par Katharina Wagner sous cet angle : en montrant Beckmesser inventer le dadaïsme tandis que Sachs et Stolzing finissent par s'embourgeoiser de manière inquiétante à l'ombre de statues inspirées par l'art nazi (Arno Breker), elle met le doigt où il convient. Sachs l'explique à Stolzing : « nos maîtres sont âgés, ils ont seulement oublié leur jeunesse ». Mais toutes les jeunesses sont les mêmes, pourvu qu'on les éduque à grandir. Le cordonnier, dans la foulée, lace comme il faut le chant fantasque du chevalier, lui apprend à ne pas moduler, à rassurer le bourgeois, l'empêche d'enlever celle qu'il aime et de l'emmener « là où il est seul maître, chez lui », c'est-à-dire dans son château en ruines, dans cette parodie de Kareol qui ne lui appartient même plus puisqu'il l'a vendue à l'homme dont il espère devenir le gendre. Ainsi formaté, normalisé, le *Preislied* pourra recevoir le baptême, un nom, une origine respectable, s'inscrire dans une lignée, en fonder une, parler à son tour *au nom de* comme tous les autres à Nuremberg. Foin de la révolution musicale ! Ceux qui ont su conserver le vieil art, s'ils n'ont pas toujours su le faire évoluer, l'ont au moins préservé des influences étrangères qui menacent à nouveau et menaceront encore demain. Peut-être le Saint Empire Romain Germanique s'effondrera-t-il, trop faible ou trop corrompu pour résister à ces assauts, à ces tentations illusoires que les latins agitent à ses yeux : l'art allemand, sacré, saura en garder l'essence — le verbe fondateur.

Le discours a été emprunté à Schiller. Il figure dans l'une des premières esquisses de la pièce, dite de Marienbad, écrite juste avant les évènements du *Vormärz* qui virent Wagner monter des barricades en compagnie de Bakounine, réclamer l'amour libre et la révolution. Elle est demeurée dans la rédaction définitive du poème, dans un contexte bien différent : Wagner avait brûlé ses attachements de jeunesse, se rangerait bientôt derrière les soldats de Moltke et, en attendant, vivait désormais aux crochets du monarque de Bavière. Quel sens la harangue avait-elle pris pour lui ? En qui voyait-il les ennemis de l'empire ? Quel système entendait-il défendre ? Nous possédons les réponses à ces questions, mais pas plus que Brünnhilde ne s'engage dans la prédiction politique, Sachs ne définit ce qu'il entend comme allemand. Il ne crie pas « mort aux Français » ni « mort aux Juifs » ni « Vive le Reich ». Il fustige les Velches, terme plus générique mais parfaitement clair, il ne rappelle pas que le coquin, voleur, imitateur Beckmesser, greffier donc juriste, gardien des lois de la guilde, a failli s'appeler, jusqu'au (presque) dernier moment, Hanslick, comme le critique juif que Wagner considérait comme son ennemi personnel, l'emblème de toute une presse hostile, le porte-parole d'une culture oublieuse de sa germanité. Et il crie bien « Vive le Reich... de l'Art », en attendant que le Reich existe et reconnaisse l'art wagnérien comme son héraut de toujours. L'art monte la garde, défend la représentation de l'identité : il joue le rôle sacré des phylactères. C'est une donnée que nous devrons réétudier en réfléchissant au rôle tenu aujourd'hui par la mise en scène.

ÊTRES DE DROIT

Je me permets d'insister sur un point d'étymologie : un discours, un montage de paroles, visent à faire tenir debout, à instituer, à faire tenir droit. Le Droit et l'État ont la même origine étymologique. Reste à savoir si la parole des hommes répercute fidèlement la parole de Dieu. C'est vraiment une question essentielle chez Wagner : l'État issu de la crise de parole sera-t-il enfin le royaume des cieux ?

Le personnage wagnérien chemine dans un univers parsemé d'éléments juridiques, entre lesquels il se débat en quête de généalogie, de fidélité, de légitimité, qui façonnent son quotidien et ses affects d'une manière absolument stupéfiante et, à l'opéra, inédite. Nous ne le remarquons pas, peut-être parce que nous vivons de la même manière, au fond, tellement évidemment qu'il nous semble évoluer là en terrain *naturel*. J'ajoute que la production, par Wagner, de tant de documents théoriques destinés à asseoir indiscutablement sa personne et sa création dans le monde, obéit probablement à une nécessité angoissée du même ordre — je laisse à ce dernier mot son double sens. Il y a peu de compositeurs qui nous ont fait entrer, comme il prétend le faire, dans les « cuisines » : un piano où l'on ne cuit pas comme ailleurs, un restaurant où l'on ne déguste pas comme ailleurs, l'équivalent du *El Bulli* de Ferran Adrià. Pourquoi ? On pourrait imaginer qu'il se contente d'espérer qu'on aime sa musique. C'est ce qu'il revendique, de manière très absolutiste même, pourtant il nous demande aussi d'aimer son système tel qu'il l'explique, de comprendre pourquoi nous l'aimons, et ce de manière très exclusive : il est en effet selon lui le seul à être parvenu à cette synthèse après laquelle nous sommes supposés avoir couru toute notre existence sans le savoir. Comme il ne fait aucun compromis, nous devons admettre que l'amour que nous portons à son système créatif vaut acquiescement de tout le système, y compris sur les plans religieux, philosophique et politique, puisque tout est imbriqué. Tout le wagnérisme est un montage de Droit, un « au nom de » général dans lequel le *Grundmotiv* lui-même trouve sa place règlementaire. Sans doute Wagner craignait-il que ses talents de compositeur paraissent toujours inférieurs à ceux d'un Bach, d'un Mozart, d'un Beethoven, ses talents de poète ridicules face à Shakespeare ou Eschyle, je pense cependant qu'il croyait très sincèrement à sa mission, même si une telle conviction avait aussi l'avantage d'éviter les comparaisons. Toujours est-il qu'il nous lie, en procédant ainsi, comme nul artiste n'a entendu lier son public, par une sorte de serment tacite.

On ne comprendrait pas, sinon, pourquoi l'idée d'une fidélité au maître taraude à ce point les wagnériens.

Je vais dresser une liste de ces contraintes et épisodes qui agissent comme les cases d'un jeu de l'oie ou comme les allées d'un labyrinthe. J'ai dit que le théâtre wagnérien est en guerre permanente : il est aussi le tribunal d'un procès permanent.

L'inquisition wagnérienne.

Dans le *Hollandais Volant* : Satan prend le Hollandais au mot et le jette dans l'errance éternelle pour prix d'un exploit de navigation interdit à tout homme raisonnable, dont la sentence de Daland, *« qui compte sur le vent escompte la pitié de Satan »*, se fait l'écho folklorique ou superstitieux. Le trop orgueilleux capitaine reçoit une promesse de Dieu concernant le rachat de cette dette. Daland et le Hollandais concluent un marché qui va engager la fille de Daland à son insu, l'amour étant, comme souvent, objet de commerce. Senta achève la Ballade par un serment, « je te sauverai » ; elle s'engage à respecter la volonté de son père en consentant à l'union et le désir de son époux en jurant fidélité jusqu'à la mort. Erik prétend détenir une promesse de même nature, ce qui permet au Hollandais de dénoncer le contrat.

Dans *Tannhäuser* : Tannhäuser ne quitte Vénus qu'après avoir conclu un pacte avec elle (toujours, partout, lorsqu'il chantera l'amour, c'est elle qu'il chantera). Le chant de concours fixe des règles et un prix qui sont, comme je l'ai souvent dit, totalement contradictoires. Tannhäuser subirait un procès expéditif si Elisabeth n'intervenait en appel ; Elisabeth met en jeu sa valeur de témoin et risque le faux témoignage. La confession devant le Pape est un épisode plus juridique que religieux en ce qu'il autorise ou non le retour de Tannhäuser dans sa communauté ; les affaires de pardon — par Vénus, par la Wartburg — tissent la trame de l'action.

Dans *Lohengrin* : le procès d'Elsa, permanent, oscille entre sa culpabilité dans la mort de son frère, et tout ce qui en découle, sa collusion avec un sorcier ou des réprouvés, son incapacité à fixer l'étranger bénéfique. Le jugement de Dieu, le procès de Telramund et Ortrud, renvoient à une enquête constante sur les bonnes origines de Lohengrin. L'affaire de la succession en Brabant est instruite selon les règles et constitue un nœud du drame. Les questions interdites et le serment d'Elsa au nom, de fait, du peuple entier, font l'architecture de l'action. La prière finale du héros joue comme le passage en cour de cassation pour empêcher le triomphe d'Ortrud. Le Graal impose à ses chevaliers, au monde, aux affaires de magie noire, un corpus de règles qui, pour rester inconnues ou cachées, n'en conditionnent pas moins les possibilités de sortie de crise, punitions comme récompenses — comme je l'ai écrit, l'œuvre est « le roman d'un tricheur ».

Dans *Tristan* : Cornouailles doit un tribut, puis l'Irlande y sera à son tour soumise. Isolde est coupable d'avoir guéri et laissé partir l'ennemi de son peuple, meurtrier de son fiancé. Tristan est coupable d'aimer celle qu'il offre à son oncle ; Tristan et Isolde sont jugés, mais il faudra attendre la révélation de l'alibi du philtre pour que l'arrêt final soit rendu sans que les bases de la société chevaleresque en soient ébranlées ; Tristan est son propre juge et bourreau. Au premier acte, Isolde lui présente tous les arguments de son procès et lui suggère de s'expliquer pour sa défense ou d'appliquer la sentence idoine.

Dans *Les Maîtres Chanteurs* : quelles seront les règles du concours ? Les candidats seront-ils jugés par les Maîtres ou par le peuple ? Les règles de la Tabulature, la jurisprudence que constitue le catalogue des tons connus. Les règles cachées d'un bon bar. Les règles de toute admission dans la Guilde. La tentative d'enlèvement et l'idée d'un ordre public. Le vol de Beckmesser. Le procès instruit contre Sachs. Les règles à découvrir qui structurent l'art de Stolzing. Le jugement auquel Beckmesser soumet son projet de sérénade.

Dans le *Ring* : Wotan paie d'un œil pour obtenir les runes de la source, la lance du frêne, la main de Fricka et la direction des Dieux. Wotan impose à toutes les races les traités qu'il grave sur sa lance. Wotan institue l'amour comme valeur fondamentale, Fricka est gardienne des lois du mariage. Wotan contracte avec les géants pour la construction du Walhall. Alberich brise ses chaînes en achetant l'or du Rhin par la malédiction de l'amour. Les géants font le procès de Wotan. Loge plaide pour les Filles du Rhin. On propose un autre marché aux géants. Alberich est jugé et condamné. Alberich maudit son anneau. Les géants demandent aux dieux de répartir l'or entre eux selon une bonne justice. Les ondines réclament justice.

Siegmund et Sieglinde sont des hors-la-loi, enfants de Wälse le hors-la-loi. Siegmund le rebelle fait l'objet d'une chasse à l'homme. Seules les lois de l'hospitalité le protègent, une nuit, avant l'ordalie. Siegmund et Sieglinde s'épousent, adultères et incestueux. Wotan a engendré Brünnhilde par ruse, et d'autres enfants encore, de manière adultérine. Wotan doit respecter les lois dont il est le garant. Wotan lègue le monde de l'envie à Hagen. Brünnhilde désobéit à Wotan et Fricka. Wotan la punit après un procès, avant de graver de nouvelles lois qui permettront à Siegfried de la réveiller.

Mime a volé l'héritage de Siegfried. Siegfried ne respecte pas les lois de la forge. Wotan gagne la tête de Mime à un jeu joué sur sa lance. Wotan la lègue à Siegfried. Alberich et Wotan se disputent comme à un tribunal, Alberich et Mime en feront autant. Siegfried se défend d'être un assassin, Fafner lui indique qui est responsable. Le meurtre de Mime est légalisé.

Wotan fait le procès d'Erda et réciproquement. Siegfried venge la mort de son père.

Brünnhilde et Siegfried échangent des serments, troquent un cheval contre l'anneau. Les lois du câble des Nornes se rompent. Siegfried et Gunther scellent un pacte de sang. Siegfried jure sur son épée ne jamais approcher de Brünnhilde. Alberich essaie d'obtenir un serment de fidélité de Hagen. Siegfried est accusé de bigamie et de parjure. Gunther, Hagen et Brünnhilde jurent la mort de Siegfried. Le meurtre de Siegfried est légalisé. Hagen et Gunther se battent à mort pour l'héritage, que Brünnhilde revendique. Brünnhilde restitue l'or aux ondines.

Dans *Parsifal* : les lois de Montsalvat. La promesse reçue par Amfortas, celle faite à Kundry. Au nom de Dieu, Parsifal détruit le domaine de Klingsor. Kundry voue Parsifal à l'errance tant qu'elle n'aura pas elle-même rejoint Montsalvat. Parsifal transforme les règles de la cène.

J'en oublie certainement.

Que voyons-nous ? La preuve manifeste d'un dérèglement du contrat liant un homme, une communauté et sa divinité. Pourquoi ? Un certain nombre de ces lois est inique au regard des valeurs qu'elles prétendent protéger, mais d'abord parce que ceux qui en sont les garants les foulent aux pieds sans scrupule, les adaptent à leurs intérêts ou à leur bon vouloir. En second lieu parce que bien des participants à ces tribunaux mentent avec aplomb ou jettent leur glaive dans un des fléaux. Il s'agit donc, le plus souvent, d'assassinats déguisés, de spoliations maquillées, d'arguties. De pure violence, de représailles sans fin.

Nul homme, chez Wagner, ne rend la justice sans la confier finalement à une ordalie, et je classe les concours artistiques dans cette catégorie pour la simple raison qu'ils ne sont eux-mêmes que l'habillage de conflits plus durs, plus fondamentaux, une esthétisation d'affrontements qui finissent malgré tout par exploser. D'un point de vue historique, le recours à l'ordalie constitue une régression au regard de l'apport du droit romain aux affaires jugées au nom de Dieu — fussent-elles tranchées par un laïc. Wagner argumente beaucoup, motive les plaintes et les arrêts, mène des enquêtes « objectives », mais la justice, selon ce qu'il en montre, n'est pas fiable. Sans doute parce que le Droit ne peut que refléter l'état d'une civilisation. Il n'est là que mensonges et violences. J'ajoute l'ambiguïté suivante : en réfutant le Droit ajouté par l'Église aux textes sacrés, Droit qui bien vite est devenu droit d'État, Wagner est très certainement conscient d'exalter, au moins un peu, la valeur du jugement « à l'allemande » — l'ordalie était une coutume germanique. Après tout, dans ses opéras, le recours à cette pratique débloque les situations que le Droit a rendues indénouables, a viciées.

Nous devons poser une autre question : la corruption manifeste de ces cultures est-elle ressentie comme telle par tous les protagonistes ? La réponse me paraît être « oui », à ceci près que les communautés s'en arrangent parfaitement tant que les hiérarchies sur lesquelles elles sont fondées ne sont pas remises en cause. Je l'ai déjà dit avec d'autres mots : la Raison du monde et de vivre est, pour certains personnages, une raison de mourir parce qu'ils n'ont aucune place dans ces univers hostiles aux marges.

La notion de marge. Il est naturel que le Droit, qui fixe des limites, exclue ceux qui vont au-delà.

Pourquoi les marginaux se retrouvent-ils dans les marges ? Parce qu'on les y pousse. Ceux qui jugent, condamnent et exécutent ne sont-ils pas eux-mêmes plus marginaux que leurs victimes ?

Il est très facile de répondre à la deuxième question. Dans le *Hollandais*, celui qui mène la danse des lyncheurs, le chasseur Erik, est juge et partie, n'est pas vraiment intégré au village, cherche par conséquent à sauver les espérances qu'il a placées dans une union avec la fille du chef et qui ne tiennent qu'à un fil très ténu, une vague promesse arrachée à une lassitude compatissante dont il va faire un serment de fer. Le Hollandais en revanche est parfaitement intégrable. Qu'il soit en réalité un proscrit ayant eu maille à partir avec l'océan, le diable et Dieu, n'a ici aucune importance : personne ne le sait.

Comment expliquer que personne ne reconnaît, dans cet étranger, le marin du tableau ? Je refuse toujours de répondre en invoquant les conventions. Les mises en scène modernes comme, je pense, la plupart des mises en scène de l'œuvre, croient surligner l'importance du tableau pour Senta, indéniable, en démesurant cette peinture. Effectivement, dans ces conditions, bien fou qui raterait la ressemblance ! Je crois au contraire que cette image accrochée au mur est petite, insignifiante, une espèce de bibelot pour touriste, une page arrachée à des comptines pour enfants de marins. Personne ne croit au Hollandais Volant. J'ai chez moi des petits portraits d'inconnus, achetés aux puces : si quelqu'un sonnait, qui ressemble à une de ces figures de siècles passés, je ne l'identifierais pas — à plus forte raison si cette personne déballait des coffres de pierres précieuses et de lingots, me proposait de me débarrasser d'une fille simplette qui va me coûter en dot bien plus qu'une autre, et si j'étais Daland, je ne la craindrais pas. Avez-vous remarqué qu'il n'y a pas de dot ? On organise même les noces à toute vitesse. Convention, direz-vous ? Le temps va très vite chez Wagner, en général, quand il le faut pour d'impérieuses raisons.

Dans *Tannhäuser*, ceux qui vont tirer l'épée contre l'amant de Vénus sont ceux qui auraient rêvé d'être à sa place et qui, en tout cas, sont systématiquement battus par lui dans le cœur d'Elisabeth. Ils tiennent là l'occasion parfaite de remettre la jeune fille à leur heure et de se retrouver un peu plus à égalité. En exagérant à peine, je dirais que même les pèlerins ont dû jalouser les marques débordantes de contrition qu'a prodiguées le chanteur tout au long du chemin vers Rome et ont dû se réjouir de le voir repoussé.

Lohengrin ? La loi du roi fluctue au gré des vents, Henri serait prêt à donner le Brabant à Telramund et à Ortrud — les figures de roi barbu et fort m'exaspèrent — qui, pour des vaincus, ont droit à plus de parole qu'Elsa. Et quand la pauvrette se croit sauvée des griffes des vilains, c'est son sauveur, son époux, qui la replace sur le grill. Lui, on va le croire. Il en profite pour accuser la jeune fille de tous ses péchés à lui. Comme il représente une force tout aussi indispensable que l'était au début la troupe de Telramund, on le juge et on l'acquitte du meurtre du comte en trois acclamations et, pour le reste, on le laisse dire selon son bon plaisir. Ne se présente-t-il pas comme plaignant ? Mais Telramund l'était aussi : la seule, en définitive, qui devrait se plaindre de tous est l'accusée de tous.

Tristan ? Si les barons n'étaient pas si envieux, Marke ne verrait rien. Certes, en se jetant de lui-même sur l'épée de Melot, Tristan joue un étrange billard. Il prétend punir le traître de sa traîtrise, de ses mauvais conseils antérieurs, mais comme il baisse sa garde il s'offre aussi tout seul au bourreau, pour mourir et concilier, en mourant, et Tantris l'amoureux et Tristan le féal félon fidèle. Le roi a beau l'avoir couvert d'éloges en espérant qu'il se défende, qu'il explique, qu'il trouve un alibi, il ne s'inquiétera guère de sa santé — sans doute parce que cet exil arrange tant la cour que Marke, quoi qu'il en ressente, faible qu'il nous est montré devant ses barons, se tait. Comme je l'ai dit, l'alibi du philtre sauve tout *in extremis* : un procès de Brangaene à suivre, dans la plus cruelle tradition des supplices, ne nous étonnerait pas.

Les Maîtres ? Celui qui juge Stolzing est son rival amoureux et artistique. Sachs échappe de peu à la même attitude. Les Maîtres, juges eux aussi, ne veulent pas d'un tel freluquet arrogant parmi eux. David, qui sue sang et poix pour apprendre ses leçons, voit d'un très mauvais œil un noble ignare lui brûler la politesse. Même Eva a un hoquet furtif en constatant que son chéri n'a aucun diplôme, et prépare un plan B en venant conter fleurette à Sachs. Qui veut la victoire de Stolzing ?

Parsifal ? Celui qui impose la chasteté à tous a un fils dont il a fait, on ne sait trop de quel droit, son héritier. La loi du service de Dieu ne semble pas le concerner, au contraire c'est Dieu qui doit se mettre à son service pour prolonger sa vie. Croyez bien que ce n'est pas pour guérir Amfortas que l'on cherche des plantes et des baumes partout dans le monde : on veut simplement trouver une sorte d'AZT qui lui permettrait d'officier avec au sang un virus plus supportable. Parsifal tue un cygne sous les yeux de chevaliers affamés, qui n'ont pas le droit de manger les animaux : pensez-vous que cela ne joue pas dans leur exaspération violente contre Kundry — qui se nourrit de son côté, comme le rappelle Gurnemanz — et Parsifal ? Oh, je le sais, la tradition veut que cet exploit de chasse soit un crime philosophique... Comme si la violence qui va être exercée contre Amfortas, « tu expies en célébrant, exécute-toi ! », n'était pas pire au fond. Comment, enfin, peut-on imaginer que les purs rêvent d'écorcher définitivement Klingsor alors que tous mesurent en ses jardins leur impureté foncière ? On croirait voir les clients d'un bordel chassant les prostituées à coups de pierres. Enfin, les conditions dans lesquelles Klingsor sera expulsé ne sont vraiment pas claires. Il était, nous dit-on, incapable de faire taire en lui le désir. Sans doute, mais Amfortas en est-il davantage capable ? Titurel, qui veut vivre à tout prix, a-t-il une leçon à nous donner ? On ne les expulse pas pour autant. Alors, *an sich legte er die frevle Hand* — « sur lui-même il porta sa main criminelle ». L'acte horrifia Titurel, qui le bannit. Très franchement, la première fois que j'ai lu ce texte — j'étais très jeune — je n'avais pas pris connaissance de résumés explicites et me suis contenté de la traduction. J'ai cru que Klingsor... se masturbait. Ce geste est d'ailleurs une blague classique des Gurnemanz en répétitions, pardon de désacraliser le théâtre ! Plus tard, j'ai compris la vérité, mais je l'ai trouvée ridiculement exposée. Tout un chacun peut imaginer la solitude désespérée de Klingsor dans sa cellule, le couteau ou l'épée, le sang partout et la douleur, le pénis tranché. L'orchestre, après la phrase que je viens de citer, plaque juste un *pizz* assez dégoûtant pour toute ponctuation. Il s'agit donc d'un crime : effectivement, la jurisprudence occidentale regorge d'exemples de suicidés condamnés, y compris *post mortem*, pour meurtre avec préméditation. Je repose ma question : la violence exercée par le groupe sur le corps d'Amfortas est-elle de meilleure nature ?

Le *Ring* enfin. Les géants et les dieux qui veulent traîner Alberich en justice sont tous jaloux de son pouvoir. On le sait, Wotan interrompt la plaidoirie du nain brutalement, dès que celui-ci lui renvoie la vérité toute nue : combien tu aurais aimé faire ce que j'ai fait, si le prix à payer ne t'avait fait reculer ? Wotan signe l'arrêt de mort des Wälsungs, mais c'est lui, sous les oripeaux de Wälse, qui les a placés hors des lois. Wotan punit Brünnhilde de ne plus pouvoir le suivre dans sa schizophrénie. Comme le dit Erda : le maître de l'action et du courage frappe ceux qui agissent avec courage ? Hagen, Brünnhilde et Gunther, un temps associés par des intérêts différents mais convergents, arrangent le meurtre de Siegfried comme une justice rendue, qu'il faudra cependant maquiller en accident de chasse, tant personne n'est sûr du bon droit.

Pas de juges, pas de Droit.

Qui juge, alors ? Ou plus exactement : qui rend la justice ?

Je vais vous surprendre : les victimes. Dieu. Mais cela revient au même, parce que le Christ est le Dieu des victimes, indéfectiblement à leur côté, quoi qu'on puisse en penser. Je ne veux pas entrer dans le débat théologico-politique visant à contester la soumission aux malheurs et aux injustices dont devraient être capables des chrétiens persuadés que les attend un au-delà de récompense. Le Paradis ne s'ouvre, chez Wagner, que dans *Holländer* et *Tannhäuser*, et encore, s'agissant de ce deuxième titre, on ne sait pas s'il faut croire Wolfram sur parole, tandis que l'assomption de Senta et de son marin est prévue par les didascalies — quelle que soit la version de la partition, coup de pied de l'âne à l'intention de ceux qui affirment que la composition originelle, où le thème dit de la rédemption ne conclut pas, n'est pas transcendantale. D'ailleurs, il est abusif de nommer « rédemption » ce qui est « promesse ».

Senta, accusée de sorcellerie et de satanisme, prouve que la grâce est faite aussi pour les maudits repentis et qu'elle croit en la Promesse : du coup, la Promesse « croit en elle », selon le processus que j'ai déjà décrit pour Elsa. Elisabeth, qui a prétendu rappeler la Wartburg aux règles élémentaires de la charité et de la foi, menacée d'un démenti cinglant, offre à Dieu un corps qui a trop voulu jouir en un monde qui ne le permet pas. Sa Prière est à entendre à deux niveaux : le texte est désespéré du monde, la musique place tout son espoir en un modèle virginal. Elle ne s'accuse pas d'être une houri, elle constate que son exigence de femme n'est pas autorisée, ni par les hommes, ni par le Pape sans doute. À aucun instant, selon moi, elle ne doute de Tannhäuser, elle ne croit qu'il n'a jamais rejoint Rome ou qu'il a fui quelque part comme un lâche. Dieu prend sa vie parce qu'elle l'offre, pas pour la punir et certainement pas pour faire un troc : au moment où elle prie, Tannhäuser est déjà pardonné.

Elisabeth ne le sait pas et ne le saura pas. Parce qu'elle ne le sait pas, elle meurt, précisément, dans la foi la plus absolue. Pas dans le désespoir. Que se passerait-il si elle ne mourait pas si vite, si elle recevait une consolation sur terre ? Elle croirait au troc. Ma vie, contre le pardon. C'est d'ailleurs ce que croit la Wartburg, parce que ce sacrifice l'arrange bien. C'est la légende qui va être bâtie, dès la Romance à l'étoile. Si elle ne mourait pas, et que Tannhäuser revenait, recevait devant tous l'annonce de son pardon, qui peut croire qu'ils se marieraient et auraient beaucoup d'enfants ? Je ne suis pas certain que la Wartburg accepterait facilement de perdre sa muse. Au contraire, en devenant sainte et martyre, Elisabeth va éternellement inspirer les chants des Minnesänger. De ce point de vue aussi, la Romance est un prototype, un « pilote ».

Si Siegfried rendait la bague aux ondines, mourrait-il ou pas ? Si Brangaene parlait plus tôt à Marke, Marke brûlé de désir pour Isolde accepterait-il le mariage, les barons accepteraient-ils cette puissante union ? Non. L'envie des communautés que décrit Wagner est systématiquement si forte que nous devons croire à l'impossibilité de vivre un amour, disons, qui sait pardonner entre époux. La société ne pardonne pas, n'accepte pas, parce qu'elle est jalouse. *Der neidische Tag*... J'ajouterai que la foi est un mystère, pas un fait rationnel — quand bien même, dans ces univers, elle serait la marque de la plus haute Raison, comme je l'ai dit. La justice en tout cas est rendue, mais certainement pas comme les hommes ont envie de se le raconter.

Qui rend la justice dans *Lohengrin* ?

Très simplement : si Elsa n'était pas innocente, Dieu ne serait pas à ses côtés et n'aurait pas envoyé Lohengrin. Mais à la suite d'un extraordinaire embrouillamini organisé par le champion de Dieu, voici que les hommes vont perdre de vue le fait que justice a été proclamée et recommencer un procès très humain là-même ou Dieu a jugé.

Ne nous laissons pas abuser par l'apparence : Lohengrin prie pour que le petit prince revienne, mais je crois que cette prière d'un tricheur n'aurait aucune chance d'aboutir si Elsa n'était si pure et si victime. Le retour du prince va dans le sens d'Elsa, parce que c'était bien le point de départ du drame. Réfléchissons : pour Elsa, son frère n'est pas mort, il a disparu. C'est un point dont on ne parle plus une fois que le coucou Lohengrin s'installe dans le nid, mais le but de tout cela est tout de même de ramener Gottfried, de prouver que personne ne l'a tué. Or, de cet enjeu majeur, plus personne ne dit rien. Lohengrin démontre, en gagnant, qu'Elsa n'est pas une meurtrière, mais *quid* alors de la disparition ? Pas d'enquête ? Il y aurait forcément une enquête si Lohengrin ne prétendait pas à la main de la jeune fille, ne prétendait pas — pour ce qu'en comprend le Brabant — remplacer la lignée du duc par la sienne. Qu'il joue les prudes en refusant le titre de duc n'empêche personne de le voir sur le trône, quand bien même il se proclamerait grand vizir du Brabant plutôt que duc.

Or rendre la justice, dans *Lohengrin*, c'est aller jusque-là, jusqu'au retour de Gottfried, qui dénoncera Ortrud. Je vais citer ici des extraits des versions originelles du livret, écrites en 1845, très explicites*. Le fait qu'elles n'aient pas survécu aux coupes n'empêche pas qu'elles imprègnent toujours l'œuvre.

Premier extrait, la prière de Lohengrin, devenue muette dans la version définitive :

« En cette heure, veuille accorder un signe, Dieu éternel, entends mon cri monter vers toi. Que le blasphème et l'arrogance ne puissent moquer Ta Grâce sans en être punis. Que ton signe soit baume sur la blessure ouverte dans un cœur pur par le doute. Manifeste ta volonté suprême, dissipe en poussière le mensonge de ceux qui sont sans foi ».

Il est bien question, tout à la fois, d'Elsa et du règlement politique du procès. Certes, c'est Lohengrin qui parle et Wagner le laisse dans sa logique de grand héros meurtri mais généreux jusqu'au bout. Deuxième extrait, ahurissant, qui devait suivre la malédiction proférée par la foule sur le cadavre de Telramund. Lohengrin prend sa défense :

« Oh, cessez donc de le vouer ainsi, durement, aux enfers ! Quand bien même il perdit tout sens de l'honneur et de la foi jurée, laissant l'orgueil enflammer son cœur de haine, il n'est pas aussi coupable que ne l'est Elsa. Alors que, tous, vous avez reconnu ma noblesse, alors que, tous, vous croyez en ma pureté, il est une créature pourtant parmi vous dont le doute a volé la foi pure. Et c'est ma femme, le dire me navre, une femme dont, fièrement, j'espérais recevoir du bonheur, une femme à laquelle je vouais l'amour le plus pur, Elsa, que Dieu, hier, a unie à moi. Oh, Elsa, que m'as-tu fait ? Lorsque mes yeux se posèrent sur toi, je sentis aussitôt l'amour m'embraser, moi qui étais voué au chaste service du Graal. Et maintenant, voici que je vais devoir expier éternellement, car je dois m'accuser du péché d'avoir cru que l'amour d'une femme pouvait être divin et pur ! »

Si cela ne s'appelle pas créer de la dette et transformer la victime en coupable, je ne sais plus lire. En partant, Lohengrin n'oubliera pas non plus de laisser les objets magiques que Dieu avait prévus dans ses bagages : un cor, un anneau, une épée. Tiens ?

Dieu n'est pas au côté de Lohengrin, il est au côté d'Elsa. Et Lohengrin est au côté de Dieu, il doit donc se mettre au côté d'Elsa. Ne bougeons pas les places institutionnelles, ne faisons pas de l'inceste. Elsa n'a jamais douté que Lohengrin venait de Dieu. Elle craint juste qu'il ne reparte un jour vers les contrées splendides dont Lohengrin, le fat, se vante de venir — des contrées que tout humain, « même le roi », jalouserait « à bon droit ». Elle pose les questions parce qu'elle veut échapper à cette angoisse de tous les jours. Sa vision du cygne qui revient n'est pas fausse parce que, effectivement, selon le plan du Graal, Lohengrin devra repartir une fois que le prince reviendra. Il est d'ailleurs intéressant que le motif du cygne renvoie à « servitude » et « Tarnhelm ».

Elsa admet parfaitement, très *raisonnablement*, qu'elle ne peut rivaliser avec Dieu. Mais elle ne l'a jamais souhaité ! Et qui pourrait soutenir que Dieu aime à concourir en de tels challenges ? Elle a voulu un champion qui intervienne au nom de Dieu : le principe de l'ordalie est que *les deux combattants* se présentent au nom de Dieu, relisons le livret ! À ce champion elle a tout offert, y compris elle-même en fin de liste, lui laissant cependant le choix de la refuser. Jamais elle n'a imaginé qu'un ange se déplacerait. Un miracle, oui, venu de l'étranger, du « lointain », certainement pas de l'au-delà. Et surtout pas un ange qui voudrait prendre ce qu'il ne peut consommer. Le mariage est un donnant-donnant : or Lohengrin ne donne rien de lui-même, tout ce qu'il concède vient de Dieu. Elsa, elle, exige, à bon droit me semble-t-il, ce que tout homme est censé donner à sa femme : un nom. Pardon d'être si simpliste, mais le mariage, c'est ça aussi et, pour la société c'est ça, d'abord. Peu importe comment vous gérez votre relation de couple, si monsieur fera la vaisselle ou pas : vous devenez Madame Lohengrin.

Or, si Lohengrin n'accorde pas son nom à Mademoiselle de Brabant, il sait pourtant lui parler comme un bourgeois des cavernes. Savez-vous, s'il n'y avait cette langue héroïque et cette musique sublime, comment tout cela sonnerait ? « Calme-toi, espèce d'hystérique ! Je me décarcasse à te sauver la mise, je te dis que je t'aime devant tout le monde et, toi, tu n'as même pas la reconnaissance du ventre ? Je t'ai épousée devant Dieu hier seulement et tu ne tiens pas vingt-quatre heures avant de la ramener avec tes questions ? ». Savez-vous pourquoi Telramund est moins coupable qu'Elsa ? Parce qu'il est affligé, lui aussi, d'une bien méchante épouse. Cette fraternité de *machos* a quelque chose de consternant.

Lohengrin **: le serment d'Elsa.**

Elsa a certes engagé sa parole : que pouvait-elle faire d'autre à l'instant où elle jure, même si Lohengrin l'avertit deux fois, dans la situation où elle se trouve ? Les wagnériens prennent très au sérieux cette promesse mais pas du tout le piège dans lequel Elsa se débat, ce qu'elle risque de perdre. La voudraient-ils la tête froide en train de négocier ? Je les trouve extrêmement acharnés à défendre Lohengrin. Est-il de leur famille, son infortune les concerne-t-elle à ce point directement ? J'ai cité dans *Richard Wagner* un certain nombre de réactions de spectateurs au *Ring* dit féministe de Kasper Holten, je conseille de les relire.

Lorsqu'elle engage sa foi, même si elle n'a guère le choix de mégotter le miracle, Elsa emploie des mots très forts, ceux-là précisément que Lohengrin lui retourne avec usure : « quelle plus grande faute le doute pourrait-il me faire commettre, que de ne plus un jour croire en toi ? ». Je renvoie ici à ce que j'ai dit du sens de « croire en un sauveur ». Si Lohengrin exige aussi naturellement un tel engagement, c'est parce qu'il se met aisément à la place de Dieu, à l'étage supérieur du montage en quelque sorte. Je me suis déjà expliqué sur ceci : « croire en Lohengrin », est-ce vraiment la même chose que redouter son départ ? Est-ce « croire qu'il ne partira jamais » ? Est-ce croire qu'il pourra éternellement préférer une femme au Graal, trouver auprès d'une femme le type de bonheur céleste qu'on éprouve, ravi, auprès du Graal ? Est-ce s'engager à être divin, *göttlich*, soi-même ? Voilà pourtant ce qu'attend le chevalier : nous sommes très au-delà de ce qui est exigible d'un humain. Nous devons distinguer les raisons pour lesquelles Lohengrin vient combattre de celles pour lesquelles il veut rester. Il vient parce qu'il en a reçu l'ordre. De cet ordre donné par Dieu sur la certitude de l'innocence d'Elsa, Elsa ne saurait être débitrice : son innocence a déjà « payé ». Pour rester, il lui faut autre chose : le verrouillage de son désir, qu'il détourne de Dieu vers Elsa. Il oblige Elsa à se faire aussi désirable que Dieu. Dieu sait lire la pureté et l'innocence dans les cœurs au-delà des apparences, Lohengrin entend donc qu'Elsa lise en son cœur sa noblesse sans plus interroger que Dieu ne le fait. Un humain peut-il être aussi désirable que Dieu ? Comment désire-t-on Dieu ? Comment aime-t-on comme Dieu ? On aimerait crier à Lohengrin : *« ce n'est pas à la source où ton désir s'abreuve que tu trouveras le chemin du salut »*, phrase adressée par Parsifal à Kundry. Je ne peux pas démontrer davantage à quel point l'enjeu est intenable. Nul ne peut *raisonnablement* soutenir que Lohengrin est en droit légitime de détourner son désir de Dieu vers Elsa, ni d'obliger Elsa à détourner son désir de Dieu vers Lohengrin, ni de l'obliger à se faire la rivale de Dieu dans l'ordre du désir. Alors : oui, Elsa s'engage en cette affaire par un serment qui va pouvoir lui être opposé, mais comme il s'agit d'un serment de foi absolue et sans preuve du type de ceux que Dieu se réserve, elle n'a aucune information sur ce qu'elle engage là. Qui peut la juger coupable ? Être convaincu qu'elle n'a aucun droit à aucune information ? Croire que le retour du prince dépend de son silence alors que, selon le Récit du Graal — dans sa version en deux strophes — Lohengrin explique comment un an passé au service du Graal dénoue les enchantements ? Ce serait entrer dans le délire incestueux de Lohengrin, un délire de désir qu'il oblige le Brabant entier à partager, à soutenir collectivement. N'y voyez-vous pas une technique de montage institutionnel d'ordre dictatorial ? Ne voulez-vous pas envisager que Hitler a demandé la même chose à l'Allemagne ?

Réfléchissons à une chose : quelle est la place de Dieu dans ce montage nouveau ? Celle qu'il occupe dans les cérémonies tituréliennes, celle d'une machine à miracle. Je crains que Dieu ne crie un jour, à propos du Brabant, à un sauveur : *Rette mich, aus schuldbefleckten Händen !* — « délivre-moi de ces mains souillées de fautes ». La faute, c'est de franchir les limites de l'humain, les interdits. Je ne peux pas empêcher d'adhérer à un tel fantasme, il faut simplement comprendre que la société occidentale ne s'est pas bâtie ainsi. Ce type de fantasme dérégulateur, en revanche, est extrêmement moderne. J'y reviendrai, mais je pose ceci : Lohengrin décrit l'échec de la pensée moderne à proposer une alternative au montage occidental romano-chrétien, à ce que Pierre Legendre nomme « le dossier de la parenté », au « désir politique de Dieu ».

Lohengrin : pourquoi Elsa doit mourir.

La mort d'Elsa, comme plus tard celle de Kundry, n'est fixée que par les didascalies. Sans elles, on l'ignorerait et elle passe musicalement inaperçue. *Lohengrin* est très certainement un des opéras les plus pessimistes, les plus désespérants qui soient. Devons-nous y entendre l'exaltation magnifiée du départ de Wagner en exil, laissant à ses compatriotes en héritage l'espoir d'une révolution nationale ? L'écho de ses déboires conjugaux ? Il s'agit d'un échec absolu de la relation amoureuse, unique chez Wagner. Dieu est obligé de faire tout le travail pour que l'Allemagne jouisse d'un futur décent. Lohengrin a beau introduire le jeune prince en sa cour par un dernier éclat vocal, on soupçonne qu'il s'attribue là une gloire qui ne lui appartient pas. Partout ailleurs, que l'univers soit nettoyé ou qu'une communauté se refonde, même dans le trucage, il advient quelque chose qui fait que le monde, pour de bonnes et de mauvaises raisons, ne regrette pas le parcours des héros souffrants. Ici, *Weh* ! Le retour du prince ne comble pas le manque ressenti aussitôt de Lohengrin, au point que, je le répète, tous seraient prêts à ne jamais revoir leur suzerain si l'ange voulait rester.

Elsa a épousé Lohengrin devant Dieu. Soyons terre-à-terre : le mariage religieux est indissoluble. Quelle est alors la nature *juridique* du départ de Lohengrin ? Le chevalier peut invoquer au civil la rupture du contrat de mariage, il ne peut pas désunir ce que Dieu a uni. Elsa reste sa femme et il n'est pas indifférent que ses derniers mots, avant de rendre l'âme, soient *Mein Gatte ! Mein Gatte !* — « Mon époux ! Mon époux ! ».

En partant, Lohengrin lui arrache *sa raison de vivre*, au sens où j'emploie cette formule depuis le début de cet ouvrage. L'ordre de la Raison a tellement basculé qu'elle ne peut plus y subsister sous peine de folie absolue. Dieu, selon moi, la sauve de cette démence désespérée — mais nul ne peut jurer que, au-delà, elle retrouvera son mari, pas plus que l'on ne sait si Tannhäuser et Elisabeth, Tristan et Isolde, Siegfried et Brünnhilde, gambaderont main dans la main par les nuages roses du Paradis. Ce sauvetage d'Elsa, seul le metteur en scène peut le montrer pour ce qu'il est.

Wagner se contente d'indiquer que la jeune fille glisse lentement entre les bras de son frère. Imagine-t-on le traumatisme causé à cet enfant qui revient ? Non. Lorsque je pose la question à mes auditeurs, je vois sur leurs visages qu'ils ne se sont jamais posé la question. Ils souffrent pour Lohengrin, mais le petit Gottfried ne les intéresse pas. Peut-être attendent-ils de moi que j'analyse la mort d'Elsa comme une punition méritée ? J'en ai toujours confusément ressenti la très violente impression, comme s'il leur fallait sauver quelque chose en eux-mêmes en adhérant aux principes sacrificiels. Ils savent que cela ne se fait pas de prôner la mise à mort d'une innocente, ils se réfugient derrière l'idée, si fortement suggérée par Lohengrin, selon laquelle Elsa n'avait qu'à demeurer fidèle à son serment : nous ne sortirons pas facilement de ce cercle vicieux qui est celui de la violence, non celui de la Grâce.

Wagner envisageait *Les Vainqueurs*, à l'origine, moins comme un brouillon de *Parsifal* que comme un « rachat » de *Lohengrin*. Il s'en explique dans une lettre à Mathilde Wesendonck du début août 1860, partiellement consacrée à la métempsychose : il y affirme que, lors de sa réincarnation, Elsa atteindrait à la hauteur de Lohengrin parce qu'elle serait débarrassée du temps, de l'espace et de toutes les illusions envieuses et violentes par lesquelles les hommes remplissent ces notions. Vous trouverez aussi dans le *Journal* de Cosima, en date du 21 novembre 1880, cette réflexion : *« Nous parlons longuement du tragique de* Lohengrin, *sans réconciliation. L'amour apporte la foi, la vie apporte le doute qui est châtié sans qu'il y ait d'expiation. L'Elsa qui a mis sa foi dans l'amour devait mourir, car celle qui vit doit questionner Lohengrin »*.

ARTICULER LES TRACES VIVES

Je commenterai d'abord, outre *Une Communication à mes amis*, les textes de recommandations aux interprètes écrits en 1852 au sujet du *Hollandais* et de *Tannhäuser*. Ils ont un grand intérêt parce qu'ils indiquent à quel point un compositeur moderne devait expliquer sa musique, sa conception de l'art d'interpréter, maniant compliments et mises en garde avec doigté. Wagner s'y montre extrêmement pédagogue et précis, mais si pour nous ces conseils semblent couler de source, je doute qu'ils aient éveillé beaucoup d'inspiration chez leurs destinataires.

Si l'on en croit *Une Communication* et les divers témoignages de la période parisienne, le projet du *Hollandais* comporte de forts éléments biographiques. La découverte par Wagner des coulisses désespérantes de la vie musicale parisienne, le refus de composer de l'opéra « à l'italienne » ou « à la française » mais d'en émuler malgré tout le succès — hélas le public aime « les mensonges éclatants, les absurdités brillantes et l'ennui saupoudré de sucre » — ont ranimé chez lui la terreur physique de la traversée depuis Riga. Wagner a donné corps à son proscrit errant voué à la solitude, riche mais insolvable. Il y a vu, avec la culture qui était la sienne — pas la nôtre — un écho d'Ulysse, dont il moque cependant les aspirations de petit-bourgeois, du Juif errant qui ne pourra jamais mourir, et des navigateurs hollandais happés par les grandes expéditions sans retour, emportés par le service illusoire du progrès et de l'envie de richesses.

Mais gardons-nous de reproduire l'erreur des biographes et d'assimiler le Wagner apatride au Hollandais. La figure du malheureux sert autant de repoussoir que de frère. Wagner ne veut pas devenir son personnage, aspire à être délivré d'un tel cauchemar. Voyez comment il lie l'errance, la malédiction, le satanisme, à l'attrait pour une réussite confortable. Et savez-vous qui est le Juif errant, dont la figure ancienne et populaire — y compris chez les Arabes qui en font un monstre marin — fut immortalisée au XVIème siècle par un texte de Matthieu Paris promis par ses multiples adaptations à un succès immédiat, foudroyant ? Un cordonnier qui crache sur le Christ tandis que celui-ci gravit le Golgotha et se retrouve, pour cela, puni d'une terrifiante éternité. Bien sûr, vous pensez à Kundry. Ce Juif est, selon la tradition, le dernier survivant des meurtriers de Jésus, qui ne pourra mourir qu'au jour du Jugement Dernier. À lui seul il représente les Juifs assassins. En insistant sur le caractère populaire de la légende et de ses transformations, Wagner enfonce le clou dans *Une Communication* : il s'agit d'une conviction générale, d'une conscience collective dans laquelle l'homme peut reconnaître le monde et se reconnaître lui-même.

L'expression « Juif errant » était devenue, au début du XIXème siècle, une insulte. Lorsque Wagner choisit de porter cette légende à la scène, il choisit aussi de corriger la vision qu'en donne le Juif (converti) Heine, qui plaidait pour un futur utopique où les Juifs ne seraient plus pourchassés, auraient droit à une pleine intégration. Wagner, lui, entend ramener l'histoire dans le giron d'un germanisme étroit, d'un romantisme purement allemand. J'attends encore une mise en scène qui montrera comment Wagner, dès son premier grand opéra, expose sa défiance à l'égard des Juifs. Il est instructif de savoir que Wagner redoutait d'être confondu avec la racaille juive-allemande qui émigrait à Paris, craignait la résonance juive alors associée au nom de Geyer et, malgré tout, faisait des pieds et des mains pour être, en quelque sorte, adopté par Meyerbeer.

Malgré tout, le Hollandais est racheté. C'est un apport considérable de Wagner à la légende selon Heine, où Senta se jette de la falaise pour éviter d'être tentée de tromper un jour son époux — une des hypothèses de la mécanique du salut que j'avais réfutées dans mon livre. Oui, il existe une chance de rachat, conforme au plan de Dieu, par une femme que Wagner décrit comme étant à la fois une naïve — une *Törin*, surtout pas, précise Wagner, une malade, une névrosée, une morbide — et la femme de l'avenir. Comprenons par là : une femme qui ouvre la possibilité d'un avenir, d'une relation à l'homme et au monde renouvelée en Dieu. C'est la définition parfaite du sauveur en l'existence duquel il faut croire. Beaucoup de wagnériens ont protesté contre le *Ring* féministe de Holten, arguant que les véritables héros du salut, chez Wagner, sont les hommes. Je trouve ce machisme court de vue et, pour le coup, antiwagnérien. Femme de l'avenir : Wagner va employer la formule pour qualifier beaucoup de ses héroïnes.

Wagner insiste beaucoup sur l'origine populaire de ses sujets. Comment le populaire se confond avec le biographique.

Il veut que son inspiration vienne de cette conscience collective plutôt que de récits trafiqués par les Juifs ou autres non-Allemands, et ceci sera valable pour tous ses ouvrages. Par parenthèse, s'agissant de *Tannhäuser*, il semble avoir confondu le livre de Ludwig Bechstein, où il dit avoir rencontré le sujet, avec un recueil populaire authentique. Mais la volonté de retirer à Heine toute paternité l'emportait sur toute autre considération.

À nouveau, la biographie joue son rôle. Je résume ici les pages essentielles d'*Une Communication à mes amis*. Wagner voyage, très exalté, sur les lieux de l'histoire. À Aussig, devant un tableau de madone, il invente le personnage d'Elisabeth qui ne figure dans aucun des modèles littéraires. Il en avait trouvé la trace dans le livre du Dr Lucas, *Sur la guerre de la Wartburg*, où elle participe anecdotiquement des prédictions que fait au Landgrave Hermann l'arbitre du tournoi de chant, le magicien... Klingsor de Hongrie. Ces épisodes, caractéristiques du compositeur romantique en proie à son daïmon, ne sont pourtant pas l'essentiel. La période est capitale pour l'auteur Wagner qui, d'essais abandonnés en projets pour plus tard, met en chantier d'un même jet *Tannhäuser*, les *Meistersinger* et *Lohengrin*. Wagner est fasciné par la Grèce : il a déjà comparé le Hollandais à Ulysse, il poursuit en assimilant le Venusberg à la grotte de Calypso, il découvre la parenté unissant la légende de *Lohengrin* et celle de Zeus et Sémélé, prétend enfin prendre modèle sur les Grecs en produisant parallèlement la comédie des *Maîtres*. Il se sent lui-même apatride, éprouve le mal du pays, comprend qu'il n'a, à Paris, pourchassé que des illusions désespérantes, de vains hochets mondains, ce qu'il appelle *la modernité* : ses lectures de vieille littérature et d'histoire allemandes le ressourcent, il entrevoit sa vraie patrie. Il va vite déchanter, car l'Allemagne est en proie aux mêmes errements que la France, agite les mêmes chimères, pratique les mêmes compromissions médiocres. À nouveau, Wagner se laisse prendre aux jeux du désir de gloire, tout en cherchant dans la révolution un moyen de sauver son pays d'influences néfastes — latines, juives, françaises — de réformer la vie artistique et, ainsi, de trouver enfin sa place. Il s'assimile ainsi puissamment à ses héros, du Hollandais à Lohengrin en passant par ceux des *Maîtres*.

Ce poids de la biographie brouille passablement les choses. On a, à la lecture d'*Une Communication*, le sentiment que Wagner théorise et mythifie sa propre expérience vitale où il voit, comme je l'ai déjà écrit ailleurs, un authentique reflet du monde. Cette certitude un peu naïve, nombriliste — mais bien dans l'air du temps — ne le quittera jamais : elle explique d'une certaine manière la facilité avec laquelle il modifiera plusieurs fois son regard politique en fonction de sa destinée personnelle et, avec ce regard, celui qu'il porte sur ses œuvres et sur les chances d'une régénération universelle. Tout cela est intéressant, constitue une vraie source, mais ne suffit pas davantage à rendre compte de sa création qu'une mise en scène biographique (Tristan/Wagner, Isolde/Mathilde, Marke/Wesendonck) ne suffit à dire *Tristan*.

Ma remarque est particulièrement vraie pour ce qui concerne l'idéal féminin après lequel court Wagner, bien entendu confondu avec l'espoir d'un salut global. Le Hollandais, toujours selon *Une Communication*, ne parvient pas à sa terre promise. Il sombre avant, certes délivré des tourments *tout à la fois* de l'errance et du mariage bourgeois par le sacrifice de Senta, mais battu malgré tout par le monde. Qu'en sera-t-il dans *Tannhäuser* ?

Le salut ambigu de Tannhäuser.

Une Communication contient quelques révélations biographiques que les enquêteurs n'ont pas souvent relevées et jamais explicitées. Je traduis : *« Pour ce qui est de l'amour réel, j'observai à la même époque, chez une femme que j'admirais, un phénomène selon lequel ses désirs, en tout point semblables aux miens, étaient fatalement conduits à se satisfaire illusoirement dans les rencontres les plus triviales, sans que jamais ces illusions n'en comblent les besoins »*. Wagner ajoute que, grâce à sa propension naturelle à n'avoir aucun professeur, ni comme artiste ni comme homme, il sut heureusement résister et se reprendre, se tourner vers un idéal de pureté. Nous ne savons pas qui fut cette femme admirée, pas davantage si Wagner nous informe qu'elle fut sa maîtresse ou que, comme elle, il multiplia les rencontres triviales. Demeure un fort sentiment de honte, dont le personnage de Kundry se souviendra.

Que dit Wagner ? Son ardent désir de *« chasteté sensuelle »,* qu'il oppose à *« la trivialité des contentements modernes du sexe »* sera lisible comme un jeu de l'inassouvissement qui aurait mérité un Lacan. Mais qu'on ne peut vivre longtemps sans désirer retourner *« vers l'intimité chaude de l'étreinte amoureuse »,* où l'on croit toujours pouvoir découvrir un salut qui n'y réside point, parce que *« ce retour vers la terre écœurante de modernité »* déçoit toujours. Kundry, à nouveau, n'est pas loin. Wagner prend soin de préciser que son aspiration — et celle de son héros — ne sont en rien la marque d'une culture chrétienne, tant Rome se confond avec *« les mensonges et l'insensibilité du monde ».* Il précise, et insiste plusieurs fois : à Rome, *« au contraire des autres pèlerins »,* Tannhäuser ne cherche aucun salut pour lui-même, mais par compassion envers Elisabeth, pour *« sécher les larmes de son ange et lui offrir consolation pour les souffrances de l'avoir aimé ».* Il échoue, n'est plus que haine, n'imagine pas que la jeune fille accepte de le revoir — il ne demande pas même de ses nouvelles. Alors Elisabeth lui donne ce que le monde lui a refusé : *« par sa prière, elle brave une dernière fois la Wartburg »,* se refuse elle aussi à rester auprès des Minnesänger, manifestant ainsi *« son amour inébranlable »* pour lui. En mourant devant son cercueil, *« Tannhäuser l'en remercie »* et *« nul, autour d'eux, ne peut les regarder tous deux sans les envier ; tous, le monde comme Dieu, doivent les déclarer saints ».*

Suis-je là contredit dans mes analyses ? J'ai plusieurs fois affirmé que la mort d'Elisabeth ne provoquait pas le pardon de Tannhäuser, le refleurissement du bâton pontifical, mais qu'il s'agissait de deux évènements distincts que, seule, leur concomitance au plateau permettait à la Wartburg de lier comme cause et effet. Wagner, lui, affirme bien semble-t-il qu'Elisabeth oblige Dieu à reconnaître la pureté de Tannhäuser, de son désir, ce qui va même au-delà de « le pardonner ».

Je vais poser une question très simple : que vient alors faire Dieu dans cette histoire ? Si vraiment Elisabeth et Tannhäuser démontrent qu'il faut et qu'on peut, en quelque sorte, diriger Dieu, personne n'en a besoin. Dans les versions du final écrites en 1845, reprises en 1860, comment comprendre les phrases conclusives des jeunes pèlerins « Dieu est au-dessus de toutes choses et son pardon n'est pas un vain mot » ? Seule la version de 1847 ne fait pas intervenir les jeunes pèlerins autrement que pour renforcer le chœur, qui conclut très vite : assuré qu'Elisabeth, devenue sainte pareille aux anges, intercède pour lui, Tannhäuser expire, les assistants proclament « Il est sauvé ! Le salut de la Grâce a été donné au pécheur. Il rejoint maintenant les Bienheureux dans la paix ». Cette version, dont Wagner a conservé ultérieurement les deux dernières phrases, est la seule qui ne fait aucune mention d'une volonté supérieure de Dieu et le fait obéir au sacrifice d'Elisabeth.

« Dieu est au-dessus de toute chose » : peut-on relier cette formule à celle de *Parsifal* « tu vois, mon fils, ici le temps devient espace » ?

Je ne sais pas à quelle philosophie du temps et de l'espace Wagner se sentait relié, Aristote, Saint Augustin, Copernic, Galilée, Newton, Leibniz, Kant ou Hegel. J'ai lu qu'il aurait eu le pressentiment de la relativité einsteinienne en associant le sentiment du temps et de l'espace au mouvement de l'observateur. Soyons plus simples. Temps et espace sont pour lui des données qui signent, marquent et limitent l'activité humaine. Elles sont forcément frustrantes, elles excitent l'envie de s'en rendre maître, donc de s'en affranchir. Or Dieu seul en a le privilège par nature, tout le reste ne peut être que simulacre. On trouve ainsi des notes jetées dans *Le Livre brun*, comme celle-ci non datée précisément mais sans doute de 1880 ou 1881 : *« L'autre monde ne connaît ni où ni quand »* et celle-ci, collée sans date dans une page vierge (par Wagner ou par sa fille Eva) : *« Matérialisme — Perte de Dieu — Dieu est hors espace et hors temps »*. Il est également vraisemblable, compte tenu de ce que nous savons de ses théories sur l'union entre poète et musicien, que Wagner ait été séduit par la proposition platonicienne attribuant le temps et l'espace à un principe masculin, Hermès, et un principe féminin, Hestia. Enfin, la question sous-jacente étant celle de l'union des trois temps (passé, présent, avenir), je vous renvoie à ce que j'ai démontré dans *Richard Wagner* en m'appuyant sur les textes théoriques, au sujet de *l'actualisation*, par la représentation, d'œuvres capables de réciter les trois temps en même temps — grâce à la pratique du récit généalogique permanent et à l'usage du *Grundmotiv*. Appliquée à *Tannhäuser*, la formule devrait inviter à relativiser la valeur des certitudes humaines. Cette humilité essentielle n'est pas, cependant, l'impression que l'on éprouve au final de l'œuvre. Appliquée à *Parsifal*, la formule indique très simplement que nous sommes dans un domaine divin : mais je voudrais que l'on en tire toutes les conséquences.

Je voudrais que personne n'imagine une magie de machine à voyager dans le temps et dans l'espace, une sorte de tapis roulant spatio-temporel. Cette formule n'est pas un abracadabra de la télétransportation, ni des bottes de sept lieues, elle est un principe. Elle signifie que, à Montsalvat, se croisent en permanence des signes, des messages et des personnages venus de tous les temps, de tous les horizons. C'est un ciel zébré de flèches. C'est une marmite de tous les possibles où existent des relations de cause à effet mais pas selon une chronologie linéaire : tout peut être dénoué, tout peut être renoué. J'ai toujours cru que le salut, dans *Parsifal*, viendrait lorsque quelqu'un serait capable de faire une sorte d'arrêt sur image, de stopper cette roue folle à l'instant qui convient puis de le prolonger dans un cadre de lois physiques que nous ne pouvons pas décrire puisque nous ne sommes pas Dieu. La physique, les mathématiques, les modèles auxquels nous nous référons, ne sont pas une vérité mais une approximation, presque d'ordre statistique : la théorie quantique nous a appris cela, mais il est possible que certains artistes en aient eu le pressentiment. On trouve en tout cas dans *Le Livre brun* des notes assez intéressantes, prises en 1881, comme :

« Tant que l'humanité ne comprendra pas qu'elle doit rompre avec ses vieilles croyances barbares (l'inégalité dans la possession des biens, etc.), l'histoire recommencera sans fin depuis le commencement, à nous de devenir plus forts dans ces épreuves successives ».

On croirait lire du proto-Heidegger. Ceux qui imaginent Wagner fasciné par ce que nous pensons être l'éternel retour nietzschéen doivent méditer. J'affirme depuis longtemps que cette notion lui est totalement étrangère, y compris sur le plan de la composition musicale, parce qu'il y voit une damnation absolue. Dans une autre note, Wagner s'interroge sur la compatibilité entre le commandement christique de l'amour du prochain et, d'une part l'ensemble des lois et commandements hérités de l'Ancien Testament, d'autre part le monde moderne. L'opposition entre les Tables de Moïse et le commandement christique peut être critiquée comme stérile : les dix lois dictées par le Buisson Ardent culminent dans la dernière. Mais Wagner considère que les neuf précédentes, dans leur volonté d'organiser la vie civile selon Dieu, ouvrent surtout la porte à d'innombrables arrangements, contournements, interprétations, qui vident de son sens l'idée très radicale du Prochain. Rapportés à la vie artistique, ces montages « humains, trop humains » ont donné naissance aux créations contre lesquelles il se bat, futiles et dégénérées, une sorte de Veau d'or lyrique :

« Tous ces commandements auront été contournés, piétinés, ils ne se rattachent pas au divin, seulement au terrestre : tandis que le commandement unique de Jésus les abroge tous. Mais tout continue tellement dans le sens de la bêtise juive. C'est un autre catéchisme, tout autre, qui nous est nécessaire ».

Que conclure, s'agissant de *Tannhäuser*, sinon que les commentaires accompagnant les recommandations aux artistes de 1852, fondés sur la version 1847, n'ont pas résisté sous la plume de Wagner lui-même ? Le texte de 1852 est une interprétation parmi d'autres, circonstancielle, liée sans doute à un contexte biographique, mais pas plus que les différentes moutures du final du *Ring* il ne peut prétendre au statut de l'œuvre achevée. Je maintiens donc, et ce n'est absolument pas contradictoire avec ce qu'expose

Wagner, qu'entre Elisabeth et Tannhäuser se joue une mécanique d'amour désespérée, ignorante de l'infinie Grâce divine parce que désespérée par les manipulations, par les hommes, de cette Grâce ; que cette *Liebestod* n'est en rien liée au déclanchement de la Rémission des péchés ; qu'elle prouve combien les deux héros sont des victimes, au côté desquels Dieu se tiendra toujours ; que la Wartburg et Rome, enfin, produisent un discours récupérateur du miracle, auquel Wagner donne d'incroyables lettres de noblesse musicales.

Lohengrin.

Reprenons *Une Communication.* Wagner, toujours préoccupé de démontrer qu'il a retrouvé l'origine populaire des thèmes et les a débarrassés de leur *« mauvaise poésie rajoutée »* (lettre à son frère Albert du 4 août 1845), nous explique comment les peuples habitant près des mers, *« parce qu'ils rêvent à l'existence d'un bonheur qui les attendrait au-delà des eaux »,* ont toujours cru à la venue d'étrangers magnifiques portés par les flots, auxquels il ne faut pas poser de question. Il installe bien évidemment, au centre du drame, le conflit entre le désir d'amour de son héros et le thème du Graal, qui ne cesse de soustraire Lohengrin à la Terre. Je résume : Lohengrin habite des contrées merveilleuses, où il jouit des attributs d'un dieu — une sorte de Venusberg chrétien — et s'ennuie. Il voudrait descendre auprès des hommes, mais pas comme Tannhäuser : pas pour souffrir ni mourir, pour être aimé *« pour lui-même, pas en tant que prodige ni être de race supérieure »* — tout comme Tannhäuser voulait se débarrasser de son auréole de meilleur chanteur de l'amour. Les hommes pourtant l'accueillent comme un miracle et, aussitôt, le jalousent et l'envient. Cette envie sème le doute quant à sa noblesse, on le soupçonne d'être un être trivial, au point que son épouse doutera elle-même.

Wagner, cependant, ne condamne pas Elsa. Elle lui apparaît comme l'autre partie d'un être absolu que le couple formerait (la thèse resservira pour exalter le couple rédempteur Siegfried/Brünnhilde), parce qu'elle vient, elle aussi, à sa rencontre : lui veut conquérir l'humain avec les armes du divin, elle veut conquérir le divin avec les armes de l'humain. Elle est, de ce point de vue, la sœur d'Elisabeth, en ce qu'elle entend que Dieu se manifeste contre la loi des hommes. J'insiste : elle ne propose aucun troc au Divin, elle n'entend pas l'asservir, elle réclame une union des deux principes conforme à leur unité, qu'elle porte en elle. Elle est, selon Wagner, *« une authentique révolutionnaire »* refusant tout à la fois les lois des hommes et celles par lesquelles le Dieu des papes négocie la manifestation de sa Grâce. Ce que Wagner exprime, dans une lettre à Hermann Franck du 30 mai 1846, en ces termes : *« Ce cher Dieu ferait mieux de nous épargner ses manifestations, car il lui est impossible d'abroger les lois de la nature humaine ; la nature, c'est-à-dire la nature humaine, doit se venger et annuler ses manifestations ».*

Wagner parle-t-il là de Dieu, ou du Dieu catholique romain ?

Où, dans *Tannhäuser*, quelqu'un se venge-t-il de Dieu ? Pour expliquer ce qu'il considère, lui aussi, comme un échec inéluctable et programmé, Wagner, avec ses mots compliqués, reconnaît ce que j'écris moi-même autrement : que l'humain, quand il désire, *« même quand il désire le plus désirable [Dieu] »,* ne désire que lui-même, *« la jouissance de sa propre nature ».* Revoici, une fois de plus, Kundry. Cette disposition de l'humain au regard du désir signale bien qu'il manque ici ce que j'appelle une instance tierce capable de tout orienter. Est-ce une faiblesse coupable de l'humain, ou bien la plus haute manifestation de sa volonté ? Wagner indique qu'Elsa atteint *« à une vraie grandeur »* lorsque, comprenant qu'elle ne pourra pas s'unir à son époux comme elle le souhaite, pleinement humainement, elle préfère se perdre. Elle révélerait ainsi à Lohengrin, toujours selon Wagner, *« la véritable nature de l'amour »* (encore le sujet du concours de *Tannhäuser* !), dont il se fait une idée très fausse. Cependant le livret, tel qu'il est organisé et mis en musique, traduit-il intelligiblement cet équilibre-là, cette révolution ?

Face à Elsa, Wagner invente le personnage d'Ortrud, femme ignorante de l'amour, strictement mue par *« la politique [...] l'amour du passé, des races disparues [...] l'orgueil de la naissance, la haine de tout ce qui vit ».* Elle est de fait, à bien des égards, le double noir de Lohengrin avant que d'Elsa. Elsa *« triomphe »* cependant, car *« son rêve lui survit »* : le prince revient — ce que j'exprime en disant que le procès doit aller jusqu'à cette résurrection.

Autant on avait été surpris de voir l'helléniste Wagner finir par assimiler le Venusberg et la culture grecque à un bordel infernal, s'alignant ainsi en apparence sur l'idéologie de la Wartburg, autant on écarquille les yeux en lisant que *« ce poème populaire [...] n'est pas d'origine chrétienne »* et ne saurait être traité comme tel alors qu'il a sans doute été écrit *« contre la calotte ».* Qu'est-ce que la calotte ? L'Église temporelle qui cherche à organiser le vivant au plus confortable : *« Je maintiens »,* dit Wagner, *« que Lohengrin décrit la très profonde tragédie qui frappe notre époque, c'est-à-dire l'envie [...] de se noyer dans une conception de l'amour permettant de quitter les sphères purement spirituelles, [conception dont la société moderne ne possède pas les clefs] ».* Cette lettre à August Röckel du 25 janvier 1854 doit être complétée par une autre, adressée à Liszt en 1853 et contenant l'explication du Prélude : cet *amour de l'avenir*, écrit Wagner comme il écrit *œuvre d'art de l'avenir*, les hommes en rêvent depuis qu'ils se déchirent, se battent et ne croient plus aux lois qui les gouvernent. Incapables d'en trouver les prémisses dans la réalité, ils ont imaginé pour cet amour bienheureux un domaine enchanté, inaccessible : le Saint Graal. Dieu en avait soustrait la vue aux hommes qui ne le méritaient pas, mais les anges en confièrent la garde à *« quelques solitaires dévorés d'amour »*. Lohengrin est l'un d'eux, Wagner aussi sans doute.

Je pose alors la question : si Elsa enseigne à Lohengrin ce qu'est le véritable amour, dont Lohengrin est pourtant l'un des gardiens, n'est-ce pas parce que l'un des deux se trompe et use mal de ce qu'il possède ? Si Elsa enseigne que le véritable amour se dit « posséder entièrement, pleinement humainement, ou savoir renoncer à son propre bonheur », Lohengrin, pour délivrer Elsa des griffes des méchants, n'aurait-il pas dû renoncer à son propre bonheur avant d'y être contraint ?

La lecture des pages que Wagner consacre à *Lohengrin* dans *Une Communication* n'est pas aisée, parce qu'il y narre plusieurs évolutions qui n'en font qu'une au final alors même qu'il n'a aucune certitude sur son avenir et que certains concepts ou réalisations en sont encore au stade embryonnaire. On l'y voit se rassurer par tous les moyens, vouloir tenir bon sur ses convictions et, quand le poids du réel se fait trop présent, s'emberlificoter dans des répétitions comme s'il cherchait, dans le contenu d'un tiroir de pensées renversé sur la table, la formulation exacte susceptible d'ouvrir la porte devant laquelle il piétine. Je vais remettre un peu d'ordre.

Tannhäuser échoue. Que ce soit vrai ou faux au regard de critères biographiques n'a aucune importance, Wagner vit douloureusement les réserves qui s'expriment et qui l'éloignent d'une vraie reconnaissance. Ceux qui jugent écoutent avec une indulgence polie ses déclarations esthétiques mais lui réclament malgré tout un nouveau *Rienzi*. Quel public faut-il donc, pour qui écrire sinon pour les « amis » ? En dépit des bassesses consenties, en raison de son envie de goûter — en anticipant — aux fruits de la gloire et de l'affection autant que de son incapacité à déguiser l'autorité avec laquelle il s'estime en droit de parier sur lui-même, Wagner est renvoyé devant la critique la plus académique. Lohengrin veut être aimé, lui aussi, non par *« l'entendement »* normalisateur, mais par *« le sentiment »* le moins armé de préjugés. Non pas comme miracle vu, analysé, avalisé par les hommes, mais comme homme. Il entend la plainte d'une femme, il descend à elle, propose sa puissance. Au lieu de s'en tenir à accueillir cette manifestation d'amour et de sympathie, la femme finit par vouloir en décortiquer le contenu à la lumière du savoir de son temps, plus porté au doute, à la confusion, qu'à l'ouverture du cœur.

« Et je mets le doigt ici sur l'aspect principal du tragique inscrit dans la situation de l'artiste véritable face à la vie du présent, situation à laquelle j'ai donné forme artistique avec mon Lohengrin *: le désir le plus contraignant et le plus naturel de cet artiste, qui est d'être compris et accepté sans réserve par le sentiment, [se heurte] à l'impossibilité, issue de la situation faite à l'art dans la vie moderne, de rencontrer un tel sentiment qui ne soit pollué par les préjugés et les doutes. Il en résulte que l'artiste est contraint de s'adresser, non pas au sentiment, mais presque exclusivement à l'entendement critique [...] Le caractère et la situation de* Lohengrin *exposent le seul sujet qui soit aujourd'hui à proprement parler moderne, ce tragique élémentaire de la modernité, à l'instar de ce que Antigone révéla à la Grèce de sa vie publique ».*

Avec le « grand public », la rupture est totale dans l'esprit de Wagner. Il avoue cependant avoir hésité et, de ces hésitations, *Lohengrin* porte aussi la trace — y compris sans doute dans les coupes malhabiles pratiquées :

« Le penchant maladif au doute, propre à la critique, finit par m'atteindre moi aussi au point que j'envisageai sérieusement de modifier mon livret. Dans mon égarement, j'allai jusqu'à imaginer un autre dénouement qui eût permis à Lohengrin de se dépouiller de sa nature supérieure, une fois celle-ci révélée, de sorte qu'il pût rester auprès d'Elsa ».

Les lecteurs du poème, en effet, ne comprenaient rien, selon Wagner, aux raisons qui obligent Lohengrin au départ. Ils voyaient en lui un être « froid », « blessant », « suscitant plutôt l'aversion » — toutes critiques adressées *aussi* à l'homme Wagner.

« J'avais clairement ressenti qu'une raison essentielle du malentendu né au sujet de la nature tragique de mon héros tenait à une interprétation selon laquelle il descendait parmi nous de quelque royaume, mais sans souffrance ni effort de sa part : au nom de cette froide majesté, dont il ne parvenait pas à défaire le nœud pourtant étranger à sa nature et à sa volonté, il repartait jouir de sa divinité en tournant le dos à des conflits inhérents à toute passion terrestre [...] La loi qui lie Lohengrin n'est pas un postulat imposé à l'action de l'extérieur, elle en est le cœur, elle exprime l'être intime, dont il ne peut s'affranchir, de celui qui, depuis sa magnifique solitude, aspire à la compréhension par l'amour ».

Une fois affirmée la souffrance du chevalier-créateur, qui dédouane l'homme Wagner de toute accusation de morgue, se produit dans l'esprit de Richard une révolution : délivré d'un procès personnel et en ayant délivré son héros, il peut réfléchir au personnage d'Elsa de manière plus positive, comme nous l'avons vu, et livrer Lohengrin à une autocritique dont j'ai montré que le livret ne rend pas compte à ce point. Il comprend que cette femme est le peuple, qui ne peut accueillir Lohengrin parce qu'il est englué dans l'enseignement de la critique moderne : la révélation de Lohengrin-Wagner ne peut avoir pleinement lieu tant qu'il n'y a pas eu de révolution.

« Cette femme qui [...] manifestant au prix de sa propre déchéance la plénitude [de l'amour] à celui qui ne la comprend toujours pas, cette femme magnifique devant laquelle Lohengrin ne peut que se retirer, sa nature particulière lui interdisant de la comprendre, je l'avais maintenant découverte. Quant à Lohengrin, c'était une flèche perdue, décochée dans la direction de ce trésor que j'avais seulement pressenti, mais j'échangeai volontiers sa perte contre la décision d'avoir découvert à présent le véritable féminin, celui qui doit m'apporter ainsi qu'au monde entier la libération, une fois que l'égoïsme masculin, fût-il représenté sous sa figure la plus noble, se sera brisé devant lui ».

Cette femme, ce sera Brünnhilde, dont Wagner narre la naissance dans le tumulte des projets inaboutis — en particulier *Jésus de Nazareth* — et des traités théoriques. Mais vous voyez comment Lohengrin, soudain, est ravalé, quoiqu'excusé, au rang de mâle égoïste et borné, dont les exigences empêchent la révolution.

Et cependant, il existe un texte par lequel Wagner, conscient de sa délicate position, a cherché vingt ans plus tard à nouer ce qui semble ne pouvoir l'être. Texte, c'est beaucoup dire : le résumé par Cosima d'une conversation avec Porges tenue le 1er mars 1870. Porges vient d'écrire un article consacré à *Lohengrin*, *« malheureusement truffé d'expressions philosophiques »* dont Wagner *« à la manière de Socrate »* commence par exiger que l'auteur rende compte, ce dont il est évidemment incapable. Cosima se délecte à le souligner et enchaîne : *« R. lui explique que le Graal peut être pensé comme symbole de la liberté. Le renoncement, la négation du vouloir, le vœu de chasteté, tout cela sépare les chevaliers du Graal du monde des apparences. Le chevalier peut rompre ce vœu aux conditions mêmes qui sont imposées à la femme, car si une femme est capable de maîtriser les nécessités naturelles, de ne pas poser de questions, elle serait digne d'entrer dans le domaine du Graal et c'est à cause de cette rédemption possible que le chevalier a le droit de chercher femme. Le chevalier du Graal est divin et libre, parce qu'il n'agit pas pour lui-même mais pour les autres. Il n'exige plus rien ».*

Je ne sais pas si Porges a été convaincu. Selon Cosima *« l'élément juif n'apparaît chez lui que dans son incapacité à écouter calmement »*. Et nous ?

Reprenons la logique de Wagner. Lohengrin est un être libre parce qu'il n'a pas de désir égoïste. Son mariage avec Elsa doit donc être compris comme une perche tendue à la jeune fille. Il ne veut pas s'humaniser, il souhaite qu'elle s'élève jusqu'à lui en renonçant elle aussi à toutes les apparences, à tous les pièges du désir. C'est pourquoi il interdit les questions : pour vérifier qu'elle en est capable et qu'elle saura parvenir elle aussi à la liberté suprême sans être jamais troublée par la jalousie envieuse du monde. Le chevalier du Graal a donc le droit d'aménager les conditions de son service, sans rien en changer d'essentiel, pour tester la capacité d'une femme à devenir son épouse selon la loi du Graal, c'est-à-dire à s'élever suffisamment pour qu'il soit envisageable de l'intégrer à la confrérie.

On aimerait bien savoir quel type d'initiation Lohengrin a suivi pour être désigné chevalier du Graal, mais Wagner ne nous le dit pas. Quand et comment, d'autre part, ce mariage mystique se concrétisera-t-il ? Si l'initiation d'Elsa est liée aux questions interdites, la réponse est simple : *nie*, jamais sur cette terre, jamais avant la mort. Il s'agit bien d'une fidélité jusqu'à la mort. *Lohengrin* et le *Hollandais* se font ici très proches et Elsa devient la petite sœur de Senta en *« enseignant à Lohengrin l'amour humain le plus haut »*, en renonçant par la mort à tout espoir d'amour terrestre au profit d'une union supérieure. Petit problème : si vraiment Elsa pose les questions pour en finir au plus vite avec la pression insupportable du monde extérieur, zapper en quelque sorte l'étape humaine — ce qui renvoie au modèle de Heine — comment justifier une mort un peu sale, sans assomption, aussi désespérante que Wagner l'a écrite ? L'échec est encore plus patent selon la nouvelle théorie de Wagner : Lohengrin repart un peu comme le Hollandais, *von ew'ger Treue auf Erde, ist's getan* — « de fidélité éternelle, sur terre, il n'en est plus ». Personne ne peut même prétendre, là, que Elsa n'a pas encore épousé Lohengrin devant Dieu et conserve une chance d'échapper à la damnation qui est, ici, l'abandon dans le monde. Si Elsa se jetait dans les flots, *treu bis zum Tod*, les choses seraient très différentes. On peut pourtant imaginer, généreusement, que ce *nie* reste une formule et que, en réalité, si Elsa tient sa langue une année, elle sera récompensée par le retour de Gottfried et, à suivre, son assomption personnelle — parce qu'il faudra bien, alors, que Lohengrin dise qui il est et d'où il vient.

Cette absence de rédemption à deux fait cependant, en l'état du livret, craquer la dramaturgie wagnérienne entre le pari de Lohengrin sur la fidélité de sa femme et la leçon révolutionnaire qu'Elsa était censée administrer. Effectivement, les confidences de Wagner à Porges lèvent un certain nombre d'ambiguïtés relatives à la présence et à la stratégie de Lohengrin. Il n'en demeure pas moins que le type d'union réclamé par le chevalier n'est pas possible sur terre et, ici, ne semble même pas possible au-delà. On dirait que Wagner a surtout réfléchi à dédouaner Lohengrin des reproches qu'il lui adressait lui-même antérieurement : le poids biographique, l'assimilation de Wagner à son héros, reprennent ici leurs droits et l'on ne peut s'empêcher de penser que Cosima, si on lit plusieurs passages douloureux de son *Journal* traitant de sa relation quotidienne avec Richard, fut une parfaite initiée.

Je suis tout prêt à revoir ma « théorie du tricheur » : je puis parfaitement reconnaître que Lohengrin a le droit de vouloir prendre femme selon la loi du Graal, a le droit de poser ses interdits et doit, une fois ceux-ci transgressés, repartir. Mais je ne comprends plus alors les déclarations sur la révolution humaine imposée au Graal et on a envie d'adresser à Lohengrin les invectives de Kundry à Parsifal : si tu sens à ce point la douleur des autres, alors sens la mienne aussi. Que Lohengrin se montre plus compatissant à l'égard de Telramund qu'à l'égard d'Elsa continue de me choquer.

Ne croyez pas cependant, si nous décidons d'avaliser les quelques lignes notées par Cosima, que nous allons en revenir aux mises en scène traditionnelles. Bien au contraire, cette dramaturgie condamne des réalisations comme celle de Wieland Wagner au profit d'autres comme celle de Carsen. Il faut montrer la pression corruptrice du monde, montrer que les héros essaient de vivre leur amour sans nom et sans identité, montrer quelle est la vraie nature de ce mariage. Ils ne sont pas Tristan et Isolde désireux de fuir le monde pour exister dans l'amour au-delà, le pari est de les faire vivre libres en Dieu, de se retrouver unis au « Paradis » — ce qui justifie Ortrud Radbod comme adversaire théologique. Rien de ce que Wagner a déclaré à Porges n'est montrable si on s'en tient aux didascalies.

Il y a plus important. S'il est envisageable qu'Elsa intègre la confrérie, c'est-à-dire offre à la non-identité de Lohengrin son propre refus de s'identifier dans le monde, qu'est-ce que cela signifie ? C'est le Graal, c'est Dieu, qui fournissent la seule identité possible au sens où les héros n'existent, libres, que dans la communion des saints, unités parmi d'autres. Il leur faut endosser le désir de Dieu. Lohengrin ne peut désirer Elsa comme un humain, Elsa doit apprendre à désirer Lohengrin comme Lohengrin la désire. Nous revoici au point de départ, aux pages d'*Une Communication* où Wagner essayait de réhabiliter Elsa, de ne pas en faire seulement une incapable, une coupable. Si nous décidons d'avaliser la nouvelle dramaturgie exposée à Porges, alors nous devons nous interroger sur la nature du désir de Dieu et la mettre en scène. Le christianisme politique selon Wagner pratique les exclusions que nous connaissons : nous ne pouvons pas nous contenter des phrases concernant le couple Elsa/Lohengrin sans endosser aussi tout ce qui concerne les causes de la corruption — car si le monde n'était pas si corrompu, on n'aurait pas besoin de chevaliers du Graal et de toutes ces initiations douloureuses. Sauver le Brabant et se sauver sont une seule et même chose, possible seulement par abandon : pas de désir de puissance, pas de désir de lignée, pas de désir d'identité, pas de désir d'accomplissement amoureux terrestre, seule doit désirer et régner la parole de Dieu. Mettez cela vraiment en scène, montrez que c'est cela que Lohengrin exige au nom de Dieu, montrez qui sont les ennemis, vous allez choquer beaucoup de monde.

La révolution d'Elsa ne serait donc pas, selon la nouvelle dramaturgie de Wagner, une revendication d'humanité mais seulement la preuve qu'elle sait que, en ce monde, elle ne pourra tenir longtemps le doute en laisse : à nouveau le modèle de Heine. Alors, plutôt que de vivre dans une torture de chaque matin, elle suicide sa relation terrestre. Très cohérent, pas vraiment ce que les wagnériens attendent, pas du tout ce que le texte et les didascalies prévoient, pas exactement, c'est le moins qu'on puisse dire, ce que les mises en scène adulées racontent. À vous de choisir : votre choix sera forcément théologique, puisque vous devez soit imposer à Dieu la conception humaine de l'amour (conséquence : catastrophe), soit imposer au monde la conception divine du désir (conséquence : catastrophe). Dans tous les cas : catastrophe ; dans tous les cas Dieu n'est pas seulement un barbu régnant dans les nuées mais quelqu'un qui a, vis-à-vis de ses ennemis sur terre, quelques exigences. Un Dieu germanique en tout cas, *rein deutsch-rein christlich*.

Parsifal : le rire et le désir, qui a maudit Kundry ?

La question sur laquelle je voudrais revenir concerne mon interprétation, constante depuis *Le Jeu de l'écorché*, de la malédiction de Kundry. J'ai fait tous les efforts possibles pour démontrer que Jésus ne punit pas Kundry, qu'elle est en quelque sorte punie par son propre rire qui lui revient en pleine figure. J'ai affirmé que le regard que lui rend le Christ ne peut être une malédiction. Je suis convaincu de la valeur théologique de cette analyse, mais convaincu aussi que Wagner n'ose pas l'affirmer clairement. Ce sont les raisons de cette hésitation qui m'intéressent.

La rencontre de Kundry et du Christ ne figure pas dans l'esquisse de 1865. Là, Wagner pose seulement que la femme sauvage est brûlée de désir, cherche celui qui, en lui résistant, la délivrera et doit, en conséquence, tenter tous les purs pour trouver l'élu, au risque d'augmenter à chaque fois son malheur. Cette esquisse va très loin concernant Amfortas, dont Wagner dit que Klingsor lui inflige la même blessure que celle qu'il s'infligea naguère, la castration : c'est somme toute assez logique, mais il est étrange que l'image n'en soit pas restée, ni dans la mise en scène de Wagner, ni dans celles que je connais. Sans doute la caricature du stigmate christique était-elle plus forte. L'esquisse de 1877 contient, elle, le dialogue dans une version quasiment définitive et, pour le passage qui nous occupe, très claire.

Parsifal interroge : qui put donc blesser Amfortas avec la sainte lance ? Kundry répond : *Ha, der, der einst ich verlachte. Gegen dich selbst ruf ich ihn auf, stillst du mein Sehnen nicht auf* — « Ah ! Lui, que j'ai raillé autrefois. Contre toi aussi je vais l'appeler, si tu n'assouvis pas mon désir ». Il est impossible d'imaginer, même dans l'ordre symbolique le plus abscons, que le personnage jadis objet des moqueries de Kundry soit Jésus : ce n'est pas le Christ que Kundry appelle à l'aide, c'est Klingsor.

Dans la version définitive, cette phrase est devenue : *Er, er, der einst mein Lachen bestraft* — « Lui, lui, qui autrefois punit mon rire ». L'ambiguïté vient de ce que, cette fois, figure aussi l'épisode du rire jeté à la face sanglante du Christ : *Ich sah Ihn, Ihn, und lachte* — « Je l'ai vu, Lui, Lui, et j'ai ri ». La répétition des pronoms *Ihn* et *Er* peut faire croire, à une écoute superficielle, qu'ils visent la même personne et que le Christ aurait puni Kundry. Bien des commentateurs se sont engouffrés dans cette voie qui est théologiquement absurde au regard de l'amour du prochain et du sens même de la crucifixion. J'ai lu des textes prenant appui sur la parenté entre Kundry et le Juif Errant pour justifier la violence qu'exercerait alors Dieu contre un seul des participants au sacrifice collectif en le précipitant dans l'éternité. Rien de tout cela ne colle avec le sentiment qui se dégage du récit par lequel Kundry raconte sa quête d'une nouvelle rencontre avec Jésus.

Wagner a également modifié la suite : *Sein Fluch, ha ! Mir gibt er Kraft, gegen dich selbst ruf' ich die Wehr, gibst du dem Sünder des Mitleids Ehr'* — « Sa malédiction, ah ! Elle me donne de la force, contre toi aussi je vais appeler l'arme, si tu accordes au pêcheur l'honneur de la compassion ». Kundry parle cette fois d'une malédiction, d'une violence inscrite en elle dont le rire est l'expression hystérique. Wagner est extraordinairement clair lorsqu'il associe la violence et le désir. Kundry parle peu, mais elle lie bien les choses, par exemple à son réveil chez Klingsor : *Ja, mein Fluch ! O ! Sehnen, sehnen !* — « Oui, ma malédiction ! Oh ! Désirer ! Désirer ! ». Kundry n'est que rires — *nie weinen, nur lachen, das verfluchte Lachen* — « jamais pleurer, toujours rire, ce rire maudit ». Elle a moqué Jésus, elle a moqué Klingsor, elle a moqué Amfortas. Cette malédiction, c'est le désir inextinguible qui la pousse à vouloir se donner pour racheter le rire, alors même qu'elle en prolonge ainsi les effets. Je l'ai déjà dit : comment se faire aimer de celui qui résistera et qui, seul, peut la délivrer ? Comment désirer Jésus ?

Superposons les deux versions. La répétition des pronoms en parallèle (*Ihn-Ihn*, *Er-Er*) indique clairement selon moi que nous avons affaire à l'antithèse du Christ, donc Satan. Il est normal, dans les symétries qu'affectionne Wagner, que Kundry soit écartelée entre ces deux principes.

Wagner, dans les esquisses, consacre tellement de lignes au mystère qui entoure Klingsor, que l'on aurait vu en maints endroits avant qu'il ne vienne à Montsalvat, que je crois d'autant plus fort à Satan. Enfin, l'esquisse de 1865 nous met sur la piste d'un double lien entre Kundry et Klingsor, lien que renforcent l'esquisse de 1877 et la version définitive. Il est dit tout d'abord que Klingsor peut s'appuyer sans réserve sur la quête de Kundry pour faire tomber tous les purs, tant le besoin de la femme de rencontrer son sauveur est grand. Il est ensuite fortement suggéré que Klingsor a deviné la malédiction qui frappe Kundry parce qu'elle serait directement responsable de son impuissance à faire taire le désir en lui. Autrement dit, c'est parce qu'il désirait Kundry — effectivement, qui désirer d'autre à Montsalvat ? — si ouvertement qu'elle n'avait aucune raison de voir en lui un sauveur, donc de lui céder, qu'il se mutila — puis jeta Amfortas dans la même situation. Elle s'est sans doute moquée de lui, de son désir ou de sa mutilation (*der einst ich verlachte*) : et qu'elle rie autant du Christ que de Klingsor renforce encore les parallélismes. Alors, il l'a punie, utilisant à son profit la brûlure que le regard d'amour du Christ, en réponse au rire, avait imprimée en elle. Christ, principe de l'amour, contre Satan, principe du désir : je n'ai jamais cessé de l'affirmer.

Le deuxième élément introduit par Wagner dans sa rédaction définitive est, psychologiquement, assez remarquable : la jalousie éprouvée par Kundry à l'égard d'Amfortas auquel, elle le voit bien, Parsifal se prépare à apporter consolation sans s'occuper d'elle : « Si tu ne sens en ton cœur que la souffrance des autres, alors ressens la mienne aussi ». Parsifal n'est pas très clair sur la compassion qu'il manifeste pour Kundry, à qui il s'adresse de manière extrêmement autoritaire et brutale. C'est que son initiation n'est pas achevée, elle ne le sera qu'au Vendredi Saint, lorsqu'il comprendra que le salut s'offre à toutes les créatures, pas seulement aux élus. Au moins enseigne-t-il à la femme que la *Mitleid* ne se décrète pas d'en haut : elle suppose un double parcours — « L'amour et la délivrance te seront donnés si tu m'indiques le chemin vers Amfortas ».

La parenté entre le Juif errant et Kundry existe évidemment. L'histoire de l'errant est effectivement d'apparence victimaire, punitive, encore que l'utilisation de cette légende pour jeter un éternel anathème sur les « Juifs assassins » me paraît avoir empêché toute réflexion théologique quant aux véritables desseins de Dieu. Je vais reformuler ma conviction : Wagner était certainement un antisémite notoire, mais en sauvant le Hollandais grâce à une *Törin*, Kundry grâce à un *Tor*, il indique en tout cas que Dieu pourrait se montrer plus clément. On trouve, dans certaines confidences que le *Journal* de Cosima met moins en valeur que les condamnations brutales et méprisantes, des phrases de Wagner relatives à la vertu du baptême des Juifs, à leur possibilité de rachat dès lors qu'ils ne s'endurcissent pas dans leur quête effrénée de la puissance. Tout cela n'est pas facile à montrer sur un plateau de théâtre.

Mais je voudrais vous inviter à réfléchir à ceci : pourquoi certains commentateurs ont-ils envie, ou besoin, que Kundry soit maudite par le Christ ? Pourquoi tant de difficulté à accepter une lecture de la compassion qui échappe à tout processus de victime émissaire ? Et pourquoi Wagner introduit-il une ambiguïté qui ne figurait pas dans les premières esquisses ?

Parsifal **: la transformation, par Parsifal, des règles de la cène.**

Les deux esquisses racontent sensiblement la même chose, y compris comment Titurel se redresse hors de sa tombe et bénit l'assemblée. Mais elles sont plus claires, surtout celle de 1877, quant au miracle. Wagner, par la bouche de son héros, décrit très bien comment le sang impur d'Amfortas, recueilli à la pointe de la lance, est en quelque sorte purifié par le sang du Graal, qui coule en rémission des péchés. Les formules de la version définitive, ampoulées, sont beaucoup moins précises.

Il ne peut pas s'agir d'une restauration, sinon à quoi bon ? La cérémonie du premier acte fonctionne sans la lance, il existe forcément une différence lorsque la lance joue le rôle qui est le sien, pas celui d'un super-bazooka. La formule *Erlösung dem Erlöser* n'est pas celle du premier acte *Nehmet vom Blut, nehmet vom Leib*, dont j'ai déjà souligné le caractère vampiresque plus que théologique. Enfin, l'ordre de ne plus jamais voiler le Graal — absent des esquisses — brise le renouvellement des sacrifices et installe plutôt un rachat permanent. On peut préférer une bonne remise en ordre après une expédition punitive réussie, je me pense théologiquement plus orthodoxe et repose la question : qui a besoin d'une violence réussie, efficace, et pourquoi ? Pourquoi Wagner expédie-t-il en cinq minutes un tel bouleversement alors qu'il a consacré plus d'une demi-heure à la première cérémonie ?

Wagner a beaucoup hésité quant au rôle de la lance. Je voudrais vous traduire les lignes écrites dans *Le Livre brun*, en date du 2 septembre 1865, pendant qu'il rédige son esquisse du livret :

« Que dois-je faire de la lance sanglante ? Le poème original dit que la lance est présentée [à Perceval au Château Aventureux] en même temps que le Graal et qu'une goutte de sang perle à sa pointe. La blessure de Amfortas reste quoi qu'il en soit causée par cette lance : mais comment faire pour que tout cela tienne ensemble ? Sur ce point, je nage dans la confusion la plus totale. En tant que relique, la lance est indissociable de la coupe, elle fait un avec elle, puisque c'est dans la coupe que le sang coulant de la plaie faite au

flanc du Sauveur a été recueilli. Les deux se complètent. De deux choses l'une :Ou bien : la lance a été confiée aux chevaliers en même temps que le Graal. Le gardien du Graal la brandit comme arme du dernier recours dans le combat [contre Klingsor]. Amfortas la prend sur l'autel lorsqu'il décide d'une expédition devant mettre un terme à l'hémorragie des Purs séduits par la magie de Klingsor. Pendant qu'il succombe au désir, son bouclier et la lance lui sont ravis, qu'il avait posés près de lui, et c'est ainsi qu'il reçoit la blessure de la lance, au cours de sa fuite. Peut-être parce qu'il espère prendre Amfortas vivant, Klingsor se contente-t-il de donner l'ordre qu'on le blesse sans le tuer, peut-être parce qu'il sait que cette lance a seulement le pouvoir de blesser, pas celui de tuer ? La guérison de Amfortas, son retour en grâce, ne sont alors possibles que lorsque la lance sera arrachée à des mains impies et rendue au Graal.

Ou bien : au moment où ils reçoivent le Graal, les chevaliers entendent une promesse : la lance leur sera aussi donnée, mais il faudra la conquérir au prix de rudes combats. Dès lors, comme elle fait partie de la relique dite « le Graal », dès qu'elle serait conquise, plus rien ne pourra contester la confrérie. Klingsor trouve la lance et la conserve, à la fois en raison de son pouvoir magique — seule cette arme peut blesser les Purs s'ils sont faillibles — et pour en priver la confrérie qui, si elle la possédait, deviendrait invincible. Du coup, pour la conquérir, Amfortas est obligé d'affronter Klingsor ; il succombe à l'amour et Klingsor, qui se glisse près de lui, le blesse. La suite comme imaginé précédemment. Klingsor brandit l'arme devant Parsifal, la jette contre lui, Parsifal s'en saisit au vol, il sait ce qu'elle est, il en connaît le prodige, la signification.

Dis-moi, Cos', ce qui est le mieux ? »

On se rend bien compte de la différence fondamentale entre les deux versions. La première repose sur le miracle altruiste de la crucifixion et de la résurrection, la deuxième n'emploie que des mécanismes de violence traditionnels. Je songe ici à ce que René Girard appelle le paradoxe de la croix : lorsque les hommes se rendent compte de l'innocence de Jésus et de tout ce que dénonce son supplice, ils se voient retirer leurs petits arrangements habituels avec le bouc émissaire, leurs manières communes de restaurer la paix et de fabriquer du sacré. Alors, il ne leur reste plus que la violence pure, pas même masquée, injustifiable, non transcendantale. Ainsi, l'exposition conjointe des montages humains et de l'amour christique, au lieu de provoquer une prise de conscience collective et un abandon des armes, bascule-t-elle dans l'absurde entêtement le plus désespérant. Le choix est clair : le retour de la lance au Graal est, soit un retour dans la grâce compassionnelle, soit la recomposition d'une invincibilité guerrière. Or l'unique invincibilité qui vaille est celle qui permet de résister au désir envieux.

Parsifal : le rôle de la femme dans l'économie du salut.

Ce n'est pas la mort de Kundry qui choque : elle n'aspire qu'à cela. C'est le fait que, au moment de remercier chacun pour la part prise à l'illumination du sot, Parsifal trouve des mots infiniment doux et compatissants pour ramener Amfortas à la vie et à la sainteté, mais n'a pas un mot pour Kundry, dont il n'explique à personne ni le douloureux parcours ni l'aide qu'elle lui a fourni. Certes il la conduit au temple, ce que, selon le catéchisme de Montsalvat, aucun chevalier ne devrait admettre sans interroger (à nouveau, pas de didascalie disponible), mais il ne l'inclut pas. En tout cas, pas dans la rédaction définitive : une des esquisses prévoyait au contraire pour cette scène l'image de la Marie-Madeleine qui a, finalement, trouvé sa place à l'enchantement du Vendredi Saint, et cette image offrait au moins à Kundry une position centrale à égalité avec Amfortas. Personne ne sait non plus qu'elle a été baptisée : une didascalie traîne même dans certaines versions, selon laquelle Parsifal la baptise en cachette de Gurnemanz. En cachette ou pas, Wagner ne prévoit aucune réaction du vieil écuyer devant cet acte inouï. Cette expulsion de Kundry hors du temple n'était pas dans les premières esquisses — dont une s'est perdue : une lettre à Mathilde Wesendonck du début août 1860 indique que *« accroupie dans un coin, elle assiste à la scène navrante de Amfortas »*, surveillant les réactions de Parsifal *« avec un regard de sphinx »*.

C'est une question que Wagner débattait encore au soir de sa vie. Qu'il ait repris l'esquisse *Les Vainqueurs* — sans rien en faire — ou qu'il ait rédigé deux jours avant sa mort, en projet de conclusion pour *Religion et Art*, les brefs feuillets inachevés connus comme *Du féminin dans l'Humain*, nous le voyons rôder à nouveau autour du Bouddha et des races. Il affirme que la dégénérescence de la race humaine ne touche pas le monde animal, pour trois raisons : les animaux se reproduisent afin de préserver leur race, sélectionnent dans leurs portées les meilleurs éléments et ne s'épousent que pour cette raison, ni par intérêt ni par convention — Wagner recycle ici des thèses déjà développées dans l'esquisse *Jésus*. Il prône, comme rempart à la décadence, une stricte monogamie, une stricte fidélité et le refus de tout métissage — fatale erreur des conquérants. C'est donc le couple qu'il faut réformer si l'on veut réformer le monde. Au sein du couple, à condition que rien d'exogène ne vienne en pervertir l'union, l'homme est un protecteur de l'Idéal, la femme se rattache, par sa maternité, à la Nature. L'homme peut tomber dans les mirages du monde matériel, la femme peut être tentée de se donner à beaucoup d'hommes si elle ne trouve pas le protecteur idéal, le procréateur non-égoïste, parce que c'est d'elle alors que dépend la survie. Elle n'y mettra peut-être pas tout le discernement nécessaire, pas plus que l'homme ne saura toujours éviter de gaspiller sa semence en cédant à son désir de posséder, en oubliant l'intérêt du groupe au bénéfice de sa satisfaction immédiate. Il importe donc que l'homme sache élever la femme au-dessus de la loi naturelle de l'accouplement, tout en l'aimant pour elle-même et en restant fidèle à la mère de ses enfants. En reconnaissant que le principe du harem permet passion et fidélité, Wagner admet que les polygames peuvent, eux aussi, préserver leur race — puisque les femmes n'appartiennent là qu'à un seul mâle.

La fin du texte n'est pas forcément claire dans les traductions courantes, piégées par la syntaxe wagnérienne et ne se troublant pas d'aligner des phrases incohérentes. Je préfère donc une retranscription. C'est à ce moment, écrit Wagner, où la femme s'élève au-dessus de sa condition naturelle, de cet esclavage de la maternité auquel les plus sages penseurs ont toujours voulu l'enchaîner, que, par exemple, le Bouddha lui-même a souhaité qu'il lui soit interdit d'accéder à la sainteté. Les traducteurs estiment que Wagner, ici, justifie cette position, alors qu'il enchaîne : *« c'est donc un trait* — comprenons trait d'esprit — *assez beau de la légende d'avoir prévu que le Parfait-Victorieux se laisse convaincre de prendre femme lui aussi »*. J'y comprends que, selon Wagner, la légende a fort heureusement autorisé à imaginer une modification de la position du Bouddha, ce qui était d'ailleurs le sens de l'esquisse *Les Vainqueurs*. Nous aurions peut-être assisté, finalement, aux noces de Parsifal. Wagner achève : « *De la même manière* — comprenons, selon moi : sur le modèle du Bouddha — *le processus d'émancipation de la femme ne procède que par à-coups de l'extase* ». La plupart des traducteurs donnent à *Zuckung* son sens médical, employé pour décrire les crises d'épilepsie, de « convulsion ». Et comme les traducteurs sont de parfaits machistes aveuglés par les phrases qui précèdent, ignorants du reste des écrits de Wagner, ils en infèrent que la montée vers la Grâce ou la Sainteté des femmes procède par « convulsions extatiques » : un peu comme si Kundry, éblouie par la sainteté de Parsifal, se mettait à trembler, baver et se contorsionner devant lui. Je crois tout au contraire que Wagner affirme ceci : la reconnaissance par l'homme des qualités de la femme, laquelle connaissance lui permet d'envisager son émancipation totale — jusqu'à la sainteté, donc — ne procède que par illuminations successives, révélations brutales. Les deux derniers mots, amour-tragique, ne sont absolument pas, selon moi, un condensé de cette remarque, mais une note préparatoire à un nouveau développement sur les conditions tragiques dans lesquelles ces illuminations peuvent avoir lieu — et nous en avons déjà une idée.

Que désirent les hommes des femmes ou chez les femmes ? Et réciproquement.

Je m'étais interrogé, dans *Richard Wagner*, sur « l'énigmatique compassion du Hollandais » : ce moment où il dit à Senta qu'il lève l'ancre pour qu'elle ne soit pas damnée. Pouvons-nous établir un rapprochement avec le rôle d'Elsa, qui sacrifierait son amour afin d'enseigner le véritable amour humain à Lohengrin, comme avec le rôle de Lohengrin, qui partirait pour que personne ne soit damné ?

Le Hollandais et Lohengrin prennent le premier prétexte venu pour déguerpir et en profitent pour faire retomber sur l'héroïne la responsabilité entière de la catastrophe. Senta comme Elsa doivent assumer quelque chose dont elles ne sont pas coupables : soit elles sont punies — et cette punition retombe sur leur communauté — soit elles trouvent un moyen de « couler le bateau » pour que demeure à terre quelque chose de la visitation. J'ai écrit que le metteur en scène doit inventer un final visuel au *Hollandais* : d'une part l'assomption des deux héros, d'autre part la réaction de la foule, soudainement propriétaire des trésors enfermés dans la cale du vaisseau qui vient de couler dans le port. Trivial, n'est-ce pas ? Cette trivialité ne gêne pourtant pas grand monde dans *Lohengrin*, alors que le « naufrage » de la barque, la restitution du Prince Gottfried, le don des armes sacrées et la promesse de victoires allemandes sont exactement du même ordre. Lohengrin ne s'enfuit pas pour éviter à Elsa d'être damnée : il sauve ses propres arrières, si tant est que cela soit encore possible dès lors qu'il a lui-même, par sa tricherie, enclenché la minuterie de la bombe. Le Hollandais manifeste sans doute plus de compassion apparente (« je me damne pour que tu ne le sois pas »), en réalité il s'empêtre tout autant que Lohengrin dans les mécanismes de la grâce en fabriquant de la victime émissaire et en refusant d'envisager quel avenir terrestre s'ouvrirait alors à celle qu'il abandonne. En ces affaires, seule la femme a une idée de ce qu'est le couple, fait de chair et d'esprit dans une authentique égalité. L'homme, lui, divinise celle qu'il désire (un peu comme Wagner lui-même devant le tableau de Madone qui va lui inspirer la très désirable Elisabeth au nom du pacte « quand je désire, qui que je désire, c'est Vénus que je désire »).

Et tout explose. La femme propose une union complète telle qu'elle en a reçu la demande, l'homme réclame en réalité aussitôt une union spirituelle qui le déferait, lui, de son envie de chair vécue comme une faiblesse, un péché. Le Hollandais interroge par deux fois Senta sur l'air du « te donneras-tu ? ». La première fois, aubaine pour les psychanalystes, cette question se dit : « te donneras-tu comme ton père t'a donnée ? », c'est-à-dire : « te donneras-tu à [la parole de] ton père ? ». C'est ce que j'appelle l'inceste des pères wagnériens, le même que l'on retrouvera chez Wanderer qui entend bien que Siegfried épouse Brünnhilde « selon la parole de Wotan ». La deuxième fois, la question s'énonce : « te donneras-tu dans la mort ? ». Il manque finalement, dans le *Hollandais*, le moment où Senta interrogerait « qui es-tu ? », pour que *Lohengrin* et *Tannhäuser* se superposent parfaitement. Senta ne demande rien, parce qu'elle sait d'où vient son époux, qui il est, quelle est son essence. Elle a un coup d'avance sur ses consœurs Elisabeth et Elsa. Le Hollandais se croit malgré tout tenu de la renseigner (« tu ne me connais pas... on m'appelle Hollandais Volant ») : en réalité, c'est la foule qu'il renseigne et ceci ne peut nous laisser indifférents.

Dans les faits ces hommes — le Hollandais, Tannhäuser, Lohengrin — n'utilisent la perspective d'une union avec une femme que pour résoudre le problème de leur rapport au divin. Comment rester ou redevenir saint ? À quel prix ? Les héros masculins de ces opéras sont d'absolus égoïstes qui capitalisent à leur profit une grâce censée régénérer l'humanité : ce faisant, ils empêchent la révolution et nient le rôle potentiel de la femme-en-couple dans l'économie du salut, sinon même la possibilité pour la femme d'accéder à la sainteté. Ils obligent ainsi les femmes à réinitialiser la sainteté masculine, c'est-à-dire à débarrasser celle-ci de tout désir matériel — au rang desquels les femmes, dont ils n'imaginent pas qu'elles ont aussi une âme, une part de sainteté. En ce processus, ils détournent vers Dieu tout désir, tout amour : ce qui se traduira, sur terre, par un détournement de tout désir, tout amour, vers la communauté. Le poids du tiers désirant-tiers instituant se fait ici effroyablement lourd. Si l'on excepte en effet le *Ring*, les *Meistersinger* et *Parsifal*, personne ne parvient à faire comprendre, aux communautés en lesquelles se déroule l'action, quelle est la vraie nature du profit escomptable — en dépit des efforts des *Grundmotive* pour en révéler l'essence. Il n'est pas neutre du tout que Wagner ait retouché, après l'expérience ratée du *Tannhäuser* crucifié par les judéo-parisiens — les *Un-Deutsche* — les conclusions de l'ouverture et du dernier acte du *Hollandais*. Il y a rajouté ce que la musicologie allemande appelle la *Tristan-Schluß*, le motif de la promesse aussitôt dénommé par les adeptes de Wolzogen « rédemption par l'amour ». Que signifie cette rechristianisation ?

La promesse s'adresse à l'humanité entière. L'humanité comprend-elle la promesse ? Soit, manifestement, non (*Hollandais*, *Lohengrin*, éventuellement le *Ring*), soit elle la recycle d'une manière qui laisse ouverte l'hypothèse d'un recommencement parce que rien ne change vraiment des conditions ayant une première fois entraîné la catastrophe (*Tannhäuser*, *Tristan*).

Que désirent les hommes ? La première réponse tombe sous le sens : les femmes sont désirables et poussent à ce qu'on les conquière ou qu'on s'empare des objets en permettant la conquête. La deuxième est plus inattendue : elles promettent le pardon, la rémission du péché de désirer, une réintégration sociale, paradoxalement par le biais-même qui a généré ce désir et conduit à l'exclusion. Dois-je reprendre, une fois de plus, la démonstration de mes affaires de désir ? Sans doute. J'ai constaté que les wagnériens me suivent, intellectuellement, lorsque j'expose ces mécanismes, peut-être bien parce qu'ils y trouvent un piment tragique un peu inédit capable de renouveler leur excitation : en revanche, je les sens toujours frustrés par la dislocation décrite de relations affectives « normales », auxquelles ils pourraient s'identifier, de telle sorte qu'ils conservent une part de réserve, de doute, destinée j'imagine à préserver leur propre capacité relationnelle.

Si donc les héros wagnériens trouvent leurs partenaires « belles », ce n'est pourtant pas l'essentiel. La valeur qu'ils leur attribuent tient moins à leurs qualités propres qu'au fait qu'elles sont désignées par le désir d'un autre, que flotte par conséquent autour d'elles un fort parfum d'interdit et de rivalité potentielle. Le Hollandais s'appuie, pour acheter Senta sans jamais l'avoir rencontrée, sur le désir du père de la jeune fille ; en bon frère de l'éternel mari dostoïevskien, il « flaire » l'existence d'Erik ou n'aura de cesse de la débusquer parce qu'une fille aussi désirable ne peut qu'avoir été désirée par d'autres. Tannhäuser lutte contre les autres Minnesänger et, globalement, la Wartburg entière. Lohengrin doit affronter l'interdiction édictée par le Graal de faire souche, il rafle aussi Elsa à la barbe de tous ceux qui ont cru pouvoir prétendre à elle et à son héritage. Tristan se bat contre l'Irlande, les barons ses pairs, son roi, Isolde même un temps, tous acharnés à sa perte. Amfortas brave l'interdit absolu en se mettant en danger chez Klingsor, Parsifal pénètre dans les jardins parce que des chevaliers désirants veulent lui en condamner l'accès. Stolzing trouve en Beckmesser, en Sachs, en tous les Maîtres, des adversaires. Vous ferez vous-mêmes la démonstration pour le *Ring*.

Rien d'étonnant, dans de telles conditions, si tous les thèmes d'union portent les gènes de thèmes « supérieurs » figurant la rivalité, la société. La musique dénonce cette origine, ce lien, qu'elle prolonge dans toutes ses conséquences. C'est ce que j'ai commencé à montrer dans *Richard Wagner*, par exemple en réorganisant l'analyse du Prélude de *Tristan*, en connectant les thèmes du « repentir » de *Tannhäuser*, des « questions interdites » de *Lohengrin*, du « jour » de *Tristan*, sous de nouvelles appellations. Je vous y renvoie.

Que désirent les femmes ? Elles veulent être réveillées. L'opéra wagnérien me semble, de ce point de vue, une série de variations sur le thème de la *sleeping beauty*. Il n'existe pas de traduction totalement satisfaisante de ce terme : belle ou beauté, à la fois une personne et une aspiration, dormeuse, dormante, endormie, l'essentiel est de comprendre qu'elles ont été endormies — par un maître, un rival, un primo-possédant. Toutes, elles sommeillent dans les espaces décevants de la « vraie vie », toutes rêvent, toutes appellent un éveilleur qui fera du rêve une réalité et brisera le pouvoir qui s'exerce sur elles. Vous n'aurez aucune difficulté à regrouper ainsi toutes nos héroïnes, les livrets wagnériens brodent sans fin des phrases sur ce thème.

Le deuxième élément de ma réponse est qu'elles aspirent à être reconnues à l'égal des hommes héroïques. C'est la thèse de Wagner sur les femmes « révolutionnaires », qui le conduit à affirmer que seul un couple est rédempteur. Ici encore, vous n'aurez aucune difficulté à retrouver, dans les livrets, les phrases qui m'autorisent une telle affirmation, entre le *« si tu étais en danger, je voudrais que tu saches que je puis te sauver »* d'Elsa et le *« une heure avec moi, tu seras divin »* de Kundry.

Cette revendication n'est ni capricieuse, ni prétentieuse : elle est le résultat d'une dette, d'un dû, que l'homme contracte à leur égard en les éveillant. Je voudrais dire quelques mots d'un film très rare de J.B. Harding, intitulé parfois *Sleeping Beauty* mais dont le titre exact est *Some call it loving*. Dans une fête foraine, le personnage principal, un jeune homme très riche, tombe sur une attraction, « la belle endormie », une jeune fille plongée dans un sommeil inexplicable et que, pour un dollar, on peut embrasser — au cas où. Il achète l'attraction à son propriétaire qui, comme le roi-passeur du conte des Grimm *Les Trois cheveux d'or du diable*, le prévient : qui la réveille s'éveillera soi-même. Au terme d'une série de catastrophes qui vont le ruiner et l'obliger à reconsidérer sa généalogie, le jeune homme rendort l'inconnue et se retrouve bateleur, à son tour chargé de faire payer un dollar aux passants. Telle est la rançon du refus de payer sa dette : une forme de l'éternel recommencement.

Cependant, cette revendication emploie des biais qui ne laissent aucune chance au couple d'exister. Effectivement, ce n'est pas sur l'oreiller ou sous la couette, que la couche soit nuptiale ou adultérine, que ces unions ont la moindre chance de parvenir à leurs fins, ni même à la moindre satisfaction. La mise en un même lit de l'excitante rivalité et de la revendication égalitaire est totalement explosive. Un leurre absolu.

Affaires de filiation. Le rapport des personnages wagnériens à leurs enfants. Quel est l'héritage promis ?

Nous rencontrons des pères (réels ou symboliques) tyrans et souteneurs. Daland, Hermann de Thuringe, Wotan, Alberich, Mime dans son fantasme vis-à-vis de Siegfried, Pogner, Titurel, esclavagent leur progéniture dans le but unique d'un effacement de leurs propres péchés, de leur propre envie. J'en dirai autant de Marke : après tout, même si le processus est masqué par les codes de la vassalité, c'est bien pour augmenter l'insatiable désir de puissance de son roi-oncle que Tristan se dévoue sans fin. Je pense aussi qu'Elsa de Brabant n'intéresse ses tuteurs potentiels qu'à raison des pouvoirs dont elle est héritière. Un seul semble refuser cet asservissement : Siegmund, prêt à tuer sa femme et son enfant. Mais pas du tout. Les wagnériens aiment bien Siegmund, marionnette tragique, il n'est pas pour autant un rebelle contre Wotan. S'il envisage de tuer Sieglinde et le fruit de leurs amours, c'est seulement parce que Wotan-Wälse a décidé de lui retirer la victoire, de changer le cours de son destin, de lui reprendre ce qu'il lui a donné pour mission de conquérir. Siegmund veut être le fils héroïque de son père, il veut aller jusqu'au bout.

Les mères, quant à elles, n'apparaissent pas. La nourrice Mary porte l'écrasante responsabilité d'avoir conditionné l'esprit de Senta dans la perspective d'un sacrifice, elle s'en mord les doigts mais on ne sait pas quelles furent ses raisons exactes d'agir ainsi. Sieglinde exulte d'être mère, peut-être surtout parce qu'elle reporte sur l'enfant à naître son amour en deuil pour Siegmund — et dans ce cas elle rejoindra les parents de Tristan (*« M'ayant engendré, il mourut, elle mourut en me mettant au monde »)* mais nous ignorons ce qu'elle a dit à Mime : peut-être lui a-t-elle recommandé de cacher les tronçons de Nothung pour que jamais Siegfried ne veuille endosser le destin de son père — et dans ce cas elle est une proto-Herzeleide.

Au bout du compte, voici les enfants jetés dans le monde en quête d'une seule question : pourquoi tout cela, pourquoi les parents meurent-ils, qu'est l'héritage du désir ? J'ai déjà longuement abordé ce sujet dans *Richard Wagner*. La porte de sortie, c'est Tristan qui la donne avant que Sachs et Parsifal n'en découvrent une autre : ne pas mourir de désir, c'est-à-dire ne pas devenir la victime de l'envie, du monde, mais désirer de mourir pour échapper à l'esclavage. La musique traduit tout cela d'une manière encore plus catégorique. Dans *Parsifal,* l'interlude symphonique très noir séparant les deux tableaux du troisième acte, venant juste après une série d'accords dont Wagner estimait qu'ils traduisaient tout le dégoût que l'on peut éprouver de l'existence, débute par un rappel du motif d'Herzeleide. De nombreux commentateurs l'ont jugé inattendu à cet endroit et ont voulu y supposer une pensée nostalgique du héros pour sa mère. C'est contre ce genre de psychologie facile et bricolée que je me bats. Certes, ce thème peut porter le nom de la mère de Parsifal : encore faut-il lire, sous le mot « mère », quel type de mère elle fut, parce que c'est cela qui compte. Ce beau thème, cousin au plus proche degré possible de plusieurs thèmes de *Tristan* (celui dit de l'aveu, rebaptisé par moi « douleur de la vie », ceux dits « Tristan blessé » ou « Tristan guéri » selon les commentateurs incapables de voir comment la guérison de la plaie ouverte par Morold ouvre la blessure du désir interdit, « Tristan héroïque », ou encore ceux tirés de la vieille chanson du berger qui vient éveiller à la conscience des choses) raconte chez Wagner l'aveu des origines de la catastrophe vitale : le désir des parents jetant l'enfant au jour des envieux, se confondant avec le désir de gloire et d'incarnation. Il y a là, clairement affirmée, la responsabilité de la mère dans la faute d'être, dans le poison qu'elle distilla par ses baisers « dont le désir faisait peur à l'enfant ». La tragédie de tout enfant des hommes, en somme : la peur et le désir ont été systématiquement associés par Wagner pour décrire ce qui empêche une âme de s'ouvrir au savoir compassionnel. Ce thème est également très proche de celui dit de la plainte des Filles-Fleurs. Qu'est-ce qui unit profondément Herzeleide et la langueur déçue des Filles ? L'angoisse de ne pas être désirées et d'en mourir. Si l'enfant les quitte, elles fanent, elle se désespère mortellement. Il faut retenir ce lien de cause à effet. Derrière la figure d'Herzeleide se dissimule autre chose de plus important, qui justifie la parenté de son thème avec d'autres dont il n'est en définitive qu'un des avatars.

Tous ces thèmes renvoient d'ailleurs à ceux dont j'ai dit dans *Richard Wagner* qu'ils énonçaient une question essentielle : comment intégrer à l'ordre un amour hors-la-loi ? Ma formule a deux sens. Le premier est tactique : comment certains personnages (Wotan, Sachs...) parviendront-ils — ou ne parviendront-ils pas — à récupérer des rébellions, à faire du désordre une figure de l'ordre, à légaliser l'illégal ? Le deuxième est métaphysique : amour et loi étant de toute éternité incompatibles, comment peut-on penser les associer ? Ce n'est tout simplement pas pensable, hors un délire — *Wahn !* Dans cette immense famille de motifs musicaux, l'une des plus nombreuse chez Wagner, je rangerai outre Herzeleide et les Filles-Fleurs nombre de motifs de *Tristan*, la douloureuse méditation de Sachs au début du troisième acte des *Maîtres*, le Prélude d'errance du troisième acte de *Parsifal*, la « colère de Wotan » que je renommerais volontiers « désillusion » ou « dégoût du pouvoir », les « traités », mais aussi le thème dit de la fuite, très lié à Freia, aux Wälsungs et qui, jetant un pont vers « le Walhall », va chercher ses cousins du côté de « l'anneau ». Ce sont tous des motifs du désordre, du désordre par l'amour, de l'illusion et, plus profondément encore, d'une forme de narcissisme tel que je le définis. « Mon » narcissisme, je le rappelle, n'est pas celui de Freud. En décrivant la femme belle, froide, qui n'a pas besoin de se donner pour occuper une position libidinale inexpugnable, Freud affirme décrire l'*essence* du narcissisme sans voir qu'il décrit, outre sa propre polarisation sexuelle, une simple stratégie. Pour attirer le désir, il faut faire croire qu'on se désire soi-même, mimer l'autosuffisance : mais celle-ci n'est qu'un leurre, car elle se nourrit en réalité de tous les désirs qu'elle capture sans les satisfaire. De ce point de vue, le jardin des Fleurs est un jardin narcissique parfait, tout comme l'aire de jeu des ondines du Rhin. Ces motifs peuvent certainement se réduire à ce qu'on nomme dans *Walküre* le motif de la mort et le motif du destin. Pour l'anecdote, regardez par exemple comment le cri de guerre des walkyries, messagères du trépas, peut se décomposer en deux sections, la première attachée à « la fuite » et la seconde à « l'anneau ». Bien moins secondaire, vérifiez comment le thème dit de la rédemption par l'amour, renommé par moi « Paraclet », illumine et transcende le motif dit du destin-mort. Vous établirez vous-mêmes les correspondances, selon ce que j'ai déjà écrit des mécaniques du *Ring*.

Profitons de cette incursion dans le *Ring*. Attardons-nous sur le cas des « créatures pentatoniques », les Filles du Rhin et l'Oiseau, modèles pour les Filles-Fleurs. Que proposent-elles ? L'accès à la toute-puissance, à l'affranchissement de toute entrave au désir absolu, mais sans jamais révéler combien cet affranchissement fait entrer de plain-pied dans la malédiction universelle et éternelle de l'incarné : violence, désirs rivaux, meurtre. J'ajoute que cette proposition des créatures pentatoniques est systématiquement présentée comme un ultime message des géniteurs et tout particulièrement de la mère, inscrivant ainsi la problématique dans celle de l'endossement par l'enfant de sa généalogie. Là réside la dissimulation : paroles et notes agissent comme les prophéties de *Macbeth*, dont l'homme ne veut comprendre que ce qui le mène au trône. Il n'y a là pourtant aucun mensonge : simplement, la faculté de comprendre le message n'est donnée qu'à celui seul qui le remettra en question au nom d'un principe radicalement agonistique. D'une certaine manière, en tant que représentation parfaite du vivant, l'œuvre wagnérien (paroles et notes) est une illusion absolue qui présente comme *Erlösung* ce qui n'est qu'inscription forcenée dans la *Not*. La vérité ne peut jaillir pour les personnages et pour les spectateurs que si un héros révèle et dénonce le mécanisme vital : on a grandement besoin, ici, de la mise en scène pour y parvenir. Hors cet instant, crucial, du choix de refuser, il n'existe aucun salut, simplement une dépendance à la dopamine... Vous ne serez donc pas surpris que je noue ces motifs à ceux de l'or et à tous ceux qui en sont dérivés. Vous réfléchirez alors aux raisons qui me conduisent à décrire le Rhin comme je l'ai fait. Vous comprendrez la signification non anecdotique du motif de la « blessure » dans *Parsifal*, telle que je l'explique dans *Richard Wagner*, blessure faite au Christ par l'envie humaine violente : il n'est évidemment pas neutre que ce motif qui sonne comme une plainte flirte avec celui des cloches du temple, avec ceux des Fleurs et de Herzeleide, au-delà avec tous ceux déjà rassemblés comme illusion, narcissisme. Tous ces motifs finissent par désigner l'incomplétude de la femme engluée dans une relation de soumission à l'homme et non pas son égale. Je ne veux pas me laisser emporter dans une généralisation à laquelle ont cédé beaucoup de décorateurs manichéens, selon laquelle blessure = femme, je ne veux pas davantage céder à la facile dénonciation des appétits masculins : nous ne devons jamais oublier la promesse wagnérienne du *couple* rédempteur.

Pouvons-nous croire que le rôle de la femme, dans *Meistersinger* et *Parsifal*, soit révolutionnaire ?

Dans ces deux opéras, le personnage chargé de l'abandon d'un bonheur terrestre individuel au profit de la régénération universelle est un homme. Eva, dans l'imaginaire conventionnel, est une coquette bourgeoise, Kundry une fatalité. Elles ne sont en rien, apparemment, les héritières d'Elsa et Brünnhilde. Il n'existe aucun couple rédempteur en ces deux œuvres. Qu'est devenu le message de l'amour humain véritable ? Que s'est-il passé ?

La majorité des commentateurs est convaincue que le révolutionnaire des *Meistersinger* est Stolzing. Une fois de plus, qu'ils fournissent d'abord la définition de la révolution. Ce n'est pas du tout la chienlit libertaire du désir auto-fondé, telle que la propose le jeune chevalier. La révolution, au sein d'une communauté où les couples se forment selon des lois anciennes et pas selon leur désir, mais où ces lois, aussi, ne doivent pas reposer sur les mariages d'intérêt, consiste à nettoyer toute trace de judaïsme. Pogner, le bonasse Pogner, prend un risque énorme. Animé des meilleures intentions du monde, souffrant sincèrement de l'image qu'on se fait des authentiques bourgeois allemands et de leur amour des arts, le voici prêt à donner sa fille à un Juif. Non seulement il organise le concours de telle sorte que seul un Maître puisse y prendre part — ce qui limite les candidats à deux possibles, Beckmesser et Sachs — mais il accepte volontiers *[sic]* la requête du greffier de dire à Eva que comme gendre il lui agrée. Le débat du premier acte quant aux règles de l'épreuve, mené à l'instigation de Sachs, permet à Wagner de montrer tout le danger qu'il y a à ne pas s'appuyer sur le peuple et les femmes, « innocents mais *sachants* par sentiment ». Pogner en est malgré tout troublé : il hésite à venir voir Sachs, au début du deuxième acte, en un petit aparté que personne n'écoute jamais. Et pourtant, on y apprend que c'est *sur le conseil de Sachs* que Pogner a décidé de proposer un tel enjeu, un conseil qu'il n'a pas très bien compris : « Si j'ai rompu avec nos traditions, ne fut-ce pas sur son avis ? Ou n'ai-je agi ainsi que par vanité ? » Excellentes questions ! Sachs a manifestement proposé une révolution tranquille, dont Pogner a oublié la moitié essentielle : le jury devait être populaire.

Techniquement, du coup, la vraie révolutionnaire est Eva, en ce qu'elle revendique que la loi la protège et la représente en lui permettant de choisir, ce qui n'était pas à ce point autorisé à Senta, Elisabeth et Elsa. Comme les choses n'en prennent pas le chemin, voici qu'elle manigance avec sa servante quantité d'échappatoires : la candidature de Stolzing, la tentative de retourner son père, l'essai de séduire Sachs promis au rôle de barbon, l'enlèvement. Tout cela parce que, instinctivement, elle ne veut pas être donnée à Beckmesser — elle laisse à Sachs le soin de théoriser la chose politiquement et, dans un premier temps, d'inventer à son tour une autre machination quand elle est à court d'idées. Et comme elle est muse du poète, musique, on comprend qu'elle se refuse à la poésie lyrique franco-juive dont la sérénade beckmesserienne est la caricature : par le texte d'abord, au deuxième acte, aussi indécent d'intentions que les protestations amoureuses de Mime au moment où il s'apprête à empoisonner Siegfried, par son caractère absurde au troisième acte, qui dénonce l'impossibilité pour un Juif de mettre sa musique sur des vers et une âme germaniques.

Le couple rédempteur, dans l'affaire, est bien celui que constituent Sachs et Eva. Les didascalies le disent, essayons de les comprendre sans une émotivité d'enfant naïf : *« Pendant le chœur final, Eva retire la couronne du front de Walther et la pose sur la tête de Sachs [...] Une fois que Sachs a embrassé le couple, Walther et Eva restent appuyés à ses épaules, chacun d'un côté »*. Qui ne voit là l'image parfaite d'un trio réussi, de ma formule « dans le couple on est trois », est particulièrement aveugle. C'est cette image qui me manque au final de *Parsifal*, même si on peut inférer du *Journal* de Cosima et des réflexions ranimées autour des *Vainqueurs* que Wagner n'était pas satisfait à ce point de sa conclusion. Il existe malgré tout, un peu surprenante à première vue, une forte parenté entre Eva et Kundry.

Comme je l'ai dit, la révolution imposée par Kundry vise à ce que le sauveur ne s'intéresse pas uniquement au salut des personnages masculins mais prenne aussi en charge l'accession de la femme à la sainteté. Au-delà, que soit mis un terme à la logique des violences et que quelqu'un comprenne en quoi les expéditions punitives ne sont pas la réponse au sourire du Christ montant au supplice. Enfin, que l'élu définisse une relation d'amour et de rédemption (*Lieb' und Erlösung*, promet Parsifal) qui positive la formule « te résister, c'est te sauver ». Résister n'est pas nier en bloc : repousser la femme ne peut être la jeter dans les bras du Juif-dernier recours, ni dans l'errance. La *Mitleid* doit s'exercer envers toute créature qui pourrait, même sans le savoir, y aspirer : que Parsifal s'interroge à ce propos au sujet des Filles-Fleurs doit faire l'objet d'un traitement scénique approprié, sinon la conversion ne sera jamais que restauration du vieil ordre. Le *Journal* de Cosima (31 octobre 1878) est très clair : le Prélude du troisième acte ne décrit pas, contrairement à ce que dit l'exégèse traditionnelle, les errances de Parsifal mais *« Parsifal vivant les errances de Kundry »* — nous le savions dès que nous avons relié les motifs qui le composent à ceux des illusions d'amour. Puis-je regretter la disparition, au final, de l'image prévue par les esquisses tendant à introduire la Marie-Madeleine dans le cortège des saints ? J'ai constaté que beaucoup de metteurs en scène contemporains la réintroduisent par un biais ou un autre et que les réactions du public sont, à cette présence, assez gênées. Pour la plupart des gens, Kundry disparaît *de facto* à la fin du premier tableau du dernier acte.

Il existe en fait une réponse et une seule, qui va faire bondir alors que nous tournons autour d'elle depuis le début : si Kundry n'est associée ni à l'illumination du héros, ni à la régénération, c'est parce que Wagner ne l'entend pas ainsi — et s'il ne l'entend pas ainsi, c'est parce qu'elle figure le Juif et que sa rédemption personnelle traduit l'anéantissement promis par *Le Judaïsme*, la « mort nécessaire du Juif en soi » proposée à Levi, l'accomplissement d'Ahasvérus, l'ensemble des écrits théoriques de la fin de vie de Wagner. Rien qui donc ait quelque conséquence que ce soit sur la rédemption allemande, sinon que le baptême de la Juive supprime une source de tentation. À elle seule, la folle femme sans nom — sans nom tant elle en a, tous sataniques et tous liés à la Crucifixion — représente le peuple des sémites tout entier au travers des âges, tenu d'attendre l'Allemand capable de se refuser pour enfin entrer dans la réconciliation avec Jésus.

Le salut par la mort du Juif.

Où est la preuve ? Quel mot du livret, quel motif musical, vais-je sortir de ma besace à outils ? C'est un peu la minute de vérité entre nous. J'ai dans *Richard Wagner*, nous avons depuis le début de ce livre, accumulé les preuves de l'obligation que nous fait Wagner de lier les opéras à l'ensemble de ses publications. Je n'en reprendrai qu'une : lorsque Wagner, pour conclure son exégèse pour Louis de Bavière du Prélude de *Parsifal*, cite le titre *Voulons-nous espérer ?*, au nom de quoi refuserions-nous l'amalgame ? Wagner a toujours été convaincu qu'il possédait des lecteurs fidèles, des lecteurs qui lisaient tout de lui, des « vrais amis » qui ne triaient pas en lui le bon grain et l'ivraie. Il n'aurait pas, sinon, tant publié, ni rassemblé ses *Œuvres Complètes*, ni laissé les *Bayreuther Blätter* s'engouffrer dans la voie idéologique qui fut la leur. Rien ne vous empêche de refuser d'être les « vrais amis » de Wagner, préférer rester les vrais amis de vous-mêmes, contraindre comme Titurel la grâce à se manifester ou bien encore gîter comme Fafner : *ich lieg und besitz', laß mich schlafen.* Vous risquez de mourir, *ein Mensch, wie alle, ein Wurm, wie alle.*

J'ai, dans *Richard Wagner*, cité les propos de table de Hitler consacrés à *Parsifal*. Je l'ai fait pour montrer que, contrairement à la légende, le sujet « chrétien » de l'œuvre n'épouvantait nullement le Führer qui, bien loin d'y lire un appel à la fraternité universelle, y voyait d'abord une apologie de la purification des races. Sans trop de mal chacun admettra que le mage alchimiste et nécromancien Klingsor est une figure sémite. Mais quand, dans le *Journal* de Cosima en date du 26 juin 1872, on lit que, si la blessure d'Amfortas ne se referme pas, c'est parce que les veines du roi mêlent à son sang de naissance *« le sang bien plus corrosif de la judaïté »*, entré en lui par le commerce charnel avec Kundry, on comprend que le problème quitte les sphères morales pour devenir biologique — ce dont les écrits théoriques tardifs, que j'ai largement cités dans *Richard Wagner*, se feront l'écho. Je vous donne encore deux petites informations puisées au *Journal* de Cosima : que le nom Gurnemanz ne plaisait pas au début, car il fallait trouver quelque chose qui sonne arabe et gothique à la fois (27 janvier 1877) ; que le nom Gundriggia, un des noms de Kundry, est bien celui d'une walkyrie et signifie « celle qui tisse la guerre » (14 mars 1877). Je trouve cette signification extraordinairement parlante au regard de tout ce que j'ai écrit.

Le *Journal* du 5 janvier 1882 raconte une promenade : *« [R.] me dit 'il est très remarquable que je me sois réservé [Parsifal] pour mon ultime maturité. Je sais ce que je sais, ce qu'il y a là-dedans et la nouvelle école, Wolzogen et les autres, y trouvera un point d'appui'. Il indique, de manière allusive plutôt qu'il n'exprime, le contenu de l'œuvre, 'rédemption pour le rédempteur' et ajoute 'heureusement que nous sommes seuls' ».* Depuis longtemps, Wagner prétend vivre hors du monde, « comme un fantôme qui visiterait son propre univers » — la comparaison revient à de multiples reprises. Il ne veut pas s'engager à visage découvert dans les *Bayreuther Blätter*, mais il en a réformé le contenu avant de les confier définitivement à Wolzogen et cette réforme — ce qu'il appelle « la nouvelle école » — est orientée par la dénonciation des Juifs. Wagner, vrai Wanderer, s'est montré moins allusif dans une lettre à Wolzogen du 17 janvier 1880 : il y proclame son intention de *« libérer le Christ »* des *« interprétations despotiques alexandrines, judaïques et romaines »* et de le rendre à sa pureté. Voici comment le *rein menschlich* sauve le *rein christlich* : le secret de la formule

Erlösung dem Erlöser est levé, mais je suis convaincu que beaucoup auraient préféré maintenir le bon vieux mystère, qui a donné l'occasion de tant de conférences recueillies. D'une certaine manière, ils l'ont échappé belle : si Wagner avait vécu plus longtemps ou s'était dévoilé un peu plus, ils ne seraient peut-être pas là.

Ne croyez pas cependant que personne ne s'est jamais rendu compte de rien. Drüner cite un compte-rendu du dramaturge et écrivain Arthur Seidl, familier de Bayreuth et Wahnfried, écrit en 1883. Kundry y est décrite comme *« le principe judaïque »,* Parsifal comme *« le type aryen-germain du rédempteur christique »,* Amfortas comme *« le type oriental-sémite du christianisme »,* brun de peau et de cheveux, auquel le *reine Tor* oppose *« sa blondeur germanique »,* Klingsor comme la preuve vivante que *« les Juifs peuvent s'infiltrer partout, jusqu'au Saint des Saints ».* Je vous prie de regarder les esquisses de Joukowsky et les photos de la création : Kundry est une orientale, entre Salammbô et Shéhérazade, Klingsor un sémite, Amfortas n'a rien de christique, au contraire de ce qu'il deviendra plus tard — il ressemble vraiment à quelque figure sortie de l'Ancien Testament. On peut penser que ces images ne véhiculent rien. Chacun a en mémoire des ouvrages de Rossini, Verdi, d'opéra comique, où on trouve de tels déguisements et nul ne fait la différence. Peu prennent d'ailleurs au sérieux la quête chrétienne de Wagner. Ils récusent l'idée selon laquelle son racisme aurait débordé des textes théoriques pour s'inscrire dans des images que beaucoup révèrent benoîtement comme celles de gentils aïeuls de leur imaginaire. Ils ont tort sur toute la ligne. Seront-ils longtemps encore partisans du respect des didascalies ?

Parsifal est certainement l'œuvre la plus limpide, la plus explicite et la plus explosive de Wagner. Elle est l'initiation suprême. Ne cherchons pas plus loin les raisons qui poussèrent Wagner et Cosima à vouloir en réserver les représentations au Festspielhaus pour éviter, précisément, toute confusion avec les opéras de déguisement.

Quel salut pour les Juifs ?

Le *Journal* du 19 janvier 1881 raconte une scène extraordinaire. Wagner annonce à Levi, dont quelques jours auparavant il se demandait comment le baptiser, qu'il dirigera *Parsifal*, ce à quoi l'autre, manifestement, ne s'attendait pas : *« 'Auparavant, nous procéderons à une cérémonie entre nous. Je voudrais parvenir à trouver la formule nécessaire pour que vous vous sentiez membre à part entière de notre groupe'. Notre ami garde un visage impénétrable et R. coupe court à cette conversation que nous poursuivons lorsque nous sommes seuls [...] et nous tombons d'accord pour considérer que cette race étrange ne pourra jamais s'absorber en nous [...]*

Ainsi donc un sort nostalgique est toujours imparti aux bons Juifs qui vivent parmi nous. » C'est une période très particulière dans la vie du Maître. Le wagnérisme est vraiment né et échappe à Wagner, que l'achèvement de *Parsifal* intéresse moins que le travail d'imagination. Le monde évolue, pas Richard. Le changement de ton du *Journal* entre la fin 1880 et le début 1881 est frappant : on parle de plus en plus de décadence, Cosima ose des réflexions personnelles sur les Allemands et les Juifs, Gobineau est devenu un auteur de chevet et l'une de ses phrases, d'ailleurs, *« les Germains étaient la dernière carte que la nature avait à jouer »,* provoque la réplique « Parsifal *est ma dernière carte* ». Le 16 juillet, Cosima note que *« Levi est devenu désagréable à R. »,* ce qui est manifeste depuis quelques mois. Vient l'épisode de l'incendie du Burgtheater de Vienne au cours d'une représentation de *Nathan le sage*, dont Wagner déteste qu'il y soit rappelé que Jésus était juif, et vient la *« grosse plaisanterie »* sur la bonne idée qu'auraient les Juifs de mourir tous ensemble pendant un tel spectacle dans un théâtre en feu. Wagner est de plus en plus malade, les *« crampes de poitrine »* se succèdent, il est irritable. Il prend très mal les remontrances de Louis de Bavière au sujet de Levi, dont plusieurs indices laissent penser qu'il espère le remplacer par Hans Richter. Pas un mot dans le *Journal* n'est dit de l'absence de Levi sur l'affiche de *Parsifal*, en revanche Wagner trouve les chanteurs globalement mal préparés, la battue de Levi insatisfaisante, ses tempi inexacts et son orchestre lourd. Il raconte que tout s'améliore quand il est, lui, dans les coulisses. Levi quitte Bayreuth *« affectueusement »,* il devra cependant se fendre d'une lettre *« pleine de gravité et de profondeur »* pour que Wagner se réconcilie un peu avec lui : mais jamais Richard ne lui pardonnera son refus du baptême.

Tout le contraire, en somme, de ce qui s'est passé avec le pianiste Josef Rubinstein que le couple Wagner a littéralement adopté comme nous adoptons des enfants victimes de guerres ou de séismes. Les Wagner reçoivent de lui, le 7 mars 1871, *« une lettre très étrange qui commence par les mots 'je suis Juif' et qui demande que nous le sauvions de cette situation en le faisant participer à l'exécution des Nibelungen »*. Le *Journal* poursuit, le 21 avril : *« Le soir, Monsieur Rubinstein se présente sans que nous l'attendions ; étrange personnage ; il est accompagné d'un certain M. Cohen qui vient nous dire qu'il a besoin de beaucoup d'égards ! R. est infiniment bon avec lui, lui conseille de se reposer et lui offre sa compagnie à Bayreuth »*. Et Rubinstein se met à jouer du piano pour Wagner. Jusqu'à ce que, le 22 août, *« le jeune Rubinstein importune R. ; quelle tristesse que tous ces jeunes qui ne savent que faire d'eux-mêmes ! »*. Le 29 août, *« le bon Rubinstein commence à nous être un peu à charge »*. Le 31 : *« par pitié, R. est allé voir cet homme qui lui est très antipathique par la nature agitée de son caractère juif* ». Rubinstein disparaît du *Journal*, il réapparaît le 1er juin 1874, ayant fait beaucoup de progrès, apparemment auprès de Liszt qu'il imite « *à la manière juive* » au point que ces « *cabrioles virtuoses* » irritent Wagner mais lui permettent de jouer le troisième acte de la *Götterdämmerung* d'après le manuscrit, ce que chacun admire (15 juillet). Il redevient « *notre bon Rubinstein* ». Le 2 février 1877, il envoie aux Wagner une lettre qu'ils qualifient d'étrange pour les prier d'excuser son comportement au cours de l'automne précédent, passé en vacances en Italie après le premier Festival. Il semble que, à partir de ce moment, Rubinstein ait adopté un comportement digne de Kundry (*dienen*, *dienen*) et en tout point exemplaire de ce que Wagner attendait des Juifs : toujours est-il qu'il restera, comme un chien, dans l'intimité du couple jusqu'au bout. La mort de Wagner le plongera dans une dépression absolue et il se suicidera l'année suivante.

Devons-nous vraiment nous comporter pareillement ? Considérer en toute fidélité à Wagner que son œuvre est une entreprise de conversion ? Puisqu'il est indéniable — j'espère que vous en êtes convaincus — que la définition d'un christianisme « authentiquement allemand » est au centre de son projet et que, selon sa formule « l'art ne doit pas descendre de la religion mais conduire vers elle », nous devons le traiter sans le laïciser en lui appliquant les réformes de la théologie et notamment celles de la théologie allemande.

Nous sommes au pied de la croix.

DEM HEILTUM BAUTE ER DAS HEILIGTUM : RELEVER LES RUINES DU THÉÂTRE-SANCTUAIRE ?

Pour les reliques il édifia un sanctuaire, à l'essence du Sacré il consacra un lieu : Bayreuth, Vatican-Mecque du Germain-Chrétien revendiquant l'ambition étymologique du mot « catholique » — l'universalité.

DE QUOI NOURRIR LE THÉÂTRE (?)

Mythe, langue, rite.

L'expression linguistique dans le mythe et l'expression collective gestuelle — au sens le plus large — dans le rite visent toutes deux une efficacité réelle et sont, de ce fait, indissociables. Ce qui fait sens, dans les deux cas, c'est le mouvement, par sa structure et par son rythme. Le vecteur de la participation au mystère n'est pas la cause matérielle (danse, chant, formules, dessins...) mais *l'émotion* car c'est l'émotion qui permet de diffuser collectivement l'activité de construction du sens. Ernst Cassirer, dans *Le Mythe de l'État*, écrit : *« Ce qui compte ici ne relève pas de relations empiriques entre causes et effets mais de l'intensité et de la profondeur avec lesquelles les relations humaines s'éprouvent entre elles ».*

Dans la mesure où la participation est de nature émotionnelle, elle implique que le partage de valeurs esthétiques et éthiques ne relève pas de la temporalité supposée par toute causalité matérielle, c'est-à-dire d'un rapport selon l'avant et l'après : l'émotion — l'accès au mythe — suppose, nous l'avons vu, une transaction collective d'un tout autre ordre que celle rendant possible l'intelligibilité d'une causalité dans un cadre spatio-temporel scientifique. L'existence même du mythico-linguistico-rituel fait ainsi qu'un support matériel peut se trouver complètement investi par l'activité porteuse de sens puisque la matérialité du support s'efface à peu près entièrement derrière l'expression de ce sens : ce que Freud nommait « hystérie de la conversion ». Cassirer toujours, dans *Le Mythe de l'État* : *« Mais alors que le symbolisme linguistique conduit à l'objectivation des sensations-perceptions, le symbolisme mythique, lui, conduit, à l'objectivation des émotions ».*

Bien sûr il est probable que l'on assistera au cours du temps à une différenciation progressive des expressions linguistiques, mythiques et rituelles et à leur éventuel conflit : Wagner y voyait l'un des plus sûrs symptômes de la décadence et en inférait la nécessité de retrouver l'unité originelle. Cette divergence sera d'autant plus accentuée que le développement des outils, de la technique, des sciences cognitives et appliquées, va fissurer la vieille causalité mythico-magique en introduisant une distanciation dans l'espace et dans le temps : en permettant une pré-vision et une étape d'abstraction. Cassirer : *« L'outil annonce le crépuscule des dieux du monde magique et mythique. Car c'est avec lui que l'idée de causalité se débarrasse de la limitation de l'expérience intérieure et de l'assujettissement au sentiment subjectif de la volonté. Il devient le lien qui enchaîne les unes aux autres de pures déterminations d'objets et instaure entre elles une règle de dépendance fixe »*. Et ceci, qu'on croirait tiré de *Rheingold* : *« À l'instant où l'homme souscrit à la dure loi du travail technique, la plénitude du bonheur direct et ingénu que l'existence et la pure activité organiques lui prodiguaient disparaît à jamais »*. Avec deux conséquences. L'outil, d'abord, prend dans des proportions variables la place du mot et de l'image, les deux supports originels de la magie grâce auxquels l'homme traitait un non-présent comme un présent et se représentait quelque chose de désiré pour en jouir et se l'approprier dans cet acte de pré-vision. Se crée ensuite peu à peu un antagonisme entre désir de bonheur et technique, émergé d'un appel nostalgique vers une authenticité mythique où l'homme, avec ses simples outils de paysan ou d'artisan, possédait chaque *telos* de chaque acte — c'est du moins comme cela que la nostalgie se raconte les choses.

Les gens de théâtre ont toujours eu besoin d'outils techniques et une majorité d'entre eux a considéré que la technique devait viser à la reproduction la plus fidèle possible du réel. Encore que. Plus vraisemblablement à la reproduction la plus réaliste possible d'un réel recomposé, fragmenté, choisi, voire inventé. La démarche a si bien fonctionné, dans le cas du wagnérisme, que le public a fini par croire à la réalité, à l'existence, de ce réel dont il s'est mis à exiger l'illustration la plus crédible. Les rages piquées par Wagner parce que la technique des premiers festivals restait insuffisante pourraient bien trahir un de ces moments où « l'homme magique » s'asservit à l'outil, perdant de vue les ressorts et les finalités de sa convocation du sacré. Il tombe sous le sens alors que l'accomplissement de la scénographie sous Cosima puis au cours des années 1920 — les images rêvées à l'origine, mais réussies — devait geler toute recherche autre, d'autant plus que Bayreuth, tant dans sa résistance à Weimar que dans son adoubement par le Troisième Reich, était enfin à deux doigts de réaliser le Grand Œuvre : l'identification absolue du théâtre et de la vie réelle. C'est-à-dire que l'acte de représentation manifestait bien ce que l'on devait collectivement désirer ou se réjouir de posséder désormais.

Nous devons, nous aussi, savoir ce que nous désirons. Le débat sur le théâtre et sa fonction se tient là. Qu'il s'agisse du refoulement de ce qu'on appela la Nouvelle Objectivité et le Bauhaus par les canons esthétiques nazis, qu'il s'agisse des empoignades sur la mise en scène du théâtre grec antique et, notamment, de la condamnation par Florence Dupont du rôle qu'aurait joué Aristote dans l'apologie occidentale de la catharsis, qu'il s'agisse des discussions sur la neutralité du Nouveau Bayreuth, sur toutes les formes de distanciation, de déconstruction, sur le droit au pathos, qu'il s'agisse enfin de la recherche que je mène quant à l'existence d'une émotion critique prenant en quelque sorte Wagner au piège de lui-même, comme au judo où l'on utilise la force de l'adversaire pour le terrasser, ses outils pour le réformer et le dompter : quelle magie voulons-nous ? Ou n'en voulons-nous plus aucune ?

Le constat que Cassirer fera après coup, en 1945, dans *Le Mythe de l'État*, est simple : la crise vient de ce que l'archaïque mythico-linguistico-rituel a été artificiellement réveillé *en tant que tel* par les nazis au moyen de techniques appropriées, et non en tant que matériau à élaborer par le biais du processus de la culture. Les techniques auxquelles pense Cassirer sont évidemment celles que l'on appellera plus tard les médias de masse. Par ce biais, les nazis se seraient emparés des objets sémiotiques collectivement construits en vue de les ramener à leur fonction originelle — canaliser les émotions collectives — mais reconstruits selon une finalité toute différente. Faire artificiellement porter les émotions collectives sur des emblèmes préalablement choisis par le groupe restreint des manipulateurs, voilà pourtant qui n'était pas très neuf. L'artifice consista-t-il seulement à mettre la technique au service d'un magique artificiellement élaboré ? Dire les choses ainsi prend acte des outils que les nazis mirent au point et de l'édification d'une religion du Führer comparable cependant à bien des religions bâties autour d'une autorité : mais on n'y rend pas compte de ce qui porta le nazisme au pouvoir, ni de l'efficacité réelle, à part celle d'un système policier violent, de ce montage. En d'autres termes : où placer la limite entre ce à quoi les Allemands crurent vraiment, ce qu'ils désirèrent vraiment, et ce dont ils n'observèrent que les rituels ? Si le réarmement militaire ne fut possible qu'en raison d'un réarmement mental où le langage fut enrôlé comme mantra de propagande, d'où toute rationalité fut bannie (au sens où l'extermination des Juifs, décision irrationnelle, fut rationalisée, industrialisée), ne fut-ce pas parce que le premier conflit mondial avait débouché sur la frustration d'un retour du mythologique auquel adhérait déjà l'Allemagne ? Ne fut-ce pas parce que l'Allemagne se retrouva privée de son édification nationaliste-mythologique, de ce à quoi elle aspirait depuis plus de cinquante ans, et jetée sous la coupe d'un internationalisme dont elle payait les dettes sans encaisser le moindre profit moral de substitution ? Ne fut-ce pas parce que la langue des vainqueurs était en partie artifice elle-même et, en tout état de cause, ne fondait rien de crédible : ne constitua jamais un adversaire sérieux au mythe allemand ? L'idée selon laquelle seul le mythico-linguistico-rituel allemand serait pernicieux, serait seul en son genre et ne jouerait donc aucun jeu mimétique, est certainement généreuse mais reste très suspecte. À ce sujet, plus que les diatribes venimeuses de Jung contre les Allemands, je vous conseille pour ce qui concerne l'histoire de la montée du nazisme la lecture de *Histoire d'un Allemand**, de Sebastian Haffner.

S'agissant de Wagner, la question se pose autrement pour la bonne et simple raison que personne n'a jamais pu rebâtir un discours wagnérien qui soit tout ensemble fidèle au *Gesamtkunstwerk* et opposé aux thèses nationalistes et racistes. Les non-Allemands avaient peut-être oublié, ou n'avaient jamais su, les attendus du *Gesamtkunstwerk*. Peut-être pensaient-ils, lorsqu'ils soupçonnaient Siegfried Wagner de détourner au profit de l'hitlérisme les sommes officiellement recueillies au bénéfice de la réouverture du Festival, que le lien entre Bayreuth et Hitler n'existait que dans la tête des Wagner et du futur Führer. Au demeurant, pourquoi fallait-il rouvrir Bayreuth, dès lors que l'on pouvait assister partout à des représentations wagnériennes ? De quoi Bayreuth était-il le symbole dont l'absence, le manque, auraient réellement été insupportables ? Et pourquoi fallut-il de même, absolument, rouvrir Bayreuth après la guerre suivante en choisissant, parmi toutes les options envisagées, celle qui n'ouvrait pas le répertoire et celle qui en laissait la responsabilité à des Wagner suspects ?

On retombe toujours sur cette question, comme si l'on pouvait établir une différence essentielle entre Wagner, sa famille et Bayreuth, comme si le problème ne concernait que Bayreuth en Bavière et des héritiers, mais ni Wagner ni Wagner joué hors Bayreuth. Bayreuth n'est pas uniquement — et d'ailleurs, cela resterait à démontrer — le meilleur théâtre possible pour jouer du Wagner comme si le Théâtre de Dionysos à Athènes était le meilleur amphithéâtre pour jouer les tragédies antiques : il est intrinsèquement lié au *Gesamtkunstwerk* et n'en peut être délié qu'au prix d'un artifice ou d'une redéfinition, non pas d'un *Gesamtkunstwerk* décontaminé (autre artifice), mais de notre relation au *Gesamtkunstwerk*.

Comment le théâtre wagnérien a de moins en moins dit ce qu'il ambitionnait de dire.

Les ambitions que Wagner assigne à l'acte de représentation sont claires. Il s'agit non seulement de faire exister l'œuvre, mais de confronter le public au spectacle de dérèglements, d'angoisses existentielles, d'une détresse (*Not*) où il lira l'écho, l'image, de ses propres préoccupations. Wagner est convaincu que ses *actions*, qu'il les situe au Moyen-Âge, dans des temps fabuleux ou au XVIème siècle, reflètent quelque chose du temps présent. Il veut convaincre de la justesse de ses analyses et, surtout, de l'efficacité des remèdes qu'il propose. Aucun autre compositeur n'a développé pareille *Weltanschauung*, fixé un tel objectif à ses interprètes. Wagner refusait qu'on puisse confondre ses ouvrages avec des divertissements et aurait exigé, s'il l'avait pu, des conditions spéciales de programmation. Il en reste quelque chose aujourd'hui : partout dans le monde, annoncer « un Wagner », c'est toujours annoncer que l'on va, au cours de la saison, passer à une vitesse supérieure de l'émotion et de l'intelligence, oser dévoiler un pan du temple, s'engager philosophiquement, pratiquer « un autre théâtre ».

En ce théâtre de Bayreuth où l'on devait voir, selon Wagner, ce qu'on ne verrait pas ailleurs, c'est cela qu'on devait voir, mais on ne l'a pas vu. Pas assez.

Pour de multiples raisons, Cosima avait figé les choses. Elle avait repris à l'identique ce *Ring* et ce *Parsifal* qui auraient dû évoluer, elle avait inventé la mise en scène des autres ouvrages comme si elle reproduisait les intentions de son mari, enfin elle avait fait du résultat le dogme — ce que j'appelle la tradition. Elle croyait au pouvoir édifiant de ces spectacles, toute sa correspondance le prouve, tous les témoignages le corroborent. Précautionneusement, Siegfried Wagner avait fait évoluer la technique, en systématisant les décors en trois dimensions — sans renier la peinture d'atelier à laquelle Wagner était attaché — et en introduisant des principes d'éclairage modernes — sans prétendre vraiment importer les théories globales d'Adolphe Appia, que Cosima avait sèchement éconduit. Ce n'est pas le plus important. J'attache bien plus d'intérêt à l'augmentation des masses vocales et de la figuration. Richard Wagner disposait d'une poignée d'hommes de chœur dans sa *Götterdämmerung* de 1876, je crois que les effectifs ont été multipliés par trois au temps de Siegfried. On a atteint plus tard, avec certains spectacles de plein air, des foules considérables. Vous imaginez les conséquences. Musicales tout d'abord : le rapport de force entre chœur et solistes, entre chœur et orchestre, donc par ricochet entre solistes et orchestre, a été transformé. Spatiales ensuite : on ne déplace pas vingt personnes comme cent, on ne les range pas de la même manière, on ne peut plus les individualiser visiblement un tant soit peu, et surtout le rapport de l'individu à la masse n'est plus du tout le même. Cette expansion s'inscrivait au demeurant dans l'air du temps : défilés politiques, films à grande figuration de Lang, Griffith ou Gance, urbanisme, chorégraphies...

Sous ces réserves, les décors des années 1920 et 1930 avaient un furieux air de famille avec ceux de la période pionnière. Un peu plus simples, plus géométriques mais, globalement, racontant la même chose. Sauf que, à part le clan de Bayreuth et certaines catégories de public, personne ne savait ce qu'était cette « même chose ». La mémoire s'en perdait dans le flou du répertoire international.

Malheureusement, les autres directeurs ont traduit ce dogme en simples éléments techniques : tel type de décors, de costumes, de lumières, d'effets, telle liste, strictement limitée, de déplacements. Ils ont pensé que « le reste », la *Weltanschauung*, leur serait donné de surcroît — *von selbst dann leuchtet euch wohl der Graal* ; que les wagnériens, confrontés à leurs images familières et officielles, sauraient bien la lire, même si eux n'en savaient rien ou n'en faisaient pas leur priorité. Lorsqu'il a fallu dénazifier Bayreuth, on a jeté ces images qui pourtant, sur les scènes américaines, anglaises, italiennes et françaises, n'étaient pas rattachées à une quelconque vision nazie du wagnérisme, plutôt à un traitement de répertoire convenu. Wieland Wagner et son frère ont alors promulgué les canons esthétiques du Nouveau Bayreuth, à nouveau dans l'intention de fournir au monde une vision « moderne », universellement admissible, des œuvres de leur grand-père. Ce travail de vide-grenier, traduction exacte de l'expression employée en Allemagne pour le décrire, visait, comme le mot l'indique, à nettoyer les mémoires et les persistances rétiniennes. Le résultat n'a pas été des plateaux vides, mais des plateaux vidés de tout ce qui pouvait encombrer. On a accusé Wieland de *déromantiser*, de dégermaniser : de fait, les Allemands avaient entretenu avec leur culture romantique et leur idée nationale un rapport si suspect qu'il fallait bien trouver un moyen visuel de restituer le wagnérisme au reste de l'humanité — aux vainqueurs comme aux vaincus. Ce moyen a été celui d'une *déshistoricisation* forcenée, laquelle a donné lieu, s'agissant des *Meistersinger*, à des empoignades mémorables.

Pour des raisons historiques, le *Regietheater* est donc né de la nécessité de nettoyer les scènes du sang versé au nom d'une culture et Bayreuth s'est trouvé en situation pionnière. Mais les critiques allemands ont très vite suggéré que le Nouveau Bayreuth ne différait pas tant que cela de l'époque précédente. Plus de géométrie que d'élans sincères, disaient-ils, mais sur le fond, à peu près la même chose — quoique dans des espaces tels et avec si peu d'accessoires qu'on *croyait* voir une différence, alors qu'on ne voyait que *l'absence* des éléments traditionnels. Il faut sans doute nuancer : les frères Wagner n'évoluaient pas de la même manière, ne cherchaient certainement pas la même chose dans le théâtre ni dans leur grand-père. Le même phénomène d'assimilation ou de digestion des nouvelles images s'est malgré tout produit. Le Wagner officiel des années 1950 et 1960, c'était un « camembert » de praticables, une pénombre, des costumes de bure matelassés, très peu de mouvements.

Aujourd'hui, le wagnérisme bien pensé évolue dans l'hétéroclite absolu, paradoxal, ironique, néo-industriel ou pré-atomique. Mais ni Cosima, ni Wieland, ni les metteurs en scène modernes, n'ont renoncé à tenir un discours universel, quelle que soit l'évolution des images et des techniques. Ce qui était hier avant-gardiste a fait la tradition du lendemain, de scandale en scandale, au point peut-être que le scandale est devenu l'objectif à atteindre, la marque de fabrique du wagnérisme, la véritable essence du théâtre wagnérien. Et ce n'est pas vraiment faux. Le mot « scandale » a un sens dans les Évangiles. Je renvoie à ce que j'ai écrit, dans *Richard Wagner*, du processus de fabrication du scandale : évitons de reprendre le débat à zéro, réfléchissons plutôt au besoin de scandale en notre monde comme expression d'un doute généralisé sur la validité des affirmations réconciliatrices véhiculées par les œuvres classiques et, surtout, leur représentation traditionnelle. Nous ne sommes pas si loin, là, des recommandations de Wagner quant à la *démonumentalisation* des œuvres du passé — une attitude qu'il n'appliquait évidemment pas à lui-même, puisqu'il se voulait un aboutissement ultime après lequel, la révolution aidant, art et monde vivraient éternellement comme reflets parfaits l'un de l'autre. Il ne fait aucun doute que cette utopie — que l'on retrouve à tous les âges — outre le fait qu'elle exige un certain monde pour qu'existe un certain art, court immédiatement le risque narcissique majeur. J'entends par là que si plus rien ne décolle l'être de son reflet, s'il n'y a plus d'instance tierce, on basculera dans la folie du simple fait que l'interrogation humaine fondamentale, « pourquoi ? », ne sera plus possible. Ce monde, qui serait nécessaire au wagnérisme selon Wagner, je doute que nous soyons prêts à l'élire : il est pourtant l'exacte traduction du terme *Gesamtkunstwerk* tel que Wagner l'utilise et, à cet égard, j'estime dangereux et manipulateur de le réduire à la cuisson ensemble de notes, de poèmes et de gestes, comme si Wagner avait inventé... l'opéra.

Didascalies décoratives et mises en scène.

Je refuse toujours de me laisser entraîner à dresser le catalogue de tous les décors prévus par Wagner, ensuite de quoi on me met sous le nez des images de scènes contemporaines en me demandant de les justifier. Je ne me sens pas le chevalier de toutes les productions modernes, dont je n'ai pas été le dramaturge et dont je ne porte pas la responsabilité. Je ne vois pas l'intérêt de donner mon opinion sur le fait que Siegfried reforge Nothung sur une vieille cuisinière déglinguée plutôt que sur une enclume en l'absence de toute information sur la cohérence du discours tenu et sur la direction d'acteurs, autre part du travail de mise en scène dont on oublie généralement de gratifier le *Regisseur*. Je dois dire que la plupart des mises en scène classiques me paraissent intellectuellement pauvres, très convenues sur le plan de la sensibilité et du jeu, très en deçà finalement des ambitions légitimes du théâtre wagnérien. Voire, pour certaines, franchement ridicules, au moins autant que ces modernes qui confondent Wagner avec un parc d'activité *geek*. Nos yeux ont banalisé certaines images ou les ont enfouies dans le « vieux » — comme si le « banal » et le « vieux » étaient décontaminés, voilà bien le problème.

Mais soyons honnêtes. Nul n'est plus légitime que quiconque pour choisir, parmi les didascalies, celles qu'il convient de respecter à la lettre, celles dont on estimera qu'elles sont surannées, celles que l'on a le droit d'adapter et celles que l'on peut oublier. Nul ne l'est qui ne saurait lire, derrière certaines images suggérées, ce qui se dissimule : la composition du tableau final des *Meistersinger* en est un bon exemple, on ne peut pas arriver à elle sans l'avoir préparée depuis le début par d'autres images qui ne sont pas toutes fixées par les didascalies.

Il est extrêmement intéressant de ce point de vue de considérer le réalisme de Wagner, sa volonté d'organiser les espaces en reflet d'une organisation sociale hiérarchisée — voyez les descriptions des cortèges de *Tannhäuser* ou *Lohengrin*. Nous touchons là à quelque chose de très important. Un espace, un jeu d'acteur, un costume, définissent des tensions et des détentes, des alliances et des oppositions, racontent le rapport de l'individu à la foule et au monde. Ils disent un quotidien, mais aussi un ego, une histoire et ses strates, un usage autant qu'une usure. Ils sont les outils auxquels le récit d'une action peut et doit s'adosser, ils ne sont ni une toile de fond avec laquelle les personnages n'auraient aucun contact, ni l'action. La minutieuse description du travail de forge auquel se livre Siegfried, par exemple, a beaucoup moins d'importance que la définition de son rapport à la technique, à l'enseignement juif-nibelung, à la peur : c'est cela qu'il convient de mettre en scène. Il est alors possible de comparer efficacement, mettons la réalisation de Chéreau et celle de Padrussa. Chez le premier, Siegfried délaisse les outils classiques de Mime et se sert instinctivement d'une forge mécanique apportée par Wotan — on comprend bien l'idée, mais le résultat est assez tiré par les cheveux — tandis que chez le second,

Siegfried délaisse la forge nucléaire-numérique pour en revenir à la tradition la plus naturelle qui soit. Chez Kupfer, au milieu des ruines d'une civilisation avancée, la scène était l'une des plus réalistes et des plus fidèles aux didascalies jamais vues mais restait dépourvue de sens.

Ce que nous disons des images pourra être dit de la musique : un tempo, une couleur, la transparence d'une pâte, le choix des coups d'archet, la manière de phraser, de prononcer, tout cela peut modifier assez considérablement l'idée que l'on se fait d'un personnage ou d'une situation. Les plus âgés de mes lecteurs ont vécu les débats passionnés auxquels donna lieu la publication du *Ring* dirigé par Herbert von Karajan, que l'on ne pouvait guère, à l'époque, confronter qu'à l'intégrale Solti et à quelques solides extraits. Ces débats tendaient à mesurer la « vraie grandeur » de cette interprétation, son « format héroïque », sa « sensualité », sa « puissance ». Ce sont des termes fort peu musicologiques. Je me souviens du soulagement général qui saisit les critiques lorsqu'ils purent écrire que, avec sa *Götterdämmerung*, Karajan quittait enfin les rivages d'un « Wagner en musique de chambre » pour affronter la pleine mer. Certains wagnériens restent marqués par des images assez disneyennes, ils n'aiment pas ce qu'ils appellent la clarté, l'objectivité, qu'ils ont reprochées à Kleiber, Böhm, Boulez, Kubelik. C'est le symptôme de quelque chose.

Lorsqu'il a jeté l'éponge et renoncé à mettre en scène le *Ring* à Bayreuth, Lars von Trier a publié en ligne une note d'intentions dramaturgiques et plusieurs pages de projet. Il semblait récuser totalement les approches du *Regietheater* et l'on dit que la rupture entre Bayreuth et lui serait née de sa volonté d'en revenir au « bon vieux temps ». J'ai lu, sur le site très intégriste *richardwagner.free*, de telles affirmations. J'ai lu aussi les textes dont il est question, accessibles sur le site de la maison de production de von Trier, Zentropa. Ma conviction est que ce projet ne s'est pas fait parce que la technologie dont souhaitait disposer le metteur en scène était terriblement compliquée à mettre en œuvre. Von Trier voulait, techniquement, pousser le concept de boîte noire à ses plus extrêmes limites : une obscurité presque totale — il parle de projecteurs à 5% de puissance, prétendant retrouver là le niveau de lumière dont disposait Wagner — où l'on ne verrait, comme dans les films d'épouvante, que des détails d'image, pas forcément un déroulé d'action. Von Trier entendait pratiquer un théâtre elliptique, fragmentaire, ne montrer qu'un point de départ et un point d'arrivée en supprimant les étapes intermédiaires. Ces points devaient être assez strictement conformes à ce que Wagner avait indiqué, des flashes en quelque sorte, mais plusieurs phrases du réalisateur mettent la puce à l'oreille : on veut Wagner, dit-il en substance, n'ayons pas peur de Wagner et ne le traitons pas à la lumière de notre humanisme qui n'était pas le sien. Je subodore que le résultat n'aurait pas été politiquement correct, puisque l'incorrect est une attitude revendiquée par le cinéaste, dont le dernier éclat, à Cannes, porte témoignage. Von Trier affirme ses origines danoises avec fierté, peut-être partage-t-il la xénophobie qui monte en ce pays depuis des années au point de « comprendre Hitler », comme il l'a dit sur la Croisette, d'éprouver pour lui « de la compassion », enfin de se déclarer — avec une stupide autodérision — nazi, passionné par l'esthétique nazie. Son cinéma a étrangement évolué, depuis des portraits de femmes investies d'un rôle salvateur, auxquelles l'amour permettait d'accomplir des miracles sacrificiels, jusqu'à cet *Antichrist* où le personnage féminin est diabolisé, mis à mort, accusé du Mal, en passant par *Dogville*, parabole biblique où la femme, un temps assimilée au Christ essayant l'amour du Prochain et humiliée par une société de profiteurs, se transforme en ange exterminateur revenant aux bonnes vieilles pratiques du Dieu de l'Ancien Testament. Je n'ai aucune raison de croire que le projet du *Ring* n'aurait pas manifesté de telles orientations. Il reste que *Melancholia* ne porte aucune trace de nazisme et s'offre comme un film authentiquement wagnérien. L'exposition critique d'un monde d'apparences et de mensonges où avoir se confond avec être, où les hommes ne pensent que sexe, argent, position, où les affaires de filiation sont déglinguées, où tout ce petit monde s'agite dans une foi aveugle en la science et l'éternité de l'existence humaine, se combine au parcours de l'héroïne qui, en un tel monde, ne peut vivre mais saura y mourir, tandis que la planète tueuse joue son rôle heideggérien d'inéluctable fin.

Le *Regietheater* est-il encore du théâtre ?

Les dérapages du *Regietheater* empêcheraient, dit-on souvent, toute conciliation entre musiciens et théâtreux, public traditionnel et public non-traditionnel. Toujours l'antique mécanique violente de la défensive. Sortons de cette rhétorique ! Personne ne joue sa vie ici. Comme il l'a toujours fait tout au long des siècles, le théâtre évolue dans une remise en question permanente de ce qui est la représentation des choses. Et, par parenthèse, l'interprétation musicale pourrait balayer devant sa porte ; que l'on sache, les dérapages de l'époque Cosima, pourtant considérés comme dogme, posaient bien des questions ; de même, la médiocrité vocale d'une large proportion des spectacles contemporains, la faible compétence de pas mal de chefs lyriques, devraient en bonne justice donner lieu à d'égales protestations. Mais tout se passe comme si la dinguerie dénoncée des metteurs en scène dispensait de telles expertises, dès lors que, selon la formule consacrée, on ne tire pas sur l'ambulance musicale, même déglinguée, volant au secours du Beau.

Certes, le *Regietheater* dérange, comme le surréalisme, dans sa prétention à démasquer nos montages et les montages auxquels se livre le théâtre. Mais j'avoue ma circonspection lorsque j'entends des débats où les mots « déconstruction », « post-modernisme », et autres, sonnent comme des mots *d'ordre*, oublient qu'ils sont des outils de représentation, non un réel. Le mot « dérapages » m'intéresse, qui indique une norme et, adossée à elle, une marge acceptable d'hérésie, la séparation entre une espèce d'hérésie entrée dans les mœurs et des écarts méritant punition. Je n'aime pas l'idée selon laquelle, une fois étiqueté post-moderne ou déconstructiviste, le théâtre deviendrait indiscutable, à prendre ou à laisser. Contrairement à ce qui se profile là, je maintiens que le *Regietheater* n'est pas une création originale, pas même un jeu de collages à partir d'éléments empruntés, mais un acte interprétatif qui ne perd jamais de vue l'objet de son interprétation.

Je récuse donc la tendance qui consiste à inventer, pour le *Regietheater*, une catégorie de spectacle qui dénoue le travail interprétatif pour le remplacer par la présentation de sortes d'installations, certes issues d'une œuvre, mais ayant conquis tant d'autonomie par rapport à celle-ci que, à nouveau, on ne peut rien en discuter selon les critères applicables à n'importe quel théâtre. Cette expulsion hors du champ traditionnel d'étude et de réception, qui est le fait de certains metteurs en scène mais bien davantage de critiques et théoriciens, me semble aussi suspecte que la revendication wagnérienne d'être indiscutable, à prendre ou à laisser, classé à part au sein de la production lyrique. Je trouve même extrêmement prétentieux de construire tout autour du *Regietheater* une espèce d'anthropologie particulière, comme si l'on décrivait les spectacles donnés sur une autre planète. J'ai, dans mon livre, résumé les conclusions d'un colloque universitaire tenu à Munich sur ce thème, qui allaient lourdement et pompeusement dans cette voie. Les adversaires du *Regietheater* voient là une aubaine, évidemment, et poussent ces Stolzing à retourner être maîtres chez eux sans déranger les honnêtes personnes.

Cette tendance cherche à éviter un débat, considéré comme stérile, sur le *Regietheater* et sa fidélité aux œuvres. De doctes théoriciens ont entrepris de lister les décors, costumes, lumières, habituellement employés par « les metteurs en scène modernes ». Ils pensent que ces ambiances constituent un art en soi, une manière d'inventer un réel, un monde autonome — dans la bouche des contempteurs : le reflet de fantasmes incultes — et que, dans ces espaces, on peut en définitive jouer n'importe quoi qui sera réduit au rôle de fond sonore et de prétexte à gestes obligatoires — courir beaucoup, s'empoigner, se déshabiller, faire l'amour, boire, tuer, se dépraver, se rouler par terre, se badigeonner d'humeurs et de sang, que sais-je encore ? L'accusation principale jetée à la tête de ce théâtre est qu'il prend systématiquement le contrepied de ce qui est prévu, de ce qui est dit, dans le seul but de ne rien prendre au sérieux, de briser toute foi en des sentiments, de tout salir, de tout désespérer. Et de viser d'abord au scandale.

Cassandre.

Les adversaires du théâtre européen contemporain, parmi lesquels les plus virulents sont les Américains, estiment que nous ne savons plus garder la culture classique ni les valeurs qu'elle véhiculait et soutenait. Ils mettent cela sur le compte de la folie et des fantasmes, du solipsisme adolescent des nouveaux metteurs en scène. Ils dénoncent la surenchère entre des scènes subventionnées par l'argent gouvernemental — peu intéressées par conséquent par l'avis du public — en matière de provocation, de destruction de l'Occident. Ils incriminent les marxistes et les philosophes du doute ou de la *déhiérarchisation*. Mais plus que tout, ils accusent les metteurs en scène d'avoir enrôlé au service de leurs vomissements la sublime musique, espace de communion, de réconciliation, de noblesse et de beauté.

J'ai écrit que le théâtre et le réel étaient depuis l'origine engagés dans un jeu de miroir et de mimétisme où le théâtre, toujours, devait jouer le rôle de Cassandre, annoncer le pire. Les livrets d'opéra constituent de ce point de vue un florilège de toutes les dépravations, violences, hérésies, folies, indécences et sacrilèges, que la musique magnifiait mais rachetait aussi. Croyons-nous encore aux antiques mécaniques de ce rachat ? Du rachat ? Le monde aujourd'hui est devenu tellement anxiogène, pose de manière si aveuglante la question de la survie humaine — sinon de l'intérêt de cette survie — que le théâtre aurait toutes les peines du monde à émuler de pareils cauchemars. Si nous ne croyons plus, dans la vraie vie, à la possibilité d'une île rédemptrice, comment y croire au théâtre ?

Précisément, rétorquent les adversaires du *Regietheater* : on ne va pas au théâtre pour regarder le journal télévisé mais pour se divertir en se baignant dans un monde où l'espoir règne encore. Ils confondent l'espoir avec une fumerie d'opium tenue par Madame Tussaud. Le théâtre contemporain véhicule des valeurs. Ceux qui prétendent qu'il ne sait pas trancher, qu'il se contente de conchier un héritage millénaire, n'écoutent pas l'angoisse née de disposer de tant d'objets enchaînant à un réel d'autant plus illusoire qu'il accumule des biens matériels en passe de remplacer l'altérité toute simple. Si le doute est devenu notre tiers désirant, si notre capacité d'espoir est tellement fatiguée, demandons-nous qui a endormi notre instinct de révolte. Nous assistons stupéfaits à des révolutions au Moyen Orient qui risquent de changer des donnes essentielles et que nous aurions tort de repeindre à nos couleurs occidentales. La catastrophe de Fukushima, le monopole croissant de la Chine sur la fabrication de nos jouets quotidiens et l'épuisement de nos ressources, la haine qui monte contre ceux qui ne sont pas comme nous, le cataclysme écologique qui devient chaque jour plus inéluctable, l'abstraction hystériquement avide des échanges, l'effondrement des systèmes financiers, la violence qui métastase partout, la terreur de l'anonymat, la faim, la soif, la démographie, l'écart croissant entre riches et pauvres, entre Nord et Sud, le terrorisme comme nouvelle forme de violence, les nouveaux systèmes d'exploitation, l'asservissement à une technologie que nous ne maîtrisons pas, que faut-il encore ?

Distinguez dans ma liste ce qui relève de faits et ce qui relève de notre propre accélération des phénomènes. Je ne prédis rien du tout, je me réfère à des constats que chacun peut faire et à des simulations de développement valables si le tir n'est pas corrigé. Je peux l'écrire de façon moins anxiogène : « les grands défis de l'Humanité » plutôt que l'apocalypse, cela ne change rien.

L'apocalypse, étymologiquement, est la révélation — très secondairement une fin du monde hollywoodienne. Cassandre ne prédit pas que Troie va disparaître, elle ajoute toujours « si on fait ceci ou cela ». Mais ses avertissements ne sont pas admissibles, tant ils remettent tout en cause : alors, on lui demande toujours de trouver des solutions, des aménagements. « Comment arrêter une roue qui tourne ? », interroge Wotan — mais il n'écoute pas la réponse, parce qu'il se croit plus malin que la mécanique fatale qu'il a enclenchée. Il existe des enchaînements inéluctables et, de ce point de vue, Wagner peut jouer comme un révélateur dont les visions, facilement, sont transposables jusqu'à nous : la révélation consisterait alors moins à dire que Wagner était un proto-nazi qu'à montrer comment ses ouvrages nous mettent en garde, en creux peut-être mais malgré tout, contre des comportements susceptibles de conduire à des situations épouvantables dont nos catastrophes modernes ont été un avatar : le nazisme en tant que tel n'est pas le seul port dans lequel sombre le vaisseau wagnérien, guidé par les cartes incertaines de son premier capitaine et piloté par des héritiers contestables. L'angoisse wagnérienne passe aussi par les cases économique, religieuse, sociale et démographique, par la paix et la guerre, par l'épuisement écologique de l'univers. Mais si l'on parvient à distinguer ce qui, chez lui, relève de l'intuition apocalyptique et ce qui relève d'une agitation dangereuse, il faut pourtant mettre les deux en scène. Ceci oblige à admettre que les opéras wagnériens ne s'achèvent pas sur un indiscutable coup de torchon magique, celui de la rédemption par l'amour et du renoncement. Il faut, je le redis, mesurer à quel point le message passe chez les survivants, comment ils le traduisent en faits et comment, nous, nous le traduisons à notre tour.

LE MOUVEMENT PERPÉTUEL DU SABLIER

Ruines.

L'étiquette *Regietheater* collée sur l'ensemble du théâtre lyrique contemporain non traditionnel a beau être extraordinairement floue, chacun sait bien ce qu'on entend par là : des espaces systématiquement inattendus, des contrepieds et des paradoxes violents, des montages hétéroclites, une tendance au *trash*, une dénonciation ou un dégrisement de principe, un discours néo-contestataire, le goût du scandale à tout prix comme on dirait le goût du sang, des « fantasmes » dont le metteur en scène seul, du haut de son incompétence, porterait la responsabilité, l'absence absolue de respect pour la musique. Ajoutons que, selon les Américains, rien de ceci n'arriverait si les gouvernements ne subventionnaient pas de telles horreurs destructrices du (bon) goût public. L'alliance de fous et de lâches, une culture d'adolescents onanistes et scatologiques appuyée par des adultes démissionnaires et incultes, voilà ce qu'est le *Regietheater* dans l'esprit de ses détracteurs.

Au-delà de cette manière de poser le débat, je voudrais retenir l'image de ruines — les poubelles font partie, après tout, de nos ruines modernes. Cette image n'est pas neuve. Le débat sur la valeur, la beauté et le sens de la ruine s'inscrit forcément dans celui, plus vaste, concernant la totalité et l'achèvement de l'œuvre et de l'histoire. Il englobe la réflexion sur les détails et les fragments, sur le réel de la représentation, sur les motifs et les méthodes de la conservation comme de la restauration. Il se noue à la méditation sur le temps des activités humaines et de ses édifications. Tous ces thèmes dialoguent avec le wagnérisme et sont à mon avis une meilleure manière de poser la question de la fidélité, de l'authenticité, de l'historicité, dont les disputes sur la longueur de barbe de Wotan éloignent considérablement. Je ne suis pas un spécialiste de théorie esthétique, mais nous pouvons réfléchir ensemble à quelques points.

Que nous reste-t-il des œuvres d'art du passé, faites au demeurant jadis pour une éternité qui était plutôt celle des dieux ou de l'Esprit que celle des hommes et, en tout cas, pas pour une postérité ? Presque rien : qu'on relise les belles pages de Goethe sur la question ou simplement qu'on dresse une liste des merveilles et des œuvres dont la chronique littéraire ou historique, celle au moins qui nous est parvenue, nous a conservé la trace — pas même l'inventaire complet. Wagner, dans sa volonté de tout garder, d'organiser une mémoire, lutte ardemment contre le temps et l'oubli. Il lutte aussi pour une globalisation de la création. J'entends par là que, contrairement à Bach ou Mozart, il tient lui-même le catalogue de ses œuvres, il se préoccupe de droits d'auteur liés à la capitalisation des œuvres initiée par Beaumarchais, de telle sorte que la notion d'Œuvres Complètes lui est familière autant qu'indispensable.

Temps et oubli ne sont pas, cependant, les responsables principaux de la perte. L'usure certes, mais aussi les guerres, les haines s'attachant aux symboles ennemis, les besoins économiques en espace, en matériaux, le vandalisme, parfois la simple folie de certains artistes détruisant leurs créations (Rouault, Gogol...), nous ont non seulement privés d'un héritage mais aussi, la plupart du temps, des moyens de savoir comment il fut reçu à son époque, analysé, et quels étaient les buts de ses créateurs. Nous inventons par conséquent ce que nous ne savons, nous le reconstituons, nous l'interprétons, nous le trahissons forcément. Encore faut-il par ailleurs qu'un consensus se dégage sur la nécessité de conserver et de restituer, c'est-à-dire sur les marges de l'interprétation et sur la nouvelle valeur que prend l'objet ainsi sauvé lorsqu'il se trouve enchâssé dans un environnement qui n'était pas le sien — urbanisme ou musée. Les débats qui opposèrent Viollet-le-Duc, partisan d'achever ou réinventer ce qui était inachevé ou perdu, à Mérimée, convaincu que les réparateurs pouvaient être aussi dangereux que les destructeurs, ceux suscités par Le Corbusier dont les recommandations patrimoniales se limitaient à la conservation à titre documentaire de quelques exemples anciens, les luttes que dut mener Champollion pour faire entrer l'Égypte au Louvre tenu par les champions de l'hellénisme : tout ceci remonte en réalité aux interrogations qui agitèrent les siècles depuis Pétrarque et Saint Augustin jusqu'à l'Allemagne de Kant, Schlegel, Goethe ou Hegel — interrogations que Wagner avait lues et portait en son cœur. Il s'agit toutefois d'une démarche très européenne. Au Japon, par exemple, on démonte et remonte les anciens temples en respectant leur forme mais en changeant les matériaux et ce neuf est réputé avoir l'ancienneté du temple originel, même s'il n'en a pas l'historicité. On y vénère et parfois même surligne d'une décoration particulière, comme en d'autres civilisations extra-européennes, l'accident, la dégradation, où l'on ne lit pas la menace de la mort mais la marque du devenir. Souvenons-nous, d'ailleurs, d'où vient notre adjectif « sincère » : du latin *sine cera*, « sans cire » — il s'agissait d'un argument de vente, sans la cire que des vendeurs peu scrupuleux utilisaient pour dissimuler les fissures des vases et autres objets fragiles proposés sur les marchés.

Déjà, nous retrouvons Wagner par le biais de l'angoisse relative à la chute des civilisations, dans le souci de ne pas accrocher ses œuvres au musée du répertoire lyrique, dans sa volonté de maîtriser la représentation, le regard, le sens. Oui, nous devons absolument nouer les images et le sens. Tout est un. Mais prenons garde pourtant.

Il existe partout, en toute œuvre, un niveau de lecture « pour initiés » : ceux par exemple qui savent quelle alchimie mathématique fonde une partie des cathédrales en jouissent différemment de ceux qui, appareil photographique vissé sur l'âme, *immortalisent* leur présence en ces lieux plus que la présence de ces lieux en eux. Cette idée selon laquelle, au sein même de la temporalité, se réalise un destin surnaturel, je l'ai déjà posée en affirmant que le *Grundmotiv* de « La foi allemande » s'impose au-delà de manifestations humaines limitées. J'ajoute, pour prolonger la remarque, que beaucoup d'œuvres d'art du passé n'étaient ni visibles de tous, ni visibles en dehors de certaines circonstances : l'idée du Festspielhaus relative à une ritualisation du wagnérisme plonge ses racines jusque-là, même si c'est devenu autre chose. Autre chose, mais quoi ? Des touristes, on en trouve à Bayreuth comme ailleurs, qui s'offrent un produit rare. J'ai vu des Japonais acheter de petites boîtes étiquetées « air de la Colline Wagner »... et s'empresser de les ouvrir en pleine rue pour y plonger le nez, stupéfiant et absurde mélange de naïveté et de réflexe né dans la pratique des distributeurs d'oxygène qui fleurissent sur les trottoirs nippons. Ceux-là ne comptent pas. M'intéressent plutôt ceux qui croient que, à Bayreuth, leur émotion sera plus complète que dans le théâtre qu'ils fréquentent habituellement — tout comme la messe n'est accomplie qu'à Saint Pierre de Rome et le cassoulet à Toulouse. Que vont-ils comprendre des processus engagés ? Je le dis autrement : pour mesurer la portée et l'intérêt de lectures au second degré, faut-il auparavant avoir assisté à des spectacles au premier degré ? C'est une remarque qui m'a été souvent faite : que le théâtre contemporain ne s'adressait qu'à des initiés et qu'il était nécessaire de préserver des lieux où le public débutant s'initierait aux bases. J'ai toujours répondu de la même manière : d'abord, que j'ai vu les fameux spectateurs débutants s'ennuyer plus fermement aux représentations classiques qu'aux productions novatrices ; en second lieu que les « bases », précisément, ne sont jamais montrées parce qu'il faudrait alors étaler racisme, nationalisme et rechristianisation.

Aujourd'hui, la tendance est à tout expliquer, à dévoiler les codes, le montage, d'un univers qui devient si peu énigmatique au fond que nous allons jusqu'à réinventer des énigmes pour le simple plaisir de les résoudre. Le monde nous semble si terriblement explicable que nous finirions par croire que cette transparence est le résultat d'un complot. C'est là un des reproches adressés au *Regietheater*, sommé de restituer le mystère du vivant plus que celui de l'autopsie. Je crois tout simplement qu'il manque, à beaucoup de mises en scène modernes, l'art de sacraliser et ritualiser non leur dénonciation mais l'objet-même qu'elles dénoncent — et sans doute leurs concepteurs, même ceux qui ne veulent ni sacré, ni pathos, misent-ils sur la musique pour y parvenir, c'est-à-dire sur quelque chose dont ils ne maîtrisent généralement ni le décodage, ni l'interprétation.

Devons-nous intégrer à cette *désénigmatisation ritualisée* les traces laissées par ceux qui nous ont précédés ? C'est une des théories de la conservation moderne, que l'on peut faire au moins remonter à la Charte d'Athènes de 1933, laquelle préconisa que l'on préserve et restaure aussi les modifications apportées par les époques. On ne peut évidemment pas transposer cette recommandation telle quelle dans le spectacle vivant qui par nature interprète, donc ne se stabilise jamais. Pourtant la tentation a toujours été forte de figer la représentation wagnérienne à un moment donné, selon certaines images et selon un certain sens. Le *Land* de Bavière, après les *Meistersinger* sulfureux signés Wieland Wagner en 1963, avait même été saisi d'une proposition de loi en ce sens. D'une manière ou d'une autre, nous devons intégrer les images du passé à notre *connaissance* de la totalité de l'œuvre. C'est tout le débat. L'art, au moins l'art non contemporain, est dans son écrasante majorité un ensemble d'objets finis : tout le contraire de la nature. Quelle est alors la valeur de l'interprétation ? Où situer la totalité de l'œuvre ? Quelle peut être la fonction des interprètes et des spectateurs dans l'ordre de la création permanente ? Comment articuler aujourd'hui les déclarations de Wagner relatives à la monumentalisation des œuvres du passé et à la monumentalisation provisoire de ses propres œuvres, le temps que s'accomplisse la révolution ?

Je repense à une déclaration de J. Cladders, concepteur et premier directeur du Musée de Mönchengladbach, en substance : le musée est l'œuvre d'art totale du XXème siècle. C'est une formule extrêmement intéressante, au moins parce que tout dans un musée ne peut être montré. Accumuler sans discernement, sans choix, sans organisation, serait une entreprise nihiliste — tout comme une mise en scène ayant la prétention de tout révéler ne révélerait finalement rien. Wagner a fini par entrer au répertoire, comme tant d'auteurs qui contestaient le répertoire ou l'art officiel : le répertoire, comme le musée, est une entreprise totalitaire en ce qu'il récupère finalement ce qui le niait. Les représentations peuvent être assimilées à des expositions intelligentes ? Certainement : il suffit qu'il ne s'agisse pas seulement de livrer en pâture la (soi-disant) *totalité* des œuvres, mais qu'on les situe dans plusieurs contextes jusqu'à nous. Il est absolument impossible, sinon comme expérience très encadrée, d'exposer l'œuvre wagnérien comme au temps de la première exposition. Et je le redis : je ne suis pas certain que nous apprécierions le résultat. La totalité de l'œuvre, c'est son histoire, parce qu'elle-même en tant qu'oeuvre prétend totaliser l'histoire humaine en très peu de temps et très peu d'espace, luttant ainsi contre ce temps qui efface et cet espace qui dissémine. Comment, d'un trait de pinceau, d'une séquence de notes, dire un univers plus complet et plus large que le nôtre ? Sur ce point, je comparerais volontiers l'œuvre wagnérien à l'Arche de Noé, mais vous devrez m'accompagner pour reconnaître que l'Arche est une nouvelle alliance avec Dieu.

Ce rapport à Dieu, modèle et obstacle de tout créateur, instance suprême de toute validation, n'est pas nouveau. Les bisons de Lascaux étaient magiques, religieux, à leur manière un *Gesamtkunstwerk* : ils sont devenus *de la peinture*. Vais-je demander, suite à ce que j'ai écrit au chapitre de *Regiemusikologie*, que lorsqu'on visite Lascaux, Altamira ou... Bayreuth, on chante, danse, sacrifie ? Qu'on parte en chasse ? Qu'on bénisse des armes et des guerriers ? Appliquerai-je cette exigence à Wagner ? Très franchement, pourquoi pas ? Sachons qui nous sommes : les spectateurs qui, lors de la création des *Meistersinger*, criaient « Hep ! » ou ceux qui, en 1924 au Festspielhaus, pendant ces mêmes *Meistersinger*, entonnaient des chants nationaux, savaient qui ils étaient et qui n'était pas eux. Ceux qui parlent d'abîme mystique, de bain sacré dans la musique, de Bayreuth comme de la grotte de Lourdes, de Wagner comme d'un chamane, sont pourtant les premiers à refuser l'onction, le vrai baptême. On se croirait au bout du compte très vite, avec eux, dans un parc d'attractions, avec de faux indiens, de faux sorciers, de faux supplices, de faux combats, de faux Germains et de faux Juifs, de faux chrétiens, de faux lions... Si Bayreuth est l'ancêtre du Puy du Fou ou de Schtroumpf-City, je jette l'éponge.

En revanche, j'ai beaucoup réfléchi aux conditions dans lesquelles l'extension du répertoire joué à Bayreuth, qui figura parmi les propositions de certains candidats, serait possible. Ces conditions seraient évidemment, de mon point de vue, tellement strictes et tellement exigeantes scientifiquement qu'elles ne sauraient se contenter d'une sorte d'amélioration de l'ordinaire où Wagner n'aurait pas la place centrale. Bayreuth doit rester un festival Wagner, même si le mot Wagner peut englober d'autres auteurs : à commencer par ses maîtres, ses modèles (y compris de théâtre parlé), ses amis et collaborateurs, son fils, mais en choisissant très soigneusement ceux que l'on appellerait ses successeurs (à ne pas confondre avec ceux qui héritèrent les moyens qu'il légua) ou les œuvres pouvant prolonger sa théorie ou son idéologie — pas question donc de jouer Meyerbeer, Strauss, Debussy, ni même de « punir » Bayreuth en y imposant, comme cela aussi a été envisagé, l'*entartete Musik*. Il serait également intéressant de jouer ses livrets non composés. Mais tout ceci, qu'on se rassure, n'a en réalité aucune chance d'advenir.

Décadence.

Je le redis : je ne suis pas un spécialiste de théorie esthétique et je présente par avance mes excuses pour les simplifications auxquelles je me livre.

J'avais donné comme sous-titre à la monographie écrite pour la collection de vulgarisation *Découvertes*, « l'opéra de la fin du monde ». J'avais repris la formule au livre consacré par Pierre Seghers au peintre énigmatique Monsu Desiderio, paru chez Robert Laffont. Desiderio n'a peint que ruines et catastrophes, je cite Seghers, *« les dômes qui éclatent, les architectures qui s'écroulent, les rotondes éventrées, les idoles livides »*, de gigantesques espaces noirs où, minuscules, s'accomplissent des meurtres et des supplices.

Une chose me frappe : le lien établi dans l'antiquité entre la ruine physique et la ruine morale, comme manifestation de la toute-puissance des dieux. La manière dont l'Église chrétienne a expliqué la désagrégation des empires antiques a considérablement évolué en relativement peu de temps et cette évolution nous concerne encore. Si l'on prend Hippolyte, on lit que le dessein de Dieu passait par l'unification de l'univers sous l'ordre romain comme préalable à la venue du Christ. Non pas que la chrétienté renverserait Rome : elle s'y substituerait en douceur, profitant de la pacification et de la gouvernance universelle pour remplacer l'empereur par le pontife. Les louanges d'Eusèbe de Césarée à Constantin vont dans le même sens. Sauf que, sous les coups d'Alaric, l'empire romain s'effondre bien avant. On voit alors Orose détailler la misère romaine, minorer la violence des envahisseurs, célébrer leur conversion possible. Le sac de Rome devient à son tour le point de départ du royaume de Dieu, ce qui n'était pas au programme initialement. Augustin, inspirateur d'Orose, essaie pour sa part une autre voie. Il affirme que la ruine de Rome manifeste la charité divine sans cesse à l'œuvre pour restaurer une création traversée par le péché. Il conteste l'idée de progrès comme celle d'un éternel retour des plats de l'histoire. Il décrit un monde désespéré où erre, dissimulée, la petite légion des élus de Dieu. Il dénie au temps la capacité de produire quelque chose de bon : seule l'intervention divine en referme la blessure. Le temps humain n'est que vieillissement et mort, c'est dans la marche vers la fin des temps, pas dans le « bon usage » du temps pour se perfectionner, que réside la préparation à la vie éternelle. Rome, fondée comme le monde humain sur un fratricide (Remus/Romulus, Abel/Caïn), est l'image parfaite de ce monde, dont les puissances d'orgueil doivent être ruinées, mourant dans les luttes internes et les guerres civiles. De telle sorte que Rome en ruines mais chrétienne sera plus grande que Rome intacte mais païenne. Wagner n'est pas loin de tout cela dans cet extrait du *Journal* de Cosima en date du 5 novembre 1878, dont il faudrait prendre le temps d'expliciter les références implicites : *« [R.] me parle de l'état du monde actuel, le nôtre, et le compare à celui de la chute de l'empire romain qui ne possédait plus non plus de vertus nationales, parce que le christianisme avait jeté bas les barrières des nations ; les Juifs achèvent cette œuvre aujourd'hui ; dans le meilleur des cas, dit R., j'attends un retour à une espèce d'état de nature, car enfin les Juifs finiront eux aussi »*. Si vous ne voulez ou ne pouvez pas lire les textes théoriques, le *Journal* est très explicite sur la vision wagnérienne de la transition entre la Rome impériale et la Rome pontificale, comme sur la foi des Wagner. J'ai déjà traité ces thèmes dans *Richard Wagner*, mais je vous livre quelques citations :

29 octobre 1872 : *« R. dit qu'avec beaucoup d'intelligence les Grecs avaient laissé au peuple toutes ses superstitions et y avaient seulement associé de belles fêtes en réservant avec sagesse les Mystères aux initiés ; l'Église catholique a agi un peu de la même manière et on ne saurait lui reprocher d'avoir laissé aux peuples de l'Italie du Sud le sang de Saint janvier et les fêtes à la Vierge ; la chose négative en revanche ce fut que l'Empire romain se soit placé derrière tout cela pour faire de la politique. L'esprit critique a été productif dans le christianisme, l'esprit romain en a utilisé les manifestations extérieures pour sa politique de force »*. Vous rapprocherez ceci de l'attitude de la Wartburg, romanisée contre le véritable sens du sacrifice d'Elisabeth et la réalité du mystère dionysiaque vénusien.

15 février 1873 : *« Notre lecture d'hier —* La Divine Philothée *de Calderón — amène notre conversation sur l'Église, la conception juive du Dieu-Père qui, se tenant au-dessus des choses, a créé le monde, etc., tout ce cercle vicieux dans lequel la théologie est aujourd'hui enfermée. 'Je peux à peu près m'imaginer pourquoi le synode protestant est aujourd'hui aussi sévère, dit R., ils sentent que s'ils cèdent sur un point tout sera ensuite jeté par-dessus bord et que l'Église catholique restera seule debout grâce à la solidité de son organisation' »*. Tous les wagnériens devraient lire, outre les Grecs, Shakespeare et Calderón en qui Wagner voyait des doubles de lui-même : idée de conférence pour les Cercles Wagner, qui les changera de leurs habitudes. Cosima note le 1er juin 1875 que le pape est *« la réalisation de l'idéal juif du Messie »*, ce qui renvoie à ce qu'elle écrivait le 11 mars 1869 : *« Nous lisons un article sur le Concile qui va s'ouvrir à Rome. Ils veulent rendre tout-puissant le Vatican, cette pagode papale, et mettre sur la tête des jésuites la tiare pontificale »*. Il s'agissait du Concile Vatican I, qui accouchera du dogme de l'infaillibilité pontificale et provoquera en réaction la dissidence des « Vieux Catholiques » allemands — je renvoie à *Richard Wagner*.

4 décembre 1873 : *« Je lis avec Malwida [von Meysenbug]* L'Histoire du Bouddhisme *de Köppen. La différence entre la légende de Bouddha et celle du Christ devient pour moi toujours plus claire ; il faut souffrir avec le Christ et alors on est racheté, c'est la religion des pauvres ; avec Bouddha on accède à la connaissance, c'est la religion des sages, des gens cultivés qui dégénère dans le peuple en superstition et culte des reliques »*. Datées du 9 au 13 décembre, ces lignes complémentaires : *« R. a reproché très sérieusement à Malwida de n'avoir pas fait baptiser sa pupille, c'était impossible, chaque individu n'a pas le droit de se faire soi-même sa propre religion et les enfants en particulier ont besoin de se sentir en accord avec leur milieu ; on n'a pas le droit non plus de choisir, il faut qu'il puisse être dit à l'enfant, tu as été béni, tu appartiens au Christ par le baptême, continue à t'unir avec lui par la communion. Le baptême et la communion sont irremplaçables ; aucune connaissance intellectuelle ne peut se comparer à l'impression que l'on ressent en communiant. Une horrible platitude s'emparerait des hommes qui négligeraient la religion ; s'ils n'ont pas de sentiment religieux, ils n'ont pas de sentiment du tout »*. On entend bien que l'on peut tout aussi bien appartenir à Wagner par un certain type de baptême et de communion…

Tout le problème, pour les héritiers de cette doctrine au Moyen-Âge et à la Renaissance, sera de trouver comment reconquérir une gloire éteinte sans bien sûr modifier la ruine comme image de l'ancienne foi qui s'effondrait — les dieux païens mais aussi l'Ancien Testament. Entretemps, comme nous l'avons déjà vu, la Rome chrétienne s'est définitivement séparée de ses origines judaïques et a recyclé le vieux droit romain à son profit. La ruine se charge de nostalgie et d'envie : elle signale que quelque chose fut possible, qui n'est plus et que l'on peut réinvestir. Une société qui se reconnaît dans ses ruines-miroirs a forcément d'elle-même une image brisée, au point que le XVIIIème siècle fera construire des ruines. Ruine-échec ou ruine-persistance ? Qu'en faire ? L'abandonner à l'œuvre du temps, laisser la ruine se ruiner entièrement ? Je livre à votre réflexion une anecdote : lorsque Albert Speer présenta à Hitler son projet pour l'esplanade Zeppelin, il fit réaliser une esquisse dans le style des anciennes gravures la représentant plusieurs siècles plus tard, entièrement ravagée et ruinée. S'agissant d'un empire promis à mille années de vie, l'audace fit scandale mais Hitler la trouva géniale et exigea que tous les grands projets du Reich soient désormais conçus, imaginés, selon cette loi du devenir en ruines. Une telle fascination morbide et glorieuse à contempler une mémoire du futur ainsi accomplie par la destruction, une telle jouissance de la défaite humaine et du retour victorieux de la nature, ont de quoi nous interroger s'agissant de Wagner. Je suggère aussi que le projet de *Ring* par Lars von Trier, dont l'intérêt pour Speer a été proclamé, soit envisagé selon ce point de vue très proche, sans doute, d'une lecture possible de Heidegger, tout aussi légitime que d'autres.

Notre époque a-t-elle, vis-à-vis de ses ruines modernes, une attitude comparable ? Nous qui vivons de plus en plus vieux « ruinons » de plus en plus vite et en même temps certaines ruines sont aujourd'hui chargées d'un poison infiniment plus durable que par le passé : Auschwitz, Hiroshima, Tchernobyl, pour ne citer que trois noms emblématiques, n'appartiennent pas au passé, ce sont des ruines actives où s'ancre mal le tourbillon de générations qui, nées souvent dans un rapport à des objets, se heurtent aux crises historiques sans en comprendre l'origine et la continuité. Le conflit entre un jetable synonyme de course à la renaissance permanente et une rassurante *vintagisation* frénétique situant le bon vieux temps de plus en plus tôt derrière nous fait de notre rapport au futur le lieu d'une nostalgie déboussolée : le monde des choses remplace le monde de l'homme, le monde de l'homme devient le monde des victimes comptabilisées, je vous conseille de relire Baudrillard et Borges. En parallèle les revendications toujours plus privatisées d'une asepsie universelle rongent la chaîne du collectif — de l'Histoire. L'échec de ce qui fut la grande illusion d'après 1945 — inventer un monde neuf curé de ses cancers — est devenu patent : il est vraisemblable que la manière dont nous accueillons les révolutions arabes, comme nous avons accueilli l'entrée de la Chine dans le capitalisme et, avant cela, la chute de l'empire communiste, participe de la même illusion : l'Histoire métastase quoi que nous en voulions croire, nous ne savons comment en contenir la radioactivité. C'est pourquoi j'avais intitulé l'un des chapitres de *Richard Wagner* « En finir avec le déchet toxique européen », fol espoir d'une représentation théâtrale offrant du monde une image définitivement neutralisée qui ne désespère ni du réel ni de la conscience. Aubaine pour le wagnérisme : avec ses mots d'antan, avec aussi sa solution finale, il se propose encore à nous comme parole vive.

Je crois que c'est de cela que le théâtre lyrique contemporain témoigne. Sa fragmentation, son goût pour les entrechocs temporels, sa détresse, son inquiétude sur le sens, me paraissent en définitive la continuation du romantisme qui ne réalisait pas la totalité mais la signifiait, au besoin en la brisant, pour favoriser l'irruption de la mort dans l'œuvre. D'une certaine manière, l'ultra-réalisme ou le surréalisme maniériste du *Regietheater* sont peut-être une transposition du minutieux réalisme voulu par Wagner plus efficace et plus parlante que l'abstraction wielandienne, à bon droit accusée de *déromantisation*. À condition que l'on comprenne bien que la véritable fonction de cette avalanche de détails tient moins à ce qu'ils décrivent qu'à la volonté de décrire, d'écrire : de signifier. Et que par conséquent ces signes ne sont pas signes d'eux-mêmes mais de quelque chose d'autre, ouvrent en conséquence l'espace de l'interprétation, que l'on s'en serve pour aller dans le sens de Wagner ou pour le mettre en abyme : pour l'actualiser plus que le transposer.

À regarder les choses de très haut, trop haut peut-être, je trouve la démarche encore très marquée par Hegel : rendre visible l'édifice selon son concept plus que selon ses détails historiques, en toute chose considérer la fin. Poser, comme en un musée, la question de l'assemblage des mémoires et des témoignages rescapés comme énigme de la totalité humaine inscrite en chaque élément. Curieusement Wagner, très proche de Schlegel et Nerval, partage contre Goethe cette fascination pour le fragment : il montre en fait peu d'action, il la reconstitue à plusieurs voix discordantes et cette accumulation, cette répétitivité, finissent par excéder le désir d'action, par modifier le sens de l'évènement-source, par révéler une morphologie, une communauté.

L'HONNEUR DU WAGNÉRISME

Nous voici au cœur de la pyramide et il nous faut sortir de la chambre secrète que recherchent tous les égyptologues. Ceux qui me proposent de n'étudier que les partitions, sans référence aucune à leur contexte, inventent une réalité de l'œuvre, l'amputent de son sens ultime, programment des incohérences sur lesquelles on pourra bienheureusement discuter éternellement et en vain. Lorsque les musicologues se crêpent le chignon autour de l'accord de *Tristan*, ils font comme dans ce proverbe chinois : le sot regarde le doigt qui désigne la lune et croit avoir vu la lune. Lorsqu'on souhaite des mises en scène abstraites ou décoratives, on refuse de savoir ce qui se cache derrière ce Tarnhelm, on se contente du dragon sans voir ni écouter le géant.

Journal du 4 mars 1874 : *« Il rêve d'une pièce dans laquelle apparaîtraient tous les hommes célèbres avec leurs manies : 'J'aimerais bien qu'il y ait un jour un génie du théâtre qui dessine tout ce monde avec suffisamment de vigueur, qui soit tout à fait libre vis-à-vis des personnes, les traitant en objets tout à fait concrets ; malheureusement, le public ne comprendrait pas cet auteur, ces hommes ne sont en vérité que des fantômes, ils n'existent pas pour le peuple ; en Allemagne, il faut sonner la grande cloche, comme je le fais, seul le sublime agit sur les Allemands et chez nous la musique est le seul arcane »*. Cosima indique alors une liste de ces « personnes », ce sont toutes des Juifs ennemis de Wagner ou faussement amis, avec lesquels il est obligatoire de composer ; Wagner rêve de les montrer tels qu'ils sont, afin que nul n'ignore son calvaire ; mais le peuple, trop bon, ne sait même pas de qui il s'agit, ni qu'ils tirent les ficelles du monde ; alors il faut le lui faire sentir par la musique. L'idée de cette conspiration dont il faut sauver le peuple et son art hante Richard. Le 24 mars, conversation avec le doyen à laquelle Cosima participe : *« Je lis les citations d'un roman de Disraeli : il revendique pour Israël toutes les grandeurs de l'art, de la science et même de la religion (les premiers jésuites auraient été des Juifs) ».*

Est-ce à dire que nous ne pouvons mettre en scène Wagner que d'une seule façon, en mettant en exergue l'antisémitisme ? Je crois qu'il faudrait le faire une fois, minutieusement et pas en trois coups d'images faciles. Si un jour les Israéliens décident de jouer du Wagner, j'aimerais bien m'y atteler en évitant les règlements de comptes improductifs et en réduisant le nazisme à l'un des racismes possibles. Mais nous ne pouvons en rester là, évidemment : l'entreprise, systématisée, serait sous le coup de toutes les lois du monde condamnant le racisme et la discrimination. Je n'ai rien contre les mises en scène traditionnelles, celles où on suce son pouce, tant qu'il est clair pour tout le monde qu'il ne s'agit pas du vrai Wagner mais d'un arrangement nous permettant de vivre en sa compagnie et à la condition que les adversaires du *Regietheater* cessent de brandir l'étendard d'une fidélité dont ils ne savent rien. Chacun surtout doit se méfier de ceux que j'ai appelés les révisionnistes, ceux qui savent la vérité de l'antisémitisme, se taisent parce qu'il est interdit de s'en réjouir mais profitent du combat contre le *Regietheater* pour fustiger notre décadence, un sujet diablement plus important que celui du wagnérisme parce qu'il concerne notre vie quotidienne. J'ai cité, dans *Richard Wagner*, des blogs ou publications de tels attentistes. Ce sont les mêmes, souvent, qui ont récupéré l'ambiguïté de Jung.

Mais déjà, si l'on se contentait de mettre en scène les *mécaniques* wagnériennes, ce serait un progrès. Au-delà, il nous faut sans doute espérer l'équivalent de Vatican II, du *Nostra Ætate* de Paul VI. La vraie question est aujourd'hui non pas d'interdire Wagner — il est bien trop tard — mais de savoir comment on le met en scène. Comment l'incarner ? Comment répondre à ceux qui disent : d'accord, Wagner était antisémite et nationaliste — mais j'aime Wagner et ne suis ni antisémite, ni pangermaniste — où est alors le Wagner que j'aime, que mon amour pour lui fait exister et que je veux voir ? Comment satisfaire cette vaine attente de l'absolu, à supposer que l'homme puisse y prétendre ?

On le sait bien : ceux qui refusent d'affronter — ou que quelqu'un affronte — le *Gesamtkunstwerk* refusent bien autre chose qu'une idée esthétique, ils refusent le lien entre une esthétique et une politique. Sans doute parce qu'ils savent combien il va être difficile de trouver une politique de rechange acceptable par notre temps et que, parallèlement, la réflexion sur un Wagner chrétien n'est aujourd'hui pas pensable parce que supposée exclure les non-croyants. En d'autres termes, on veut bien visiter la cathédrale, mais pas assister à la messe ou en tout cas ne pas être tenu de croire à la messe. Mais bien sûr cette messe devra quand même être dite avec toute la pompe nécessaire, les défilés, les somptueux vêtements sacerdotaux, l'encens et les grandes orgues.

On peut aller « voir du Wagner » comme on va regarder les peintures de la Renaissance sans rien savoir de la symbolique religieuse ni des *Testaments*, entendre « de la musique religieuse » comme si elle était profane, visionner les péplums inspirés par des épisodes de la chrétienté sans s'interroger sur l'éventuelle foi de leurs auteurs. Mais on monte bien Claudel avec succès et, toutes proportions gardées, le récit des exigences formulées par Claudel au sujet d'une représentation convenable à ses yeux de *L'Annonce faite à Marie* devrait nous permettre de réfléchir. À ceci près que Claudel n'était pas antisémite. Comment expliquer la violence du refus d'admettre l'antisémitisme wagnérien ?

Sincèrement, cette question devrait faire l'objet d'un colloque international. Pas un de ces colloques au cours desquels on mesure, ou fait semblant de mesurer « objectivement », le *degré* d'antisémitisme de Wagner et celui, forcément différent, de ses héritiers : on sait déjà comment se terminent ces réunions, par une forme de blanchiment, une transparence partielle et sans conséquence, la sauvegarde des œuvres lyriques. Tous ceux qui ont participé à de telles manœuvres, je pourrais même écrire manipulations, se sont comportés en définitive comme les Juifs wagnériens.

Nous avons au demeurant déjà apporté des réponses à cette interrogation. La première d'entre elles réside dans la confusion historique entre une famille qui se protège et protège ses ancêtres, parce qu'elle vit d'eux et tire de leur « innocence », croit-elle, sa légitimité de diriger Bayreuth et le wagnérisme mondial. Les choses auraient été bien différentes si ce cordon ombilical avait été radicalement et ouvertement tranché : non pas avec le nazisme, non pas avec l'antisémitisme, mais avec Richard Wagner lui-même. Imaginez seulement : si Siegfried Wagner n'était pas mort, si sa mère était morte plus tôt, si Winifred n'avait pas été nazie, si le monde avait transmis la responsabilité du Festival à Friedelind ou à d'autres membres de la famille au-dessus de tout soupçon, ou bien encore à des personnalités étrangères au clan Wagner. Si les archives avaient été publiées rapidement, intégralement, traduites et analysées scientifiquement. Si les

Cercles et Amis s'étaient interrogés au lieu de s'enrôler parmi les blanchisseurs par crainte d'être montrés du doigt ou par crainte de ne pouvoir jouir en paix, parfois par crainte de se démasquer eux-mêmes. Tel n'a pas été le cas et tel ne sera pas le cas, selon moi.

La deuxième raison tient au fait que, depuis le Troisième Reich, plus personne ne puisse se dire antisémite sans se mettre au ban des sociétés occidentales, au moins de l'image d'elles-mêmes qu'elles doivent respecter. C'est un phénomène extrêmement contraignant : nous savons que Wagner est antisémite, nous savons que les Juifs ont toutes les raisons du monde de le détester bien au-delà de l'usage qui en a été fait par les nazis et bien au-delà des compromissions des héritiers, nous ne pouvons pas le rayer du répertoire, alors nous nous appuyons sur les Juifs wagnériens et sur des études aveugles. Quant aux Israéliens, nous refusons — et à juste titre — de leur décerner le rôle de représenter le judaïsme mondial, mais pour des raisons historiques nous continuons à faire comme si Israël n'était peuplé que de rescapés de la Shoah, ce qui n'est vraiment pas le cas et ne l'a jamais été. La confusion va très loin, puisque l'on finit par confondre antisémitisme, antijudaïsme, antisionisme et anti-israélisme. Au bout du compte, on ne peut plus rien dire du tout : il ne s'agit pourtant pas d'accepter que Wagner soit présenté comme « un ennemi d'Israël », il ne s'agit pas de l'interdire ou de le critiquer pour donner raison à Israël, et c'est pourquoi, de mon point de vue, l'État hébreu serait bien inspiré de traiter le problème en adulte. Comme je l'ai déjà dit, cela ne sera sans doute possible que lorsqu'on desserrera l'étau des mythes fondateurs d'Israël eux-mêmes et surtout que sera dissipée l'ambiguïté essentielle d'un État n'identifiant pas une nation, d'une Terre ne pouvant être le bien commun de ceux qui y résident. Autant dire que nous pouvons attendre. C'est sans doute mieux que d'obliger les Juifs, pour nous rendre service, sous le prétexte de les réconcilier avec Wagner, à éliminer d'eux-mêmes un autre des symboles qui marquent le basculement occidental chrétien dans l'extermination. Là est la réponse à la question « pourquoi faut-il que Wagner soit universellement joué ? » : le wagnérisme se moque de ce qu'on représente Wagner au Japon, mais pas en Israël.

Le monde européen est, globalement, devenu athée et, en théorie au moins, tolérant vis-à-vis des Juifs. Comment peut-il concevoir qu'un des piliers de son répertoire lyrique soit antisémite obsessionnel, lié au nazisme un peu plus fortement que par la dérive de quelques héritiers — que dis-je : d'une héritière rapportée à la famille — et aussi prédicateur d'un christianisme allemand ? Car tout s'articule : le débat sur l'antisémitisme ne peut être posé sans que le soit celui sur le christianisme, c'est bien pour cela que je suggère tant une forme de Vatican II. Je constate enfin que les Allemands n'ont jamais nié l'antisémitisme wagnérien et doivent, depuis

1945 au moins, trouver les moyens de vivre avec comme ils doivent vivre avec le fantôme d'Auschwitz plus qu'avec celui d'Hitler. Par contre le reste du monde — sauf Israël — nie ou minimise : en partie parce que Wagner y est un produit d'importation qui a été adapté au goût et aux histoires indigènes, en partie parce que l'accès aux *Œuvres Complètes* a été très longtemps, et demeure, handicapé par la barrière linguistique, en partie parce que l'on a prié les Allemands de régler la question entre eux sans déranger personne : on le sait, le *Regietheater* a pourtant fini par déborder les frontières. Il existe donc une sorte de conspiration universelle pour sauver Wagner de lui-même, c'est-à-dire pour sauver les wagnériens hollandais, américains, italiens, anglais, français, japonais, juifs, d'un Wagner impossible politiquement et... commercialement.

On trouve dans le *Journal* de Cosima (3 février 1873) ce dialogue entre elle et un membre de la famille juive Jachmann, à l'occasion d'un grand dîner de récolte de fonds. Cosima défend l'idée de Bayreuth, quand : *« il me ferma définitivement la bouche en me demandant : 'Mais est-ce que Wagner a quelque chose à voir avec ses textes ?' »*. Ce qui choque terriblement Cosima. On a toujours su que Wagner était antisémite et partisan d'un christianisme « désenjuivé ». On a, à mon avis, toujours pressenti que ses opéras contenaient des messages subliminaux de cet ordre. Pourquoi n'a-t-on pas bougé avant ? Je pense tout d'abord que le message wagnérien s'adressait d'abord aux Allemands parce qu'il les interpellait dans leur histoire, dans leur âme et dans leur chair, dans leur culture et dans leur psychologie. Les autres nations ne se sont pas vraiment senties concernées. L'internationalisation du wagnérisme s'est opérée au détriment de sa *germanitude*, a noyée celle-ci et a sans doute, en même temps, contribué à dissimuler les vestales qui continuaient à entretenir la flamme originelle. J'ajoute que l'Allemagne a très vite cessé de considérer Wagner comme l'œuvre d'art de l'avenir pour se tourner vers d'autres auteurs, alors que le reste du monde achevait son apprivoisement du phénomène. Je dirai encore que le wagnérisme a progressivement, avec les améliorations des techniques d'interprétation vocale et orchestrale, gagné une place de choix au rang des questions musicales, au détriment de sa place philosophique, politique, morale. Enfin, on a copié aveuglément le style Bayreuth sans chercher à comprendre de quoi il était fait, alors même que les publications de la Colline étaient totalement explicites et l'ont été de plus en plus, alors même que certains initiés savaient où et quoi applaudir.

Mais Bayreuth s'est interrompu pendant la Première Guerre Mondiale pour ne ressusciter qu'en 1924, l'année du putsch manqué de Hitler. Le monde avait changé, Bayreuth avait évolué invisiblement dans le sens d'un démasquage, mais personne ne pouvait mesurer à quel point. Lorsque le

Festspielhaus a rouvert ses portes, ce fut sans doute comme si le pape revenait à son balcon prononcer sa bénédiction *urbi et orbi* après dix ans d'absence : personne n'a trop regardé la couleur nouvelle des uniformes des gardes suisses, en l'occurrence celle du drapeau qui fut hissé, celui du Reich vaincu en 1918 et pas celui de la République ; personne n'a lu les *Bayreuther Blätter* modernes ni la prose qui s'étalait dans les programmes, pas plus que l'on n'avait osé remettre en cause les biographies et exégèses du gendre Chamberlain. Le nouveau Bayreuth s'est ouvert sur l'étranger, a engagé les interprètes qui faisaient le wagnérisme du Met, de la Scala, de Covent Garden, chacun s'est cru chez soi. Qui allait suspecter les Toscanini, Schorr, Leider, Melchior, Busch, de collaborer à une entreprise raciste et teutonne ? Tout a été nimbé de mysticisme, de grandeur, de contes et légendes, dans une langue un peu longue et un peu ampoulée, certes, que soutenait cependant une musique violente et désirante immense, universellement louée et jouée comme un modèle. Je dois dire que nous vivons encore sur cette idée : les efforts d'un Barenboïm, d'un Levine, de tant d'autres acharnés à être les interprètes wagnériens de référence plus qu'à promouvoir un Wagner de référence — un wagnérisme sans compromis avec l'évidence et toutes ses conséquences — m'ont toujours gêné.

Je suis également frappé de voir tant de productions offertes à la vindicte des wagnériens, en holocauste presque, exactement comme si l'on ne pouvait plus faire autrement que les agresser par tous les moyens, sauf celui qu'il serait légitime d'employer. Wagner n'en peut donc plus d'être situé n'importe où et partout, de servir de base expressive à toutes les dénonciations, toutes les angoisses ou toutes les expérimentations possibles, sauf les plus légitimes qui seraient. Se crée ainsi autour de Wagner une sorte de cyclone d'images qui ont certes toujours quelque chose à voir avec le vrai sujet Wagner, mais un peu comme les mouches ont toujours quelque chose du tortillon de papier où elles viennent s'engluer — mais qu'elles masquent au fond. Parmi elles, c'est vrai, les images relatives à l'antisémitisme, à la nation germanique, à la nouvelle religion allemande, mais comme des lambeaux arrachés à un squelette qui les structurerait. Remarquez par exemple comment les productions de ce qu'on finira par nommer le Troisième Nouveau Bayreuth recyclent inconsciemment les chromos de la propagande antisémite ou pangermaniste, les emblèmes de la relation germano-juive : les rats du *Lohengrin* de Neuenfels, la chambre à gaz du *Tannhäuser* de Baumgartner, le cabaret 1933 du *Parsifal* de Herheim, l'*entartete Kunst* et l'art aryen des *Meistersinger* de Katharina Wagner. On attend avec intérêt le *Ring* finalement dévolu à Frank Castorf en lieu et place de Wim Wenders — même glissement que celui qui conduisit de Bergman à Chéreau — ce Castorf dont les variations sur *Meistersinger* constituent l'une des rares tentatives modernes d'affrontement, en scène, du *Gesamtkunstwerk* — voir mon analyse du spectacle dans *Richard Wagner*.

Tout se passe en définitive comme si l'actualisation procédait non par décapage du fossile mais par sédimentation de nouvelles couches. Pour reprendre la comparaison avec les ruines, comme si au lieu de dégager les structures originelles on continuait à construire par-dessus et pourquoi pas, comme il faillit se passer à Auschwitz, un couvent catholique ou un supermarché, c'est-à-dire des objets sans prolongement historique.

Où est l'honneur en tout cela ?

L'honneur, voilà : c'est une question d'honneur. Il est particulièrement angoissant que le régime national-socialiste soit vraisemblablement celui qui actualisa réellement, totalement, les idéologies auxquelles Wagner se rattachait, créant ainsi ces fameuses conditions vitales au sein desquelles le wagnérisme, cessant de se promettre comme œuvre d'art de l'avenir, deviendrait art du présent. Comment notre présent peut-il se substituer à celui-ci ? Le national-socialisme n'a-t-il pas renvoyé le wagnérisme à un statut durable d'absolu du futur dont, cette fois, nous saurions qu'il nous est interdit ? N'a-t-il pas fait de Wagner l'équivalent du Juif errant ou du Hollandais Volant ? Notre présent ne peut manifestement toujours pas transformer en passé le présent qui fut celui du nazisme, bien que nous ayons fait beaucoup d'efforts pour y parvenir vite — trop vite. Sans doute d'abord parce qu'on voulut circonscrire la crise à l'Allemagne, alors qu'il s'agissait d'une crise des valeurs européennes. En second lieu parce que le nazisme fut à bien des égards l'arbre qui, même abattu, servait à masquer d'autres exacerbations tout à la fois ultra-nationalistes et à prétentions universellement impériales : le communisme, le système économique et financier d'inspiration américaine, Yalta et les colonisations, c'est-à-dire un nouvel ordre qui n'était qu'un désordre imposé n'ayant pas fondamentalement tiré les leçons des crises ayant cristallisé en 1914 puis 1929 mais dont les origines remontent plus loin. Rien de vraiment différent n'a ainsi commencé en 1945. On a recyclé les frères Wagner comme on l'a fait de Von Braun ou Papon, la poussière est allée sous le tapis, mais en réalité notre vie est celle de survivants coupables d'avoir survécu, angoisse redoublée par Hiroshima que redoublent aujourd'hui tous les indices d'une double crise majeure, ceux de l'épuisement de la Terre et ceux de la cuisson d'une nouvelle violence, surarmée, ne relevant plus seulement des États, dans la marmite mondialiste.

Même si la question d'un « bon wagnérisme » peut à bon droit, dans un tel contexte, paraître dérisoire, un simple clapotis, elle contient comme beaucoup d'autres le reflet des interrogations humaines et du jeu que se joue l'homme dans ses innombrables représentations de lui-même. Pourquoi n'appliquerions-nous pas à Wagner la recette qu'il préconise lui-même ? « Qui te résiste te délivre ». Ainsi, représenté dans l'ampleur du *Gesamtkunstwerk* tel que je l'ai défini, l'œuvre wagnérien qui, vrai Tarnhelm, peut prendre l'apparence de tout ce que nous devenons sans jamais oublier ce que nous avons été, pourrait bien être le musée vivant de l'Occident : une attraction dont la mécanique raconterait à chaque séance non seulement comment s'écroule notre univers mais aussi comment elle, dans sa prétention à éviter l'écroulement, conduit à l'interdit.

Le wagnérisme, image de l'interdit toujours actualisé, sans cesse rappelé, à raconter et raconter encore. Ruine du désir d'interdit à laquelle elle n'a pas elle-même échappé, que l'on redresse à chaque lever de rideau pour la ruiner de manière édifiante en spectacle. Œuvre sans plus d'autre avenir que le nôtre, désormais éternellement inscrite comme image de notre présent enfant d'un passé que nous ne pouvons plus modifier. Négation de l'idée d'un âge d'or, qu'il se situe derrière nous ou devant nous. Œuvre réductible à deux formules qui trouveraient aisément leur place au fronton du Festspielhaus : *weisst du, wie das ward – merk', wie's endet* – « sais-tu, comment ces choses advinrent – observe, comment cela finit ». Wagner, notre tombeau ouvert.

Je n'ai aucune admiration pour Élie Faure, par ailleurs anti-wagnérien viscéral, mais il énonce quelque chose de très vrai, je cite de mémoire : on ne pleure que sur des ruines que l'on ne peut relever en soi-même.

DU DÉSIR D'ÊTRE WAGNÉRIEN

Finir sur le désir : éminemment wagnérien. Où l'on retrouvera Lacoue-Labarthe, Badiou, Deleuze, Levinas et Lacan, sans doute attelés entre eux à mon usage plus cavalièrement qu'on ne l'enseigne au Cadre Noir de la philosophie.

Posons Wagner comme un évènement : quelque chose qui survient, donc de l'ordre du mythe, non pré-vu, soudain, explosif. Des sons, charriant une langue que la plupart du temps nous n'entendons que comme sons elle-même au premier abord, avec en certains cas des images qui, si nous n'en avons pas vu d'autres auparavant, en appellent manifestement à un degré de lecture avancé et qui, en ce premier instant, frappent ou ne frappent pas. Comment y réagirons-nous ? Comment ferons-nous exister cet évènement qui a beau exister en soi et pour d'autres, n'existe à nous que si nous décidons de l'inclure ou l'exclure ? Nous voici comme Parsifal à la première cérémonie du Graal. Quelqu'un pourra toujours nous demander « sais-tu, ce que tu viens de voir ? », nous ne pouvons répondre : l'événement n'existe que selon l'affect qu'il introduit, le « sentiment » wagnérien. L'affect est la présence « pure », en soi, de l'évènement, avant son examen, sa nomination dans un ordre, une libération en nous de la parole — une parole, mais nous ne le savons pas encore, qui ne sera pas forcément la nôtre, pas seulement la nôtre, mais aussi la *tiefste Klage* du maître du Verbe. Quelque chose comme *Amfortas !*, le cri de Parsifal trouvant à son propre flanc la plaie qu'il vit au flanc d'un autre. Cette première connaissance, cette naissance à soi et, tout de suite, à l'autre que soi, extirpe l'évènement Wagner de la multitude des possibles où il nous attendait : du vide.

Quel vide ? Le vide qui était disponible en nous pour l'accueillir. L'évènement nous présente notre propre vide. Et si l'évènement ouvre l'accès à l'altérité, forcément l'on désire ce que cet Autre peut combler en nous en même temps qu'il nous révèle notre béance invisible, inidentifiable. Comblera-t-il notre défaut, notre manque, notre angoisse de la conscience en nous qu'existaient ce vide et ce désir, si tant est que les deux termes ne soient siamois ? Cette *Not* ?

De l'angoisse comme secret du plaisir, comme clef de l'achèvement de soi permettant d'aller dans le monde : j'ai déjà, dans *Richard Wagner*, analysé ainsi les parcours de Siegfried et Parsifal, entre *Ist's eine Kunst, was kenn'ich sie nicht ?* — « si c'est un art, que ne le connais-je ? » et *Wie end'ich die Furcht ?* — « comment mettrai-je un terme à la peur ? ». Désir du vide, donc, angoisse de ce vide soudain repéré, dont l'affect vient de dire la vacuité, la disponibilité, le manque. Désir de s'approprier, d'avoir pour être. Nous savons déjà que la formule contient le piège majeur et qu'il faudra en trouver une autre, mais tous les personnages wagnériens en affrontent la tentation au désert et pourquoi serions-nous vraiment différents d'eux ?

Or voici aussi — ici je sais que j'emprunte à Deleuze — qu'à peine nous voici affectés, l'évènement se met en quelque sorte à tourbillonner. Je ne vois pas de meilleure comparaison que le jardin de Klingsor, la rencontre du *Tor* et des Filles-Fleurs. Le vide n'est pas un néant : il se définit moins par un désordre, fût-il apparent, que par la vitesse à laquelle se dissipe toute forme qui s'y ébauche. *Greife uns !* — « saisis nous ! », chantent les ondines à Alberich. Il n'est peut-être pas de plus riche définition de la *mousikê* wagnérienne. À quoi nous ajouterons deux formules par lesquelles Wotan explique le montage de son système : « tout ce qui vit désire le changeant » et « tout ce qui vit veut aimer ». L'amour, si tant est qu'on le définisse convenablement, est-ce donc ce que nous allons réclamer ? Certes.

Il va nous falloir parler ce désir et ce vide. Les nommer. Et donc les référer, accepter la perte de ne pouvoir nommer par nous-même, au nom de nous-même. Tous les héros wagnériens se rencontrent ou se retrouvent ainsi : dans une survenance brutale de l'autre en tant qu'évènement, dans une conscience aussitôt née du vide et du sentiment d'avoir rêvé/désiré l'irruption, dans une re-connaissance de l'irruption comme celle d'un affect venu du plus lointain — de l'oubli même. Entre le *Wie aus der Ferne* du Hollandais et le *Was vergass'ich noch nie ?* de Parsifal, mon lecteur saura nouer aux branches convenables le fil que je lui tends ici. Il sait déjà aussi que rencontrer l'Autre impose de savoir qui soi-même on est et de nommer l'un comme l'autre, (à peine) paradoxalement pour séparer, distinguer, et du même élan dire la gémellité. Siegmund ne peut être Siegmund sans que se nomme une Sieglinde, et réciproquement, et à l'inverse nous avons vu qu'il ne saurait exister d'Elsa si Lohengrin ne se nomme pas. Voici en tout cas qu'un troisième larron vient de s'introduire dans notre rapport au vide, le tiers désirant-Référence dont j'ai déjà décrit l'exigence et qui nous attendait, tel Wanderer au pied du rocher, pour nous expliquer le pourquoi et le comment d'un désir qui remonte jusqu'à lui et dont il va nous déposséder en partie, ne nous laissant que le jouet du jouir.

Peut-être même pas. Nous aurons forcément envie, et l'évènement fait en sorte, de répéter ce désir, de retrouver, renouveler, l'impact fulgurant de l'affect originel, l'extraordinaire sentiment du big-bang. Ce qui à bien des égards va nous conduire à affronter le Temps. Répéter le désir, c'est ne pas l'assouvir. Deleuze et Lacan ici : le désir n'existe qu'à se retenir, à ne pas se vider du vide identifié. Et c'est précisément ce que nous demande le troisième larron : renoncer à la puissance absolue qui serait la jouissance parfaitement accomplie dont il entend se réserver l'organisation, renoncer à l'inatteignable, à l'interdit de par la loi du Père, c'est-à-dire à toute prétention incestueuse. Rester fils, comprendre que l'on ne désire que parce qu'on a été désiré, fait désirant : mon lecteur, à nouveau reçoit le câble et sait le nouer, *singe, Schwester, dir werf'ich's zu*. Jouir totalement serait mourir, comme le pense Siegfried lorsqu'il embrasse le souffle de cette femme qu'il a crue morte/endormie pour l'éternité. Comme l'explique Tristan : pour n'être que deux, pas trois, ne rien céder au troisième qui contrôle le désir en contrôlant l'interdit, il faut mourir, tuer les noms qui ancrent le un rêvé dans un deux où l'on est trois : *so stärben wir um ungetrennt, ewig einig ohne End'*...

Re-présenter l'évènement sans fin, pour revivre l'affect premier qui cependant, déjà, est pollué d'avoir été parlé et d'avoir été soumis au temps. Re-présenter l'évènement pour retourner, croit-on, à cet état d'innocence où l'on ne savait pas encore qu'un Tiers nous attendrait, et très fugacement, avant que le phénomène ne nous ramène où nous en étions déjà arrivés, revivre l'éblouissement du big-bang en un (très illusoire) contact « à deux », incestueux et interdit, comme le regard posé par le nouveau-né dans le miroir des yeux de qui il ignore qu'elle est sa mère — et donc qu'un père existe — parce que, pour l'instant, elle n'est qu'amour donné. En principe évidemment. Piège, piège, piège. Plus on désire ainsi, plus on se lie au maître des interdits, à l'organisateur des désirs. Tristan, en ses délires, ne fait certainement pas l'apologie du mécanisme quand, après avoir identifié combien, s'il désire tant, c'est parce que ses parents désirèrent et moururent, il hurle *im Sterben mich zu sehnen, von Sehnsucht nie zu sterben*. Re-présenter, posons d'emblée la question pour ne pas l'oublier, est-ce la même chose que représenter ? Et revenons à l'idée selon laquelle parler l'affect, le nommer, c'est introduire un ordre, une filiation, une généalogie, un interdit.

Et nous voici au jardin de l'Éden. Un temps seuls avec le créateur, à son image, sans autre soi-même. De nous pourtant le créateur va tirer l'autre, le premier autre qui n'est plus nous mais nous quand-même. Ève naît. Nous racontons l'histoire ainsi parce que telle elle nous a été enseignée, sans doute parce que la femme devait être chargée du malheur, mais si Adam avait été créé de la côte d'Ève les choses n'auraient sans doute pas été fondamentalement différentes. Ignorons les affaires de pénis manquant, ne regardons que les affaires de désir. Un couple et Dieu, est-ce que ça tient ? Est-ce que ça tient sans interdit, est-ce que le désir de jouir ainsi offert hors Dieu, mais par Dieu et qui quand-même doit revenir vers Dieu en sacrifice, en offrande, tient sans que personne jamais ne demande « pourquoi ? ». La rébellion, vers laquelle immanquablement va tendre tout désir, donc tout vide repéré, n'est pourtant pas à elle seule le péché originel, pas plus que l'inobservation de l'interdit des questions, pas plus que la volonté de décider en son nom propre des choses (de leur nom), de celles à exclure et à inclure, En termes plus mécaniques, l'accusation portée contre Dieu, le défaussement d'Adam (« la coupable est la femme que tu m'as donnée »), font intervenir les processus de violence, liés aussitôt à la chute dans le travail, à l'obligation de se reproduire comme substitut à la mort, et tout cela fait de Dieu le rival, le modèle-obstacle, le quelque chose qui jamais n'aurait dû être. Avec quoi il faut se réconcilier, nouer des alliances renouvelées — mais les wagnériens savent ce que valent les serments et les alliances. Alliances et serments ne sont pas la foi mais la loi. Et la loi, c'est l'État — impérial ou pontifical.

Les objectifs de l'État sont simples. Maîtriser le vide à son profit, demeurer maître de sa re-présentation, conserver la maîtrise de l'interdit de jouir absolument, contrôler un vide « officiel », faire barrage normatif à tout vide inattendu (à tout désordre, à tout autre mythe qui surviendrait), autoriser et diriger en conséquence des rivalités encadrées. Mais surtout, au bout du compte, parvenir à l'état d'État plein, absolument cohérent, dans un ordre absolu. L'angoisse de l'État nazi vis-à-vis des Juifs fut sans doute la plus exemplaire en un sens : le mot « extermination » est de ce point de vue plus faible que ceux de « solution finale » et, simplement, « disparition ». J'ai déjà expliqué dans *Richard Wagner* à quel point la formule d'emploi du Tarnhelm, reprise comme symbole des camps (*Nacht und Nebel, niemand gleich* — « Nuit et brouillard, tout d'un coup plus personne »), signait pour les initiés l'effacement des noms, des filiations, des morts comme des promis à la mort, des corps comme des esprits, du nom même de Juif, l'interdit puis l'impossibilité de la re-présentation du Juif — après avoir contrôlé sa représentation par les livres, les films, la propagande, le nouveau langage allemand mis au point. De telle sorte que n'aurait subsisté, à terme, que la substance allemande parfaite et pleine. Je suis obligé d'écrire ma conviction : au niveau symbolique qui est celui des opéras, tel que l'éclairent le niveau des autres textes et le niveau vital, Wagner ne propose pas autre chose.

La mise en abîme que sont les *Meistersinger* va nous éclairer encore. Tout désir pousse à l'organisation, ce que j'ai appelé pour Wagner la naissance de l'homme collectif. C'est exactement la question que se pose Sachs : comment organiser la chienlit de désirs mal orientés, ignorants d'eux-mêmes, qui a débouché sur l'émeute de la nuit ? Comment deux amoureux victimes de la pusillanimité de vieux Maîtres allemands trop près de leurs biens et incapables de résister aux prétentions du Juif Beckmesser — à l'ordre beckmesserien — ont-ils été à ce point désespérés qu'ils étaient prêts à l'irréparable ? Comment mettre Nuremberg en forme pour que, au sein de cette forme, l'art de Stolzing-Wagner s'épanouisse et ne soit plus à mesurer, puisqu'il épousera la forme même de la mesure ? En organisant tout ensemble au dernier tableau la représentation des œuvres de Stolzing et la re-présentation, dans de bonnes conditions et devant les seuls juges qui vaillent, ceux qui vont se laisser guider par l'affect, du désir qu'est Stolzing mais selon un enjeu redéfini par Sachs, enfin en expulsant le greffier, Wagner donne une leçon parfaite de ce qu'est la parfaite théâtralisation du wagnérisme. D'une certaine manière le projet de von Trier, fondé sur la survenance sans liant explicatif, aurait peut-être été exemplaire.

Comment hériter cela ? C'est-à-dire : comment organiser la scène du vide ? On ne peut pas se contenter du discours tenu par Herheim dans sa mise en scène de *Parsifal*, achevée sur l'apologie de la démocratie parlementaire allemande offerte comme réponse wagnérienne — de Wagner et de ses ultimes héritiers — et non comme réaction, garde-fou, au wagnérisme. On ne peut pas se contenter des réactions motrices des spectateurs aux *stimuli* proposés et organisés par Wagner comme premières manifestations de l'affect. On ne peut davantage se contenter d'exposer les didascalies qui fixent des survenances de l'action et des lieux sans dire d'où elles viennent ni ce qu'ils figurent au-delà de l'image. En d'autres termes, la question n'est pas de remplacer *ex abrupto* un défilé de rochers par une usine atomique, elle est de retracer les mécanismes évènementiels et psychologiques, sensibles et idéologiques, tous les niveaux de référencement et d'identification, à la lumière de nos connaissances et de notre recul. Je le redis : une fidélité basique à Wagner est impossible, sauf à assumer qu'elle sous-traite les ambitions du *Gesamtkunstwerk* en badigeonnant ses composantes de naïveté et de neutralité. De même, la simple dénonciation d'une certaine époque historique, si elle est mal argumentée dans sa chronologie et ses attendus, et surtout si elle traite cette période comme un ensemble forclos, n'ira pas assez loin.

Nous savons ou saurons représenter le désir wagnérien pour ce qu'il implique, la révolution du *Gesamtkunstwerk*. Comprenons bien qu'il ne s'agit pas là de transformer les opéras wagnériens en brocante surréaliste ou simplement hallucinée baignée de belle musique : il s'agit bien d'un avertissement, d'une dénonciation, d'une distance. Comment pouvons-nous alors espérer que nous allons, ce faisant, re-présenter au candidat wagnérien un désir qui ne ressemble pas, on l'espère pour lui, à son désir originel mais en préserverait la force ? Pouvons-nous considérer que le wagnérisme est capable de se nourrir là et que la négation des négations auxquelles il procède le positiverait enfin, étrange dialectique ? Pouvons-nous endosser sans risque le statut de Tiers désirant, obliger notre spectateur à sacrifier à notre profit une part essentielle de son désir de jouir absolument ? La question n'est pas simple, elle est d'autant plus compliquée que notre monde est saturé d'images et pauvre de mots, que ce foisonnement a donné aux images le rôle des outils devenus autonomes et rejoint la prétention des choses à remplacer le réel de l'altérité. Déjà les wagnériens protestent parce qu'on leur sert du nazi à tous les repas scéniques : qu'en sera-t-il si chaque *Liebesmahl* propose l'antisémitisme, un nationalisme allemand qui va contraindre à s'interroger sur les autres nationalismes, un christianisme où, quel qu'il soit, nous ne cherchons plus de réponse ?

Nous est-il donc devenu impossible d'aimer ce que nous désirons ? Dès que nous passons cet anneau à notre doigt, entrons-nous dans la malédiction ? Lou van Hoochlanden m'a fait comprendre qu'il était possible de considérer Fafner autrement que comme une bête furieuse : plutôt comme un être ravagé d'avoir tué son frère, ayant compris le danger absolu de l'Envie et qui se serait volontairement sacrifié, retiré au fond de la forêt, revêtu des attributs de l'interdit, image absolue de la peur absolue, pour empêcher quiconque, le plus longtemps possible, de reprendre la bague, de la remettre au jour. Luttant à chaque jour contre l'envie d'en employer la puissance, envie brûlante mais très illusoire, puisque nul sinon Alberich ne le peut. Très proche au fond de l'Empereur-Ver de *Dune*, du Frodon du *Seigneur des Anneaux*. Devons-nous laisser dormir le dragon du *Gesamtkunstwerk*, en raconter la légende en nous signant mais sans imaginer que, tel un Hollandais, il pourrait s'incarner à nouveau pour une âme qui en rêverait ? Au moins le Hollandais quête-t-il sa délivrance. Comment délivrer Wagner sans ouvrir la boîte de Pandore ? Comment l'aimer *parce que* le désirer est interdit ?

Il n'est certainement pas d'autre moyen de le sauver, parce qu'il n'est pas d'autre moyen de *nous* sauver.

ORIENTATIONS BIBLIOGRAPHIQUES

Je renvoie, pour une bibliographie plus complète, à celle établie dans *Richard Wagner*.

WAGNER, Richard, *Mein Leben*, éd. Martin Gregor-Dellin, München, List Verlag, 1994, 884 p., *Eine Mitteilung an meine Freunde*, dans *Dichtungen und Schriften, Jubiläumsausgabe*, éd. Dieter Borchmeyer, Frankfurt, Insel Verlag, 1983, vol. 6, pp. 199-341., en trad. fr. suivie de *Lettre sur la musique*, trad. fr. Jean Launay, Paris, Mercure de France, 1976, 252 p., *Oper und Drama*, dans *Dichtungen und Schriften*, *op. cit.*, vol. 7., *Lettres et Journal pour Mathilde Wesendonck, 1853-1871*, trad. fr. G. Khnopff et S. Mazur, Paris, Parution, 1986, 388 p., *Lohengrin*, dans *Dichtungen und Schriften, op. cit.*, vol. 2, pp. 199-200., *Le Judaïsme dans la musique*, trad. fr. B. de Trèves, Paris, Müller, s.d., 30 p., *Das braune Buch*, éd. Joachim Bergfeld, München, Piper, 1988, 251 p.

WAGNER, Cosima, *Journal*, éd. Martin Gregor-Dellin et Dietrich Mack, trad. fr. M-F. Demet, 4 tomes, Paris, Gallimard, 1977-1979, 744, 614, 769 et 578 p.

ADORNO, Theodor W., *Essai sur Wagner*, trad.fr. A. Hillebrand et A. Lindenberg, Paris, Gallimard, 1966, 214 p.

CASSIRER, Ernst, *La Philosophie des formes symboliques, T.1 Le Langage, T.2 La Pensée mythique, T.3 La Phénoménologie de la connaissance*, trad. fr. Ole Hansen Love, Jean Lacoste, Claude Fronty, Paris, Éditions de Minuit, 1972, 352, 348, 610 p., *Langage et Mythe*, trad.fr. Ole Hansen Love, Paris, Éd. De Minuit, 1973, 128 p., *Philosophie des Lumières*, trad. fr. Pierre Quillet, Paris, Fayard, 1990, 351 p., *Le Mythe de l'État*, trad. fr. Bertrand Vergely, Paris, Gallimard, 1993, 402 p., *Liberté et forme : l'idée de la culture allemande,* trad. fr. Jean Carro, Martha Willmann-Carro, Joël Gaubert, Paris, Cerf, Œuvres n°45, 2001, 370 p.

DRÜNER, Ülrich, *Schöpfer und Zerstörer, Richard Wagner als Künstler*, Köln, Böhlau, 2003, 361 p.

FONTANILLE, Jacques, *Sémiotique des passions* (avec Algirdas Julien GREIMAS), Paris, Seuil, 1991, 329 p., *Tension et signification* (avec Claude ZILBERBERG), Paris, Mardaga, 1998, 256 p., *Corps et sens,* Paris, PUF, 2011, 216 p.

GIRARD, René, *La Violence et le sacré*, Paris, Grasset, 1972, 451 p., *Des Choses cachées depuis la fondation du monde*, Paris, Grasset & Fasquelle, 1978, 630 p., *La Voix méconnue du réel,* Paris, Grasset, 2002, 315 p., *Achever Clausewitz*, Paris, Carnets Nord, 2007, 364 p.

GODEFROID, Philippe, *Le Jeu de l'écorché, dramaturgie wagnérienne*, Paris, Papiers/Actes Sud, 1986, 183 p., *Richard Wagner, l'opéra de la fin du monde*, Paris, Gallimard/Découvertes, 1988, 159 p., *Les Opéras imaginaires*, Paris, Séguier, 1989,

602 p., *Richard Wagner, 1813-2013. Quelle Allemagne désirons-nous ?,* Paris, Éditions L'Harmattan, 2011, 588 p.

HAFFNER, Sebastian, *Histoire d'un Allemand*, trad. fr. Brigitte Hébert, Paris, Actes Sud/Babel, 2003, 435 p.

HANSLICK, Eduard, *Du Beau dans la musique*, trad. fr. Charles Bannelier et Georges Pucher, Paris, Christian Bourgeois, 1986, 177 p.

KRISTEVA, Julia, *Pouvoirs de l'horreur*, Paris, Seuil, 1983, 248 p.

LEGENDRE, Pierre, *L'Empire de la vérité*, Paris, Fayard, 1983, 253 p., *L'Inestimable objet de la transmission*, Paris, Fayard, 1985, 408 p., *Le Désir politique de Dieu*, Paris, Fayard, 1988, 409 p., *Dieu au miroir*, Paris, Fayard, 1994, 409 p., *De la société comme texte*, Paris, Fayard, 2001, 253 p. Ceux que rebuterait la lecture de ces textes savants liront avec profit *La Balafre*, Paris, Fayard, coll. Mille et une nuits/Summulae, 2007, 105 p. et *Le Point fixe*, même éditeur, 2010, 155 p.

MEYER, Leonard B., *Émotion et signification en musique*, trad. fr. Catherine Delaruelle, Paris, Actes Sud, 2011, 342 p.

PIGUET, Jean-Claude, *Correspondance avec Ernest Ansermet, 1948-1969*, Chêne-Bourg, Georg, 1998, 384 p., *Philosophie et Musique*, même éditeur, 2000, 216 p.

ROUDINESCO, Élisabeth, « Carl Gustav Jung, de l'archétype au nazisme, dérives d'une psychologie de la différence », *L'Infini*, Paris, Gallimard, 1998, pp. 73-94, *Retour sur la question juive*, Paris, Albin-Michel, 2009, 327 p.

SAND, Shlomo, *Comment le peuple juif fut inventé,* Paris, Fayard, 2008, 300 p.

SCHOLZ, Dieter David, *Richard Wagners Antisemitismus (Epistemata)*, Würzburg, Königshausen & Neumann, 1993, 218 p., *Ein deutsches Mißverständnis : Richard Wagner zwischen Barrikade und Walhalla,* Berlin, Parthas, 1997, 383 p., *Richard Wagners Antisemitismus : Jahrhundertgenie im Zwielicht (eine Korrektur)*, Berlin, Parthas, 2000, 191 p.

INDEX DES NOMS CITÉS

ADORNO, Theodor W., 40, 44, 74, 91
ARISTOTE, 176, 209
BADIOU, Alain, 8, 236
BAER, Yitzhak, 27
BARENBOÏM, Daniel, 15, 21, 23, 139, 234
BARON, Salo, 27
BARTH, Karl, 98
BAUDELAIRE, Charles, 54
BAUMGARTNER, Stefan, 234
BEETHOVEN, Ludwig van, 11, 15, 32, 72, 158
BÉJART, Maurice, 105
BEN GOURION, David, 28
BEN YEHOUDA, Eliezer, 27
BEN ZVI, Yitzhak, 28
BERNANOS, Georges, 30
BIEITO, Calixto, 121
BISCHOFF, Ludwig, 61, 118
BISMARCK, Otto von, 18, 36, 84
BLOCH, Marc, 82
BÖHM, Karl, 93, 215
BÖRNE, Ludwig, 34
BOROKHOV, Ber, 28
BOULEZ, Pierre, 54, 93, 139, 215
BRESSON, Robert, 109
BROCKHAUS, Ottilie, 62
BUBER, Martin, 27
BÜLOW, Hans von, 36, 42
CARSEN, Robert, 184
CASSIRER, Ernst, 84, 95, 99, 207-209
CASTORF, Frank, 234
CÉLINE, Louis-Ferdinand, 21, 32, 52
CHAMBERLAIN, Houston Stewart, 22, 85, 234
CHATEAUBRIAND, François-René, 30, 117
CHÉREAU, Patrice, 92, 144, 214, 234
CLADDERS, Johannes, 223
CLAUDEL, Paul, 231
DAUDET, Alphonse, 30
DAUDET, Léon, 18, 30
DELEUZE, Gilles, 236-238
DESIDERIO, Monsu, 225
DEVRIENT, Eduard, 36
DIECKHOFF, Alain, 29
DINUR, Ben-Zion, 27
DISRAELI, Benjamin, 18, 27, 77, 230
DOUBNOV, Simon, 27
DRUMONT, Édouard, 26, 30
DRÜNER, Ulrich, 32-33, 45-46, 79, 203
FAURE, Élie, 53, 236
FEUERBACH, Ludwig, 13
FONTANILLE, Jacques, 84, 97
FREUD, Siegmund, 28-29, 77, 83-84, 107, 198, 207
FRICKE, Richard, 94
FRÖBEL, Julius, 35
GAUTIER, Judith, 105
GIRARD, René, 8, 61-62, 82, 114-115, 120, 189
GOBINEAU, Arthur, 30, 204
GOETHE, Johann Wolfgang, 33, 80, 220-221, 229
GONCOURT, Edmond de, 30
GRAETZ, Heinrich, 27
GREGOR-DELLIN, Martin, 35, 45, 243
GREILSHAMMER, Ilan, 29
GUTH, Claus, 17
HANSLICK, Eduard, 37, 44, 68, 112, 118, 157
HARNACK, Adolf von, 85
HAUFF, Wilhelm, 39
HAYDN, Josef, 72
HEGEL, Georg Wilhelm Friedrich, 13, 70, 79, 82, 176, 221, 229
HEIDEGGER, Martin, 15, 23, 79, 82-83, 228

HEINE, Heinrich, 32-34, 172-173, 183, 185
HERHEIM, Stefan, 234, 240
HESS, Moses, 27
HESSE, Hermann, 53
HITLER, Adolf, 17, 22-23, 53, 74, 80, 108, 119, 127, 169, 202, 210, 216, 227, 233
HOLTEN, Kasper, 106, 168, 173
HOOCHLANDEN, Lou van, 57, 130, 241
HUGO, Victor, 30
JABOTINSKY, Vladimir, 27
JAMEUX, Dominique, 141
JOUKOWSKY, Paul von, 108, 203
JUNG, Carl Gustav, 32, 74, 210, 230, 244
KARAJAN, Herbert von, 92-93, 215
KLEIBER, Carlos, 215
KNAPPERTSBUSCH, Hans, 139
KNIESE, Julius, 93
KRISTEVA, Julia, 52
KUBELIK, Rafaël, 215
KUPFER, Harry, 215
LACAN, Jacques, 175, 236, 238
LACOUE-LABARTHE, Philippe, 10, 15, 23, 62, 156, 236
LAUNAY, Jean, 13, 243
LEGENDRE, Pierre, 8, 54, 116-117, 170
LEIDER, Frida, 234
LÉON XIII, 18
LEVI, Hermann, 35, 38-42, 93, 201, 203
LEVINAS, Emmanuel, 236
LEVINE, James, 234
LISZT, Franz, 40-41, 179, 205
LOISY, Alfred, 85
LOUIS II DE BAVIÈRE, 12, 22, 35, 37, 39, 87, 108, 201, 204
LUTHER, Martin, 101, 107, 120
MANN, Thomas, 53, 74
MARR, Wilhelm, 41, 59
MARX, Karl, 24
MELCHIOR, Lauritz, 234
MENDELSSOHN, Félix, 32, 36, 90
MEYER, Leonard B., 67-69
MILLINGTON, Barry, 45
MOMMSEN, Theodor, 27
MONOD, Gabriel, 82
MOTTL, Felix, 93
MOZART, Wolfgang-Amadeus, 11, 32, 54, 58, 72, 158, 220
NANCY, Jean-Luc, 156
NAPOLÉON IER, 33, 80, 84
NATTIEZ, Jean-Jacques, 67
NERVAL, Gérard de, 229
NEUENFELS, Hans, 234
NIETZSCHE, Friedrich, 46, 53-54, 62, 83, 98, 108, 119, 141
NORDAU, Max, 27, 53
PADRUSSA, Carlos, 214
PAUL VI, 230
PIE IX, 18, 84
PIE V, 84
PIE X, 85
PIGUET, Jean-Claude, 8
PONNELLE, Jean-Pierre, 110
PORGES, Heinrich, 93, 182-184
RENAN, Ernest, 30, 59, 101
RHEINBERGER, Josef, 72
RICHTER, Hans, 37, 45, 204
RÖCKEL, August, 179
ROUDINESCO, Élisabeth, 23, 84
RUBINSTEIN, Joseph, 42, 204
RUPPIN, Arthur, 28
SAÏD, Edward S., 23
SAINT PAUL DE TARSE, 84
SALAMAN, Redcliffe Nathan, 28
SCHILLER, Friedrich, 33-34, 157
SCHOLZ, Dieter David, 16, 46
SCHOPENHAUER, Arthur, 12-13, 43, 101, 148
SCHORR, Friedrich, 234
SCHRÖDER-DEVRIENT, Wilhelmine, 36
SEASHORE, Carl, 68-69
SHAKESPEARE, William, 119, 158, 226
SOLTI, Georg, 93, 215
SPEER, Albert, 227
STEINSCHNEIDER, Moritz, 59

STÖCKER, Adolf, 18
TAUSIG, Karl, 42
TIETJEN, Heinz, 93
TOSCANINI, Arturo, 93, 139, 234
TREITSCHKE, Heinrich von, 27
UHLIG, Theodor, 87
VALÉRY, Paul, 53, 136
VERDI, Giuseppe, 15, 203
VILLOT, Frédéric, 70, 73
VOLTAIRE, 101
VON TRIER, Lars, 21, 51, 215-216, 227, 240
WAGNER, Friedelind, 231
WAGNER, Gottfried, 21, 24
WAGNER, Katharina, 21-22, 156, 234
WAGNER, Wieland, 29, 120, 184, 212-213, 223
WELLHAUSEN, Julius, 27
WESENDONCK, Mathilde, 41, 70, 171, 174, 190, 243
WINCKELMANN, Johann Joachim, 62
WOLZOGEN, Hans von, 18, 42-43, 87, 193, 202
ZWEIG, Stefan, 26

INTRODUCTION 7

LE PLUS GRAND CHAPITEAU *ROOSCHE* DU MONDE : DU WAGNÉRISME COMME SOLUTION FINALE 21

PAYS LOINTAIN, AUX PAS DES HOMMES INACCESSIBLE : L'AFFECT, SÉSAME DU WAGNÉRISME IMPOSÉ PAR WAGNER AUX WAGNÉRIENS 47
WAGNÉRIENS, MES AMIS 47
WAGNERUS ERECTUS 51

SANCTA MUSICA, SANCTA DICTIO, SANCTUS TEXTUS : ÉLÉMENTS D'UNE *REGIEMUSIKOLOGIE* 61
LE GESAMTKUNSTWERK MARCHE SUR TROIS JAMBES 61
LA MUSIQUE N'EST-ELLE QUE DE LA MUSIQUE ? 66
QUELS SUJETS CHOISIR ? 75
UNE THÉOLOGIE DE LA CRÉATION 80
GRUNDMOTIVE 86
SCÈNE ET TEMPS 90

VITAM INSTITUERE : ÉLÉMENTS D'UNE ANTHROPOLOGIE 101
GUERRES, FORTERESSES, ESPACES DU SOI ET DE L'AUTRE 104
LA DETTE HUMAINE 120
UN DISCOURS QUI TIENT DEBOUT 138
ÊTRES DE DROIT 158
ARTICULER LES TRACES VIVES 171

DEM HEILTUM BAUTE ER DAS HEILIGTUM : RELEVER LES RUINES DU THÉÂTRE-SANCTUAIRE ? 207
DE QUOI NOURRIR LE THÉÂTRE (?) 207
LE MOUVEMENT PERPÉTUEL DU SABLIER 220
L'HONNEUR DU WAGNÉRISME 229
DU DÉSIR D'ÊTRE WAGNÉRIEN 236

ORIENTATIONS BIBLIOGRAPHIQUES 243

INDEX DES NOMS CITÉS 245

Univers Musical

Collection dirigée par Anne-Marie Green

La collection *Univers Musical* est créée pour donner la parole à tous ceux qui produisent des études tant d'analyse que de synthèse concernant le domaine musical.
Son ambition est de proposer un panorama de la recherche actuelle et de promouvoir une ouverture musicologique nécessaire pour maintenir en éveil la réflexion sur l'ensemble des faits musicaux contemporains ou historiquement marqués.

Déjà parus

Pierre GUINGAMP, *Michel Warlop 1911-1947*, 2011.
Luc RUDOLPH, *La valse dans tous ses états. Petite histoire de la valse et de ses compositeurs dans le monde*, 2011.
Alexandre TYLSKI (sous la dir. de), *John Williams. Un alchimiste musical à Hollywood*, 2011.
Irina AKIMOVA, *Pierre Souvtchinsky. Parcours d'un Russe hors frontière*, 2011.
Philippe GODEFROID, *Richard Wagner 1813-2013, Quelle Allemagne désirons-nous ?*, 2011.
Michaël ANDRIEU, *Réinvestir la musique*, 2011.
Jean-Paul DOUS, *Rameau. Un musicien philosophe au siècle des Lumières*, 2011.
Franck FERRATY, *Francis Poulenc à son piano : un clavier bien fantasmé*, 2011.
Augustin TIFFOU, *Le Basson en France au XIXe siècle : facture, théorie et répertoire*, 2010.
Anne-Marie FAUCHER, *La mélodie française contemporaine : transmission ou transgression ?*, 2010.
Jimmie LEBLANC, *Luigi Nono et les chemins de l'écoute: entre espace qui sonne et espace du son*, 2010.
Michel VAN GREVELINGE, *Profil hardcore*, 2010.
Michel YVES-BONNET, *Jazz et complexité. Une compossible histoire du jazz*, 2010.
Walter ZIDARIČ, *L'Univers dramatique d'Amilcare Ponchielli*, 2010.
Eric TISSIER, Être compositeur, être compositrice en France au 21ème siècle, 2009.
Mathilde PONCE, *Tony Poncet, Ténor de l'Opéra : une voix, un destin*, 2009.

L'HARMATTAN, ITALIA
Via Degli Artisti 15; 10124 Torino

L'HARMATTAN HONGRIE
Könyvesbolt ; Kossuth L. u. 14-16
1053 Budapest

L'HARMATTAN BURKINA FASO
Rue 15.167 Route du Pô Patte d'oie
12 BP 226 Ouagadougou 12
(00226) 76 59 79 86

ESPACE L'HARMATTAN KINSHASA
Faculté des Sciences sociales,
politiques et administratives
BP243, KIN XI
Université de Kinshasa

L'HARMATTAN CONGO
67, av. E. P. Lumumba
Bât. – Congo Pharmacie (Bib. Nat.)
BP2874 Brazzaville
harmattan.congo@yahoo.fr

L'HARMATTAN GUINÉE
Almamya Rue KA 028, en face du restaurant Le Cèdre
OKB agency BP 3470 Conakry
(00224) 60 20 85 08
harmattanguinee@yahoo.fr

L'HARMATTAN CÔTE D'IVOIRE
M. Etien N'dah Ahmon
Résidence Karl / cité des arts
Abidjan-Cocody 03 BP 1588 Abidjan 03
(00225) 05 77 87 31

L'HARMATTAN MAURITANIE
Espace El Kettab du livre francophone
N° 472 avenue du Palais des Congrès
BP 316 Nouakchott
(00222) 63 25 980

L'HARMATTAN CAMEROUN
BP 11486
Face à la SNI, immeuble Don Bosco
Yaoundé
(00237) 99 76 61 66
harmattancam@yahoo.fr

L'HARMATTAN SÉNÉGAL
« Villa Rose », rue de Diourbel X G, Point E
BP 45034 Dakar FANN
(00221) 33 825 98 58 / 77 242 25 08
senharmattan@gmail.com

Achevé d'imprimer par Corlet Numérique - 14110 Condé-sur-Noireau
N° d'Imprimeur : 770669 - Décembre 2017 - Imprimé en France